民法
案例教学实验教程

MINFA ANLI JIAOXUE
SHIYAN JIAOCHENG

田韶华　任成印　赵一强 ● 编著

知识产权出版社
全国百佳图书出版单位

图书在版编目（CIP）数据

民法案例教学实验教程／田韶华，任成印，赵一强编著 . —北京：

知识产权出版社，2018.6

ISBN 978－7－5130－5563－5

Ⅰ.①民… Ⅱ.①田…②任…③赵… Ⅲ.①民法—案例—中国—教材

Ⅳ.①D923.05

中国版本图书馆 CIP 数据核字（2018）第 094421 号

责任编辑：唱学静　　　　　　　　执行编辑：凌艳怡

封面设计：韩建文　　　　　　　　责任校对：王　岩

责任印制：孙婷婷

民法案例教学实验教程

田韶华　任成印　赵一强　编著

出版发行：**知识产权出版社** 有限责任公司	网　　址：http：//www.ipph.cn
社　　址：北京市海淀区气象路 50 号院	邮　　编：100081
责编电话：010－82000860 转 8112	责编邮箱：ruixue604@163.com
发行电话：010－82000860 转 8101/8102	发行传真：010－82000893/82005070/82000270
印　　刷：北京嘉恒彩色印刷有限责任公司	经　　销：各大网上书店、新华书店及相关专业书店
开　　本：787mm×1092mm　1/16	印　　张：18.75
版　　次：2018 年 6 月第 1 版	印　　次：2018 年 6 月第 1 次印刷
字　　数：347 千字	定　　价：68.00 元

ISBN 978－7－5130－5563－5

前　言

法学是一门应用性学科,具有较强的实践性。与之相适应,法学教育应当突出对学生运用法律解决问题能力的培养,这对于与实践结合较为紧密的民法教学而言,尤为重要。提高学生法律实践能力的主要途径是案例教学。案例教学可以更好地培养学生缜密思考和精确表达的能力,尤其在养成学生的法律思维,引导学生掌握法律适用的方法,发现和解决法律适用中的问题等方面具有重要的意义。目前,案例教学已经成为高校法学教育中极为重要的教学方法,有效促进了高校法学教育理念的更新及人才培养质量的提高。

然而,经过长期的民法教学实践,我们也发现,目前的案例教学尚存在着一些误区,其中较为突出的是缺少具有真实性及典型性的案例教学素材。最具普遍性的情形是以教师虚构的、简化的案例来阐述、讲解法条或具体制度。这种方法固然便于学生理解,但由于这样的案例不具有生活的真实性,无法体现出真实司法适用的特点,因此,学生很难从中得到高质量的法学思维训练,也不能充分发挥案例教学的优势。

我们认为,真正的案例教学应当是以真实判例为基本素材的教学,静止的法律条文只有通过司法适用过程,才能够成为活的法律。学生只有通过对典型判例的研读、学习、思考,才能真正了解法律制度和法律条文内涵的丰富性。有鉴于此,我们尝试以司法实务中的判例为切入点,对民法领域的一些重要制度的适用进行梳理,帮助学生理解法律条文如何在实践中予以具体适用,并结合学术前沿评价、归纳司法实践中的基本做法,进一步增强民法教学的深入性和生动性。

本书的特色有三。一是在案例选择上,注重其真实性、代表性和争议性。首先,所选案例均为各级法院裁判的真实案例,援引的案件事实、争议焦点、裁判理由和判决结果全部来自裁判文书。其次,所选案例力争能够反映所涉及领域的基本及重要法律问题。最后,所选案例能够反映出目前学界和实务界的重大分歧,让学生领会法律适用的疑难问题和复杂性。二是在案例研究的设计上,我们本着发现问题、分析问题和解决问题的逻辑思路。首先,引导学生通过案件事实发现案件的争议焦点。其次,通过对法院裁判思路及理由的分析引导学生正确理解所适用的法律。最后,通过学理层面的判例解析引导学生对案件所涉及的法律问题进行深入思考。此外,本书的判例解析部分加入了《中华人民共和国民法总则》的相关内容,在内容上与《中华人民共和国民法总则》得以充分衔接。三是在体系安排上,按民法教学内容设置篇章,章下设若干专题,专题下又包括一到多个案例,每一案例讲解包括案件事实、争议焦点、裁判理由及结果和思考题。这样的安排既方便了同步教学,也突出了各部分所涉及的主要问题。

本书旨在为民法案例教学提供一种可选择的模式,适合作为本科、研究生民法案例教学的教材,也可作为学生、学者学习、研究民法之参考。

田韶华

2018 年 5 月

目　录

第一篇　民法总论

第二篇　人格权法

第三篇　物权法

第五篇 侵权责任法

第一篇
民法总论

第一章　民法概述

专题一　民法的调整对象

朱某与被告平泉县人民政府
办公室房屋征收补偿协议纠纷案①

【案件事实】

原告朱某在平泉县平泉镇街有房屋一处,为商业用房。其与被告平泉县人民政府于 2011 年 4 月 9 日签订了房屋拆迁协议书一份,协议对置换房屋的地点、面积及临时安置补助费等问题予以约定,该协议约定,原告在签订协议后 15 日内腾空房屋,交付拆除;被告在原告交付房屋后 15 日内一次性付清差价款;回迁期限为 1 年,如未按期限回迁,按协议约定的临时安置补助费追加补偿;协议签订后,双方应该共同遵守,如有违约,向对方赔偿经济损失 50 万元。合同签订后,原告的房屋被拆迁,被告对原告的被拆迁房屋给予了相应的补偿,并付原告 1 年期限的临时安置补助费。但被告未按约定给付原告置换的商业用房,原、被告双方因此发生纠纷。原告诉至法院,请求被告立即安排回迁,落实置换商业用房及安置补助费,并要求被告赔付原告违约金 50 万元。

【争议焦点】

本案是否属于民法的调整对象,是否属于民事诉讼的受案范围?

【裁判理由及结果】

法院认为,根据《中华人民共和国民事诉讼法》(以下简称《民事诉讼法》)的规定,民事案件的起诉须属于人民法院受理的民事诉讼的范围。又根据《中华人民共和国行政诉讼法》(以下简称《行政诉讼法》)第 12 条第 11 项的规定,行政机关不依法履行、未按照约定履行或者违法变更、解除政府特许经营协议、土地房屋征收

_____

① 参见河北省平泉县人民法院(2016)冀 0823 民初 1738 号民事裁定书。若无特别说明,本书中的"案件事实"及"裁判理由及结果"部分均引自法院的裁判文书。

补偿协议等协议的,属于行政诉讼的受案范围。因此,原、被告双方因房屋征收补偿而产生的纠纷不属于民事诉讼的受案范围。故依据《民事诉讼法》第119条的规定,裁定驳回原告朱某的起诉。

【判例解析】

本案争议的焦点在于当事人之间的纠纷是否属于民事诉讼的受案范围,对这一问题的回答,需要在实体法层面作出这样一个判断,即原被告所签订的房屋征收补偿协议是否属于民法的调整对象。

根据《中华人民共和国民法总则》(以下简称《民法总则》)第2条的规定,民法的调整对象是平等主体间的人身关系和财产关系。①这是民法区别于行政法、经济法及刑法等法律部门的重要特征。该条规定的核心要素有二。一是此种关系发生在平等主体之间。所谓平等主体,意味着当事人的法律地位平等,不存在管理与被管理、命令与服从的关系,由此决定了当事人的权利义务原则上是建立在平等协商的基础上。二是此种关系包括人身关系和财产关系两大类。人身关系是与人身不可分离、以人身利益为内容、不直接体现财产利益的社会关系,包括人格关系和身份关系。财产关系是基于财产形成的社会关系,包括财产归属关系和财产流转关系。

本案所争议的,是房屋征收部门与自然人之间所签订的房屋征收补偿协议是否属于民法的调整范围。法院给出了否定的回答,我们认为这一判断是正确的。此类合同实际上属于行政合同的范畴。所谓行政合同,依2015年颁布的《最高人民法院关于适用〈中华人民共和国行政诉讼法〉若干问题的解释》(2018年2月8日已废止)第11条的规定,是行政机关为实现公共利益或者行政管理目标,在法定职责范围内,与公民、法人或者其他组织协商订立的具有行政法上权利义务内容的协议。房屋征收补偿协议之所以属于行政合同而并非民事合同,主要有三个方面的原因。首先,征收是一种行政行为,征收补偿只是房屋征收的后续环节,房屋征收部门与被征收人签订征收补偿协议实际上是以一个行政主体的身份完成其行政任务,履行其行政管理职能,而并非作为完全的民事主体签订征收补偿协议。就此而言,其与被征收人并非平等主体。其次,依《国有土地上房屋征收与补偿条例》第25条的规定,征收补偿协议的相关内容须依照该条例的规定而签订,这意味着被征收人对于是否签订协议及签订何种协议并没有完全的选择自由,协议的签订完全

---

① 《中华人民共和国民法总则》第2条规定,民法调整平等主体的自然人、法人和非法人组织之间的人身关系和财产关系。

【思考题】

    1. 我国民法的渊源有哪些？

    2. 习惯作为民法渊源的条件是什么？

专题三　民法的溯及力

瑞烨建设有限公司与里辛煤矿有限公司财产损害赔偿纠纷[①]

【案件事实】

    被告里辛煤矿有限公司（以下简称里辛煤矿）系具有合法采矿权的煤炭开采企业，原告瑞烨建设有限公司（以下简称瑞烨公司）位于里辛煤矿矿区范围内，里辛煤矿有部分的采掘活动已经开展到了瑞烨公司院内地下。瑞烨公司诉称自 2011 年 7 月开始，院内地面出现裂缝、地基下陷，墙体出现开裂。2012 年 6 月 19 日，瑞烨公司向法院提出鉴定申请，请求对瑞烨公司车间、仓库、院内地面出现裂缝、地基下陷、墙体裂缝等质量问题的形成原因进行鉴定。一审法院委托山东某鉴定研究中心对瑞烨公司建筑物的地下地质情况及损害是否为里辛煤矿开采行为所致进行地质探测。2014 年 4 月 7 日，该研究中心得出的结论为只有确定了瑞烨公司地下的开采情况及开采时间，才能形成科学的检测报告，才能确定因果关系问题，但认定所需费用巨大。此外，应瑞烨公司的申请，山东建筑工程司法鉴定中心对涉案工程出现的斑裂进行了鉴定。瑞烨公司遂请求里辛煤矿赔偿各项损失 1 064 572.89元，以及两次鉴定费共计 21 万元。

    被告认为，其在 2005 年之前就已开采，故该案不应适用《侵权责任法》予以处理。

    经查，里辛煤矿相关矿区早在 2005 年之前就已开采。

【争议焦点】

    本案应否适用《侵权责任法》（基于本专题的教学内容，其他争议焦点略）？

---

    ①　参见山东省莱芜市中级人民法院(2016)鲁 12 民终 16 号民事判决书。

【裁判理由及结果】

　　一审法院依《侵权责任法》第7条①、第69条②，以及第73条③的规定，认为该案属于高度危险作业造成的侵权纠纷，应适用无过错责任。由于里辛煤矿认可在瑞烨公司地下从事了挖掘活动，瑞烨公司也出具了照片、公证书等初步证据证实了损害结果的存在，所以对于里辛煤矿的行为与损害结果之间是否有因果关系，无论是基于法律的规定还是鉴定的便利性的考虑，均应当由里辛煤矿承担举证责任。里辛煤矿举证不能的，依法承担对其不利的法律后果。因里辛煤矿未举出相应的证据，因此，里辛煤矿对其挖掘给瑞烨公司造成的损失应承担赔偿责任。里辛煤矿亦未举证证明其免责和减责事由，因此，对于瑞烨公司的损失1 064 572.89元，里辛煤矿应予赔偿。

　　里辛煤矿不服一审判决提起上诉，请求撤销一审判决。其主要理由是：瑞烨公司成立于2007年3月13日，案件所涉建筑物的建设时间为2008年1月至3月，里辛煤矿相关矿区早在2005年之前就已开采，本案并不适用2010年7月1日起正式实施的《侵权责任法》的规定，不属于高度危险作业，不适用高度危险作业的举证责任规定。

　　二审法院认为，《侵权责任法》于2010年7月1日正式施行，是一部不具有溯及力的实体法；但是在如下两种情况下是具有溯及力的：一种情况是侵权行为发生在该法实施前，该行为持续到该法实施后；另一种情况是侵权行为实施在该法施行之前，侵权结果发生在该法施行之后的。本案瑞烨公司起诉的损害事实是2011年7月起发生的，在《侵权责任法》施行之后，无论里辛煤矿挖煤行为是发生在2011年之前还是之后，均应适用《侵权责任法》。故里辛煤矿的上诉理由不成立，其上诉请求不予支持。

【判例解析】

　　本案之所以在能否适用《侵权责任法》这个问题上存在争议，是因为该法于2010年7月1日正式实施，而里辛煤矿相关矿区早在2005年之前就已开采，而本案所涉建筑物的建设时间为2008年1月至3月，这意味着如果存在侵权行为的话，该行为也是发生在《侵权责任法》实施之前。那么，该案能否适用《侵权责任

---

　　① 该条规定，行为人损害他人民事权益，不论行为人有无过错，法律规定应当承担侵权责任的，依照其规定。

　　② 该条规定，从事高度危险作业造成他人损害的，应当承担侵权责任。

　　③ 该条规定，从事高空、高压、地下挖掘活动或者使用高速轨道运输工具造成他人损害的，经营者应当承担侵权责任，但能够证明损害是因受害人故意或者不可抗力造成的，不承担责任。被侵权人对损害的发生有过失的，可以减轻经营者的责任。

法》? 这就涉及民法的溯及力问题。法律的溯及力,又称法律溯及既往的效力,是指法律对其生效以前的事件和行为是否适用。如果适用就具有溯及力,如果不适用则该法就不具有溯及力。现代法一般采取法律不溯及既往的原则,其理论基础即法的安定性和信赖保护。《中华人民共和国立法法》(以下简称《立法法》)第93条对此予以了明确的规定:法律、行政法规、地方性法规、自治条例和单行条例、规章不溯及既往,但为了更好地保护公民、法人和其他组织的权利和利益而作的特别规定除外。民法原则上也采取法不溯及既往原则,但鉴于民事法律关系的特殊性,有一些例外。一是旧法没有规定的,采取"空白追溯"原则,新法具有追溯力。二是对旧法有规定,采取从旧兼有利原则。涉及国际交易的,以有利于国家利益为原则;涉及国内交易的,以鼓励交易为原则;涉及民事责任承担的,以有利于权益受侵害一方为原则。三是对于持续性法律关系或持续性事实,采用新法即行适用原则。[①]此外,立法者也可以根据实际需要,确定某项法律规范的溯及力。

关于《侵权责任法》的溯及力,2010 年颁布的《最高人民法院关于适用〈中华人民共和国侵权责任法〉若干问题的通知》中有明确的规定:"一、侵权责任法施行后发生的侵权行为引起的民事纠纷案件,适用侵权责任法的规定。侵权责任法施行前发生的侵权行为引起的民事纠纷案件,适用当时的法律规定。二、侵权行为发生在侵权责任法施行前,但损害后果出现在侵权责任法施行后的民事纠纷案件,适用侵权责任法的规定。"在该案中,即使里辛煤矿挖煤行为发生在《侵权责任法》实施之前,但由此造成的损害事实则发生在 2011 年 7 月,即在《侵权责任法》实施之后,所以应当适用《侵权责任法》。

【思考题】

　　1. 如何理解民法的效力?

　　2. 如何判断民法的溯及力?

第二章　民法的基本原则

专题一　诚实信用原则的司法适用

杨某诉南航公司、民惠公司客运合同纠纷案 [①]

【案件事实】

原告杨某在被告上海民惠航空服务有限公司(以下简称民惠公司)(机票销售代理商)购买被告中国南方航空股份有限公司(以下简称南航公司)的上海至厦门九折机票一张。机票载明:出发地是上海 PVG,出发时间是 2003 年 1 月 30 日 16:10,票价 770 元,不得签转。机票上还载明航空旅客须知,其中有"在航班规定离站时间前 2 小时以内要求退票,收取客票价 20% 的退票费"等内容。杨某到上海虹桥机场出示这张机票时,机场工作人员告知其应到上海浦东机场乘坐该航班。因已来不及赶赴浦东机场,杨某要求签转,又被告知其所持机票是打折购买的机票,不得签转。15 点 4 分,杨某在南航公司驻虹桥机场办事处办理了申请退票的手续,并以 850 元购买了当日 21 时上海至厦门的全价机票。返回上海后,杨某主张全额退还票款,南航公司让其到民惠公司退票,而民惠公司则表示要退票必须按票价的 20% 扣除手续费,要全额退还票款只能由出票人南航公司办理。杨某认为南航公司、民惠公司的行为严重侵害了其合法权益,为此提起诉讼。杨某认为其退票和不得不在机场滞留 6 小时,完全是被告不明确告知乘机地点造成的;二被告的行为严重侵害了其合法权益,请求判令二被告退还全额机票款 770 元,赔偿经济损失 700 元,判令二被告在其出售的机票上标明机场名称。

被告南航公司辩称:按照中国民航总局(注:现更名为中国民用航空局)的规定,南航公司的机票都是使用自动打票机填开。自动打票机无法在机票上打印中文机场名称,故用机场代码 PVG 标明。作为承运人,南航公司已尽到自己的义务,

---

[①] 参见上海市徐汇区人民法院 2003 年 4 月 10 日民事判决书。案例载《最高人民法院公报》2003 年第 5 期。

不同意原告的诉讼请求。

【争议焦点】

二被告是否应在出售的机票上以我国通用文字标明机场名称？

【裁判理由及结果】

上海市徐汇区人民法院认为：原告杨某与南航公司之间成立客运合同，客运机票是客运合同成立的凭据。被告民惠公司只是根据代理合同为南航公司代销客运机票，并非客运合同的主体。就南航公司应当承担的合同义务而言，合同义务有给付义务和附随义务之分，给付义务是债务人根据合同应当履行的基本义务，附随义务是在给付义务以外，为保证债权人利益的实现而需债务人履行的其他义务。《中华人民共和国合同法》（以下简称《合同法》）第 60 条第 2 款规定："当事人应当遵循诚实信用原则，根据合同的性质、目的和交易习惯履行通知、协助、保密等义务。"这是《合同法》对附随义务作出的规定。在客运合同中，明白无误地向旅客通知运输事项，就是承运人应尽的附随义务。只有承运人正确履行了这一附随义务，旅客才能于约定的时间到约定的地点集合，等待乘坐约定的航空工具。上海有虹桥、浦东两大机场，确实为上海公民皆知。但这两个机场的专用代号 SHA、PVG，却并非上海公民均能通晓。作为承运人的被告南航公司，应当根据这一具体情况，在出售的机票上以我国通用文字清晰明白地标明机场名称，或以其他足以使旅客通晓的方式做出说明。南航公司在机票上仅以"上海 PVG"来标识上海浦东机场，以致原告杨某因不能识别而未在约定的时间乘坐上约定的航空工具，南航公司应承担履行附随义务不当的过错责任。自动打票机并非不能打印中文，机票上打印的"上海""厦门"等字，便是证明。虽然"全部使用自动打票机填开机票"是中国民航总局的规定，但怎样根据当地具体情况去执行上级主管部门的规定，使执行规定的结果能更好地为旅客提供服务，更好地履行承运方在承运合同中的义务，却是作为承运人的南航公司应尽的职责。故南航公司的辩解理由，不能成立。

《合同法》第 299 条规定："承运人应当按照客票载明的时间和班次运输旅客。承运人迟延运输的，应当根据旅客的要求安排改乘其他班次或者退票。"原告杨某持机场名称标识不明的机票，未能按照抵达机场，该合同未能如期履行。参照迟延运输的处理办法，被告南航公司应负责全额退票，并对旅客为抵达目的地而增加的支出进行赔偿。除此以外，杨某提出请求赔偿的其他损失，缺乏相应的事实根据和法律依据，不予支持。故判决南航公司退还原告杨某机票款 770 元，赔偿其损失 80 元。

至于被告南航公司、民惠公司是否必须在其出售的机票上以我国通用文字标明机场名称,应由其上级主管部门加以规范,不属本案处理范围。由于被告民惠公司不是客运合同的主体,原告杨某要求民惠公司承担退票、赔偿的民事责任,不予支持。①

【判例解析】

本案所涉及的焦点在于客运合同中承运人发售的机票是否应标明机场的中文名称。对此,无论是《中华人民共和国民法通则》(以下简称《民法通则》)还是《合同法》均未作出明确的规定,然而,法院依据诚实信用原则对法律的漏洞予以了补充,认为在出售的机票上以我国通用文字清晰明白地标明机场名称,或以其他足以使旅客通晓的方式作出说明,是承运人应尽的附随义务,其未履行此项义务,应当承担相应的民事责任。我们同意法院的判决。

诚实信用原则是民法的基本原则,法律要求民事主体在从事民事活动时,应当遵循诚信原则,秉持诚实,恪守承诺。②关于其含义,学界有多种解释,通说认为其是一种利益衡量的工具,即是立法者对民事主体在民事活动中维持双方利益平衡以及当事人利益与社会利益平衡的要求。③关于诚实信用原则的功能,一般认为有三个:一是指导当事人行使权利、履行义务;二是解释、评价和补充法律行为;三是解释和补充法律④。其中解释和填补法律漏洞被认为是一项重要的功能。本案的判决即充分利用了诚信原则的这一功能,对合同的漏洞及法律的漏洞予以了补充。在本案中,原告与被告南航公司成立了客运合同关系,虽然无论是《合同法》还是合同本身均未对机票是否应以我国通用文字清晰明白地标明机场名称作出明确的规定,但依诚信原则,承运人应当履行向旅客通知运输事项,包括运输地点的附随义务,尤其在运输地点存疑的情形下更是如此。对此,法院的判决书已作了充分的说明,在此不予赘述。至于法院为何判决民惠公司不承担责任,主要原因在于该公司只是根据代理合同为南航公司代销客运机票,其是以代理人的身份与原告签订的客运合同,其本身并非客运合同主体,故不承担合同义务包括附随义务,故无须承担退票、赔偿的民事责任。

---

① 2003 年 4 月 28 日,上海市徐汇区人民法院向中国民用航空总局发出司法建议书,建议:"对同一城市存在两个或两个以上民用机场,航空公司及航空客运销售代理商填开机票标明出发地点、使用机场专用代号时,应使用我国通用文字附注或以其他适当方式说明,以保证客运合同的正确履行,提升我国民用航空行业良好的服务形象。"
② 参见《民法总则》第 7 条。
③ 徐国栋:《民法基本原则解释》,北京大学出版社 2013 年版,第 77 页。
④ 梁慧星:"诚实信用原则与漏洞补充",载《法学研究》1994 年第 2 期。

【思考题】

1. 如何理解诚实信用原则的含义、内容及功能？
2. 分析诚实信用原则在民法中的体现。

专题二　公序良俗原则的司法适用

刘柯某诉刘某、周某共有房屋分割纠纷案①

【案件事实】

刘某、周某系夫妻，刘柯某系二人的独生女。2012 年 11 月，刘某、周某作为主要出资人购买了位于重庆市万盛经开区的房屋一套，并约定对该房屋刘柯某占 90%，刘某、周某各占 5%。2014 年 5 月，该房屋交付使用，同年 8 月办理了房屋产权证，该房屋产权证上记载该房屋的权利人为刘某、周某和刘柯某。后刘柯某与刘某、周某因装修问题发生争议，刘柯某于 2014 年 6 月 2 日书面通知刘某、周某停止装修该房屋未果，遂起诉要求法院判决上述房屋中属于刘某、周某的 10% 的房屋产权部分分割归刘柯某所有，由刘柯某给付刘某、周某共有财产的补偿款 2.8 万元；刘某、周某赔偿其擅自装修给刘柯某造成的损失 5000 元。审理中，刘某、周某明确表示不愿将其拥有的房屋产权份额转让。而刘柯某则承诺在刘某、周某转让份额后他们可继续在该房中居住。另查明，刘某、周某仅有与刘柯某共有的一套房屋居住，现暂住他人房屋。

【争议焦点】

父母为子女出资购买房屋，房屋登记为父母与子女共有，并约定子女所占份额为 90%。于此情形，子女能否行使共有物分割请求权？

【裁判理由及结果】

一审法院认为，刘柯某提出分割房屋购买刘某、周某房屋份额及赔偿损失，从法律上、道义上，理由不成立，对其请求不应支持。故法院依照《中华人民共和国物权法》（以下简称《物权法》）第 93 条、第 94 条、第 99 条等规定，驳回原告刘柯某的

---

① 参见重庆市第五中级人民法院(2015)渝五中法民再终字第 00043 号民事判决书。本案系最高人民法院 2016 年 3 月 10 日公布的十起弘扬社会主义核心价值观典型案例之一。

诉讼请求。原告刘柯某不服一审判决,提出上诉。二审法院维持原判。刘柯某不服二审判决,提出再审。

再审法院认为,依现有证据,本案讼争房屋系刘某、周某以及刘柯某按份共有。《物权法》第97条规定:"处分共有的不动产或者动产以及对共有的不动产或者动产作重大修缮的,应当经占份额三分之二以上的按份共有人或者全体共同共有人同意,但共有人之间另有约定的除外。"据此,刘柯某占份额90%,有权决定本案讼争房屋的处分。但本案中刘某、周某与刘柯某系父母子女关系,双方以居住为目的购房,从购房的相关证据看,大部分房款由刘某、周某出资,二人购房时将大部分财产份额登记在刘柯某名下,超出刘柯某出资部分,具有赠与性质,系父母疼爱子女善良风俗的具体表现。"百善孝为先"一直是中国社会各阶层所尊崇的基本伦理道德。为人子女,应常怀感恩之心,不仅应在物质上赡养父母,满足父母日常生活的物质需要,也应在精神上赡养父母,善待父母,努力让父母安宁、愉快地生活。刘柯某承诺在其父母转让份额后该房由其父母继续居住并无实际意义,徒增其父母的担忧,不符合精神上赡养父母的伦理道德要求,并导致父母与子女之间的亲情关系继续恶化。《物权法》第7条明确规定:"物权的取得和行使,应当遵守法律,尊重社会公德,不得损害公共利益和他人合法权益。"综上,法院认为刘柯某要求其父母转让财产份额的诉求与善良风俗、传统美德的要求不符,不予支持。

【判例解析】

本案所涉房屋虽然主要系刘某、周某出资购买,但约定女儿刘柯某占90%,刘某、周某各占5%,在性质上应当认定为按份共有。现刘柯某提出收购刘某、周某的份额,实际上是请求以作价补偿的方式分割共有房屋,而依《物权法》第99条的规定,在没有约定或者约定不明确的情形下,按份共有人可以随时请求分割。因此,仅就该条而言,刘柯某有权请求分割房屋。至于分割的方式,从原被告双方对房屋所占份额来看,原告提出的由自己取得房屋所有权给予被告所占份额相应补偿的办法也符合社会一般观念。然而,这并不意味着原告的请求就一定能够得到法院的支持。依《物权法》第7条的规定,物权的取得和行使,应当遵守法律,尊重社会公德,不得损害公共利益和他人合法权益。该条系对物权行使的限制,共有物分割请求权也应受此限制。本案中,正如法院在判决书中所分析的那样,原告要求分割父母出资大部分购买且为父母退休后养老居住的房屋,不仅使父母陷入对未来生活的担忧,也将使亲情关系进一步恶化,有违善良风俗有悖于中华民族的传统美德,不符合家庭伦理道德的精神要求,因而其诉讼请求不能得到支持。

此外,需要指出的是,公序良俗原则在新颁布的《民法总则》中得到了进一步的确认。其第 8 条规定:"民事主体从事民事活动,不得违反法律,不得违背公序良俗。"这为该原则的适用提供了更为明确的法律依据。

【思考题】

张某诉蒋某遗赠纠纷案①

蒋某与黄某于 1963 年 5 月登记结婚。因蒋某未生育,故于 1970 年收养了一子。二人婚后有一套登记在蒋某名下的共有住房。1996 年,黄某与张某开始在外租房非法同居。2000 年 9 月,黄某与蒋某将上述房屋以 8 万元的价格出售,并将其中的 3 万元赠送给养子。2001 年年初,黄某因患肝癌晚期住院治疗,住院期间一直由蒋某及其家属护理、照顾。2001 年 4 月 18 日,黄某立下书面遗嘱,将其所得的住房补贴金、公积金、抚恤金和出卖上述房屋所获房款的一半(4 万元)及自己所用手机一部赠与张某。2001 年 4 月 20 日,泸州市纳溪区公证处对该遗嘱出具了公证书(该公证书在一审审理过程中被撤销)。2001 年 4 月 22 日,黄某去世,张某要求蒋某交付遗赠财产遭蒋某拒绝,双方发生争执,张某遂诉至法院请求法院判令蒋某按遗嘱交付财产。蒋某认为,黄某将遗产遗赠给其婚外同居者的行为违反了《中华人民共和国婚姻法》(以下简称《婚姻法》)关于夫妻应当互相忠实的规定,应属无效民事行为。

一审法院认为,黄某与张某长期婚外同居违反《婚姻法》关于夫妻应当互相忠实,互相尊重,禁止有配偶者与他人同居的规定,是一种违法行为。遗赠人黄某基于与原告张某有非法同居关系而立下遗嘱,将其遗产和属被告所有的财产赠与原告张某,是一种违反公共秩序、社会公德和违反法律的行为,应属无效民事行为。张某明知黄某有配偶而与其长期同居生活,其行为为法律禁止,也是社会公德和伦理道德所不允许的,侵犯了蒋某的合法权益,于法于理不符,其要求蒋某给付受遗赠财产的主张不予支持。遂依《民法通则》第 7 条判决:驳回原告张某的诉讼请求。

张某不服提起上诉,其理由是:第一,遗赠人黄某所立遗嘱是其真实意思表示,且符合我国《中华人民共和国继承法》(以下简称《继承法》)的规定,属有效遗嘱,人民法院应依法保护;第二,遗嘱中涉及"抚恤金"和夫妻共有的"住房补贴金、公积金",根据《继承法》第 27 条第 4 项规定,也只能说将这一小部分确认无效,将无效部分所涉的遗产按法定继承办理,黄某所立遗嘱所处分的个人财产应属有效遗嘱,依法应当得到保护;第三,本案属遗嘱继承案件,应当适用《继承法》而不应当适用《民法通则》。请求二审法院依法撤销一审判决,改判上诉人的受遗赠权受法律保护。二审法院驳回上诉,维持原判。

---

① 参见四川省泸州市中级人民法院民事判决书(2001)泸民一终字第 621 号民事判决书。

　　该案是一起颇有影响的案例,曾经引发了学者的广泛关注和探讨。有学者同意法院的裁判,认为由于遗赠人黄某与原告张某的同居行为违法,则基于该同居行为的遗嘱使得非法同居者谋取了不正当利益因而也违反了社会公德,属无效行为。但多数学者提出了反对的意见。理由有三:

　　其一,遗赠人与受赠人的婚外同居关系与遗嘱是两个独立的行为,遗嘱的法律行为不应仅仅因为婚外同居行为的不合道德性违反善良风俗而无效。在本案中,立遗嘱人将自己的遗产赠与婚外第三者,其目的或动机只是扶养、感恩、解决第三者的生计等,而并非维系此种不正当的关系或破坏婚姻家庭,故不应认定违反公序良俗原则而无效。

　　其二,《继承法》第16条第3款规定,公民可以立遗嘱将个人财产赠给国家、集体或者法定继承人以外的人。这是对遗嘱自由的具体规定。在有具体规则时,不应适用《民法通则》第7条规定的公序良俗原则。

　　其三,法院的裁判系以道德代替了法律,更多的是道德审判而并非法律裁判。

　　请认真阅读法院的判决书,并结合学者反对的观点,思考以下问题:

　　(1)什么是公序良俗原则? 该案的遗嘱是否违反了公序良俗原则?

　　(2)该案适用《民法通则》第7条规定的公序良俗原则是否妥当? 如何看待规则与原则的关系? 如何看待遗嘱自由与公序良俗原则的关系?

　　(3)法院认为该遗嘱变相剥夺了作为妻子的蒋某的继承权。对此,你如何看待?

　　(4)你认为该案应当如何处理?

第三章　民事法律关系

专题一　民事法律关系的意义

单某与大庆市让胡路区银浪街道办事处、
大庆市久长经贸有限公司建设工程施工合同纠纷案①

【案件事实】

2000年4月30日,为建设"银浪街道社区服务中心",被告银浪街道办事处与被告大庆市久长经贸有限公司(以下简称久长公司)签订《合作开发建设协议书》,双方约定由银浪街道办事处负责申报办理土地、规划建设手续,由久长公司负责该工程的施工、投资及销售;久长公司按工程总造价的12%计算利益分配给银浪街道办事处。后久长公司将该工程予以发包,原告单某作为承包人之一,承建商服5号楼。该工程于2000年12月竣工,并已实际交付被告久长公司。由于二被告不具有开发资质,所建房屋系违章建筑,所以该房屋于2006年9月被相关部门予以拆除。在房屋被拆除后,即原告诉讼前的2007年10月30日,原告与被告久长公司经理马某签订工程结算书一份,双方结算工程总造价为3 975 595.20元(被告银浪街道办事处并未在该结算书上签字)。后被告久长公司实际支付工程款2 640 309.69元。原告诉至法院,要求二被告给付工程款1 390 000元及利息800 000元,并承担本案的诉讼费用。经查,2011年7月,银浪街道与久长公司签订的《合作开发建设协议书》因双方均无开发资质而被黑龙江省高级人民法院认定无效。(案情有删节)

【争议焦点】

银浪街道办事处是否为建设工程施工合同的主体?是否承担给付施工人单某工程款的连带责任?

---

① 参见黑龙江省大庆市中级人民法院(2015)庆民二民终字第231号民事判决书。

【裁判理由及结果】

　　久长公司作为合同当事人应当承担给付工程款的责任,对此并无异议。至于银浪街道办事处是否承担连带责任的问题,原审法院认为,根据相关法律规定和司法实践,房地产合作开发既不属于个人合伙,也不是合伙企业,不应当适用法律有关个人合伙和普通合伙人承担连带责任的规定;而在法律无明确规定,二被告没有清晰意思表示的情况下,不应随意扩大连带责任的适用范围。根据二被告所签的《合作开发建设协议书》,银浪街道办事处的义务主要是负责申报办理土地、规划建设手续,而久长公司的义务主要是负责工程建设和投资。银浪街道办事处作为合作开发一方,并未与原告签订任何书面的建设工程施工合同,而确认欠付原告工程款的情况说明是久长公司法定代表人马某作出的,被告银浪街道办事处并未在该份说明上签字确认,故本案所涉建设工程施工合同的主体应为发包人久长公司与承包人单某,银浪街道办事处并非合同主体,更非共同发包人。根据债权合同相对性原理,银浪街道办事处作为与久长公司合作开发房地产合同的合作一方,其在合作开发房地产合同中的履约行为,不应成为在建设工程施工合同中承担连带责任的事实依据,故法院对原告要求被告银浪街道办事处承担连带给付责任的诉讼请求,不予支持。原告虽主张银浪街道办事处实际参与了涉案工程的施工队选定和施工管理等事宜,但未提交充分证据证实,法院依法不予采信。原告虽又主张在马某与其达成口头协议时,久长公司并未成立,当时马某系政府工作人员,应由政府承担连带责任,但根据法律规定,公司筹建时行为,在公司成立后应由该公司承担责任,原告的主张没有法律依据,故依法不予支持。遂判决驳回原告要求银浪街道办事处承担连带给付责任的诉讼请求。单某不服一审法院判决提起上诉,认为银浪街道办事处应为工程的发包方,应承担结付工程款的义务。二审法院驳回上诉,维持原判。

【判例解析】

　　本案的焦点问题是银浪街道办事处是否应对工程施工人单某的工程款承担给付责任。解决这一问题的关键在于银浪街道办事处是否与单某存在建设工程施工合同关系,是否承担合同所约定的给付工程款的义务。因为只有在当事人之间存在特定的民事法律关系时,才会具有相应的民事权利和民事义务。从本案提交的证据来看,银浪街道办事处并未与单某签订任何形式的建设工程施工合同,而确认欠付原告工程款的情况说明是久长公司法定代表人马某作出的,被告银浪街道办事处并未在该份说明上签字确认,故本案所涉建设工程施工合同的主体应为发包人久长公司与承包人单某,有关施工、结算等行为均是发生在二者之间,银浪街道办事处并非合同主体,更非共同发包人,不应承担给付工程款的义务。此外,虽然银浪街道办事处与久长公司签订了合作开发房地产协议,但该协议是银浪街道办事处与久长公司之间的法律关系,并不涉及工程的施工人,且银浪街道办事处所履行的仅是为方便其辖区内企业如久长公司带有行政管理性质的申报办理土地、规划建设手续及相应行政审批事项,故其在合作开发房地产合同中的履约行为,不应成为在建设工程施工合同中承担连带责任的事实依据。

【思考题】

1. 什么是民事法律关系?

2. 民事法律关系理论对于民法的学习和适用有何重要意义?

专题二 民事权利、民事义务与民事责任

高某诉民生银行郑州花园路支行储蓄存款合同纠纷案 ①

【案件事实】

原告高某于 2010 年在被告民生银行郑州花园路支行办理银行卡一张,自 2014 年 8 月 8 日 11:15:26 至 2014 年 8 月 8 日 11:20:05 止,高某的该银行卡被分 10 次取款共计 2 万元;自 2014 年 8 月 8 日 12:19:37 至 2014 年 8 月 8 日 12:21:55 止,高某的银行卡在美轩商贸消费共计 19 万元;自 2014 年 8 月 8 日 12:22:26 至 2014 年 8 月 8 日 12:23:57 止,其银行卡在瑞文商贸中心消费共计 15 万元。高某在此期间随身携带银行卡,随即办理了挂失业务,并向公安机关报案。后高某诉至法院,请求判令被告赔偿原告高某经济损失 36 万元及利息。

【争议焦点】

银行是否应为储户银行卡被盗刷的损失承担赔偿责任?

【裁判理由及结果】

河南省郑州市金水区人民法院经审理认为,原告在被告处办理银行卡,双方形成合同关系。本案中,原告在发现其持有银行卡的资金非正常流失时及时办理挂

---

① 参见河南省郑州市中级人民法院(2015)郑民一终字第 698 号民事判决书。

为并报假案的情况下,应当认定是他人复制并盗刷了银行卡账户上的资金。银行由于技术漏洞而未能保证银行卡的唯一性和不可复制性,由此造成损失,银行有义务向储户承担全部的赔偿责任,即被告应当赔偿原告损失 36 万元并支付相应利息。被告承担责任后可根据刑事案件的最终结果向有关主体主张权利。①

被告不服一审判决,提起上诉,称其所发银行卡符合国家行业标准,不存在技术漏洞。银行卡密码具有唯一性、排他性,本案所涉款项系 ATM 取款和 POS 机刷卡,均需输入密码进行交易,上诉人在此过程中没有过错,被上诉人有泄露密码的可能。被上诉人对扩大的损失具有重大过错,且有 15 万元被第三方乐富公司冻结、暂未支付,一审判决上诉人承担全部责任错误。且本案已刑事立案,应先刑事后民事。针对上述理由,二审法院认为,首先,上诉人称其银行卡符合标准,不应承担责任,但防止银行卡被复制是银行保障客户资金安全的一项重要措施,并非扩大银行的安全保障义务;其次,上诉人称被上诉人密码保管不善,但其未提交证据予以证明,对其该项主张,法院不予采纳;再次,关于被上诉人是否存在过错的问题,法院认为,被上诉人收到消费扣款短信后察觉异常,便及时与银行工作人员联系并办理挂失业务,被上诉人已尽到应有的注意义务,并无过错;最后,根据银行卡查询结果,被上诉人的银行卡在 2014 年 8 月 8 日累计被盗刷 36 万元,上述款项已从被上诉人的银行卡中划走,故上诉人关于被第三方机构暂冻的 15 万元不应计入损失的上诉理由不能成立,法院不予采纳。故判决驳回上诉,维持原判。

【判例解析】

银行是否应对储户银行卡被盗刷的损失承担赔偿责任,关键是看银行是否违反了其对储户应尽的义务,而银行对储户需承担何种义务,则需要从银行与储户之间的民事法律关系入手予以分析。储户在银行办理银行借记卡,双方之间即形成了储蓄合同关系。根据储蓄合同的性质,银行负有按照储户的指示,将存款按约支付给储户或者储户指定的代理人,并保障储户借记卡内存款安全的义务。而防止银行卡被复制是银行保障客户资金安全的一项重要措施。并且,银行作为借记卡的发卡行及相关技术、设备和操作平台的提供者,在其与储户的合同关系中明显占据优势地位,理应承担伪卡的识别义务。在本案中,犯罪嫌疑人能够利用储户借记卡的伪卡通过银行交易系统进行交易,说明涉诉银行制发的借记卡及交易系统存在技术缺陷,其未能充分尽到对于系争借记卡的交易安全保障义务,给原告造成了经济损失。此外,本案当事人高某作为借记卡的储户,在其得知所持银行借记卡于异地发生非正常交易后,立即向当地公安机关进行报案。这表明当不法侵害发生

---

① 参见河南省郑州市金水区人民法院(2014)金民二初字第 6103 号民事判决书。

后,其作为储户已尽到了其基本的谨慎注意和及时通知义务。故对于高某借记卡内产生的损失,银行应承担违约赔偿责任。①

【思考题】

    1. 什么是民事双利、民事义务?

    2. 民事义务和民事责任是何种关系?

---

① 不同的意见,参见仁成汉与中国建设银行股份有限公司汉中分行(以下简称建行汉中分行)储蓄存款合同纠纷案[陕西省汉中市汉台区人民法院(2014)汉台民初字第010606号民事判决书;陕西省汉中市中级人民法院(2015)汉中民二终字第00038号民事判决书,陕西省高级人民法院(2016)陕民申6号民事判决书]。在该案中,储户卡不离身,但银行卡内的存款多次在ATM自动取款机及柜台被人盗取、盗刷,储户发现并报案后诉至法院,请求银行支付被盗取、盗刷的60 000元本金及利息。该案经过一审、二审、再审,储户的诉讼请求均被驳回。法院认为原告负有妥善保管银行卡及密码的义务,该储蓄卡的9次取款全是凭卡凭密码支取,原告未能提供证据证明被告建行汉中分行在支付存款的过程中存在违约行为或者存在过错及重大过失,其提到有关伪卡、密码被银行泄露及银行存在监守自盗的行为等,因无证据支持,仅是个人的推测及怀疑,且该案在报案后公安机关迄今为止尚无定论,故该理由不能成立。此外,银行在办理取款业务时未查对取款人的身份资料,但该行为也不违反中国人民银行等颁布的《金融机构客户身份识别和客户身份资料及交易记录保存管理办法》的规定。故储户的诉讼请求未获法院的支持。

第四章 自然人

专题一 监护权的撤销

林丽某被撤销监护权案①

【案件事实】

福建省仙游县榜头镇梧店村村民林丽某多次使用菜刀割伤年仅 9 岁的亲生儿子林某的后背、双臂,用火钳鞭打林某的双腿,并经常让林某挨饿。自 2013 年 8 月始,当地镇政府、村民委员会干部及派出所民警多次对林丽某进行批评教育,但林丽某拒不悔改。2014 年 1 月,共青团莆田市委、市妇联等部门联合对林丽某进行劝解教育,林丽某书面保证不再殴打林某,但依然我行我素。5 月 29 日凌晨,林丽某再次用菜刀割伤林某的后背、双臂。为此,仙游县公安局对林丽某处以行政拘留 15 日并处罚款人民币 1000 元。6 月 13 日,申请人仙游县榜头镇梧店村村民委员会以被申请人林丽某长期对林某的虐待行为已严重影响林某的身心健康为由,向法院请求依法撤销林丽某对林某的监护人资格,指定梧店村村民委员会作为林某的监护人。在法院审理期间,法院征求林某的意见,其表示不愿意随其母林丽某共同生活。

【争议焦点】

法院能否撤销林丽某对其儿子林某的监护人资格?

【裁判理由及结果】

仙游县人民法院经审理认为,监护人应当履行监护职责,保护被监护人的身体健康,照顾被监护人的生活,对被监护人进行管理和教育,履行相应的监护职责。被申请人林丽某作为林某的监护人,未采取正确的方法对林某进行教育引导,而是采取打骂等手段对林某长期虐待,经有关单位教育后仍拒不悔改,再次用菜刀割伤林某,其行为已经严重损害林某的身心健康,故其不宜再担任林某的监护人。依照

---

① 本案为最高人民法院 2014 年 11 月 24 日发布的未成年人审判工作典型案例之一。案例参见 2014 年 7 月 24 日《人民法院报》。

民法有关规定,撤销被申请人林丽某对林某的监护人资格;指定申请人仙游县榜头镇梧店村村民委员会担任林某的监护人。

【判例解析】

根据我国民法的规定,未成年人的父母是未成年人的监护人。在监护人不履行监护职责或者侵害被监护人的合法权益时,人民法院可以根据有关个人或组织的申请,撤销监护人的资格。就此而言,若父母不履行监护职责,甚至对子女实施虐待、伤害或者其他侵害行为,再让其担任监护人将严重危害子女的成长,故应当撤销其监护人资格。然而,虽然《民法通则》第18条第3款对监护资格的撤销予以了规定,但由于欠缺更加细致的规定,致使该条在实践中很难操作。在本案中,仙游县人民法院认为村民委员会可以作为《民法通则》第18条第3款中的"有关单位"提起监护权撤销之诉,并在没有其他近亲属和朋友可以担任监护人的情况下,按照最有利于被监护人成长的原则,指定当地村民委员会担任林某的监护人,通过司法干预向社会表达一种新的视角,即未成年人不仅是家庭成员还是国家一员,如果未成年人受到侵害,司法机关应当有效干预,对此值得肯定。本案宣判后,法院通过多方协调和与多部门的工作努力,最终将林某妥善安置在 SOS 儿童村,切实维护了林某的合法权益。①

值得注意的是,2017 年颁布的《民法总则》对监护人的撤销予以了更为明确的规定,其第 36 条不仅明确了撤销监护人的事由,同时也明确了有权提起撤销之诉的主体(本案所涉及的村民委员会纳入其中)及撤销后的安排,从而给被监护人提供了更为充分的保护。②

【思考题】

1. 什么是监护?

2.《民法总则》较《民法通则》在监护制度方面有何完善之处?

---

① 参见 2014 年 7 月 24 日《人民法院报》。

② 该条规定,监护人有下列情形之一的,人民法院根据有关个人或者组织的申请,撤销其监护人资格,安排必要的临时监护措施,并按照最有利于被监护人的原则依法指定监护人:

(一)实施严重损害被监护人身心健康行为的;

(二)怠于履行监护职责,或者无法履行监护职责并且拒绝将监护职责部分或者全部委托给他人,导致被监护人处于危困状态的;

(三)实施严重侵害被监护人合法权益的其他行为的。

本条规定的有关个人和组织包括:其他依法具有监护资格的人,居民委员会、村民委员会、学校、医疗机构、妇女联合会、残疾人联合会、未成年人保护组织、依法设立的老年人组织、民政部门等。

前款规定的个人和民政部门以外的组织未及时向人民法院申请撤销监护人资格的,民政部门应当向人民法院申请。

专题二 宣告死亡的条件及法律后果

被撤销死亡宣告人丁某请求返还财产纠纷案①

【案件事实】

原告丁某系聋哑人。原、被告系父女关系。原告与被告生母于1992年离婚，被告随原告共同生活。2000年原告因债务问题自行离家出走，其间未与被告联系。2005年8月，被告向上海市闵行区人民法院申请宣告原告死亡，2006年9月4日，闵行区法院作出民事判决书，宣告丁某死亡。2010年10月，原告回沪。同年10月20日，上海市闵行区人民法院根据原告的申请，作出判决撤销了宣告丁某死亡的民事判决。

1999年4月，原、被告因原居住的公房动迁，分得漕宝路房屋，承租人为原告。2007年6月，被告以原告已被宣告死亡为由，向物业公司申请变更承租人，同年7月被告出资25 137元，将上述房屋购买为售后产权房，同时，被告支付了该房2006年、2007年的租金和保洁费等2500余元。2007年10月27日，被告将漕宝路房屋以600 000元的价格出售(该房市场价约为700 000元人民币)。2007年11月1日，被告以615 000元的价格，购买了达丰新村房屋，漕宝路房屋出售款均被用于支付购房款。原告被撤销死亡宣告后，要求入住达丰新村房屋并迁入户口，以便办理原告的低保及养老手续，但遭到被告拒绝。故原告诉至法院，要求判令被告按目前漕宝路使用权房屋的市场价给付原告房屋出售款435 000元；并表示，只要被告让原告户口迁入达丰新村房屋、让原告居住，原告可以不要被告给付钱款。被告对此表示拒绝，并主张如果判决补偿，则应将其支付的欠租、维修基金及购买房屋的出资予以扣除。

【争议焦点】

死亡宣告被撤销后，"被宣告死亡人"原有的房屋被出售，其能否请求给付该房屋出售价金或市场价值的补偿款，或请求居住利益？

【裁判理由及结果】

法院认为，原告被依法撤销死亡宣告后，有权请求返还财产，原物无法返还的，

---

① 参见上海市普陀区人民法院(2011)普民一(民)初字第37号民事判决书。

应给予适当补偿。漕宝路房屋原系原告承租的使用权房,被告在原告被宣告死亡后,取得了该房的承租权,之后通过购买该房产权,将该房出售给他人,取得了房屋出售款。由于该房已无法返还,所以原告要求被告给付补偿款,符合法律规定,予以支持。原告原有的漕宝路房屋虽然是公房,不能继承,但该房具有使用权价值,被告从中获得了利益,而原告由此失去了居住使用权,被告理应对原告作出补偿。原、被告系原漕宝路房屋的同住人,对房屋租金、维修基金等有共同承担的义务,当原告经济困难、无力支付时,作为同住人的女儿有义务帮助支付相关费用。故被告支付的欠租、维修基金等,不应从售房款中扣除。至于被告出资购买该房产权,是为了便于出售,获得更大的利益,且该房的出售款已被用于购买达丰新村房屋,被告所获得的利益远远大于购买漕宝路房屋产权的出资,故对被告购买产权的出资不应从售房款中扣除。现被告不同意原告居住达丰新村房屋、享受售房款带来的利益,就应当对原告的居住问题作出妥善安置,故在确定漕宝路房屋补偿款时,应考虑该房出售时的价值、被告有帮助原告解决居住问题的责任等情况,酌情确定补偿的数额。原告要求按目前漕宝路使用权房屋的市场价值给予原告补偿款,无法律依据,不予支持。据此,法院依法判决被告一次性给付原告丁某房屋出售补偿款人民币400 000元。

【判例解析】

本案涉及死亡宣告被撤销后的法律后果问题。在本案中,原告失踪已满4年,其女儿作为利害关系人有权向法院申请宣告其死亡。法院在一年公告期满后作出死亡宣告,在程序上并无错误。原告的死亡宣告被撤销后,涉及财产的返还等后果。对此,《民法总则》第53条规定,被撤销死亡宣告的人有权请求依照继承法取得其财产的民事主体返还财产。无法返还的,应当给予适当补偿(在此之前的《民法通则》第25条也有相似的规定)。本案的涉诉财产为原、被告双方共同承租的公房,该房虽不能继承,但其具有流通性,也具有财产价值,故在原告因被告将该房出售而丧失了居住使用利益时,被告理应对原告作出补偿。同时,达丰新村房屋系被告购置,原告虽不能对该房屋主张权利,但被告作为女儿,对父母有赡养的义务,理应对原告的居住和生活进行妥善安排,故这一因素在确定补偿金时也应当予以考虑。

【思考题】

1. 宣告失踪的条件和后果是什么?
2. 宣告死亡的条件和后果是什么?

第五章　法人

专题一　法人的独立责任

魏某与兰州居正房地产有限公司、
兰州金万利实业集团股份有限公司、
兰州华孚泰商贸有限公司商品房预售合同纠纷案①

【案件事实】

　　被告兰州居正房地产有限公司（以下简称居正公司）系被告兰州金万利实业集团股份有限公司（以下简称金万利公司）投资设立的一人有限责任公司。2013年9月22日，原告魏某与被告居正公司签订《商品房买卖合同》。双方约定：原告购买被告居正公司拟开发建设的位于兰州市城关区雁西路"雁滩家园"的住宅1套，房屋总价款暂定为652 800元；原告应向被告居正公司交付购房首付款195 840元，剩余房款办理银行按揭贷款支付等。该合同成立后原告于10月14日、10月15日向被告居正公司指定的被告兰州华孚泰商贸有限公司（以下简称孚泰公司）提供的POS机刷卡支付了购房首付款195 840元，被告居正公司遂向原告出具了收款收据。后原告得知被告居正公司其实并未取得涉案合同项下的商品房预售许可证，遂诉至法院，请求法院判令其与被告居正公司签订的《商品房买卖合同》无效，判令被告居正公司返还购房款195 840元并赔偿利息损失22 531.12元、赔偿经济损失195 840元；又因被告金万利公司系被告居正公司的唯一股东，且二被告财产混同，被告华孚泰公司收取了《商品房买卖合同》项下购房首付款，故请求法院判令被告金万利公司和被告华孚泰公司对居正公司所负债务承担连带清偿责任。

【争议焦点】

　　1. 居正公司与魏某订立的《商品房买卖合同》是否无效，被认定无效后损害赔偿责任如何确定？

---

① 参见甘肃省兰州市中级人民法院（2016）甘01民终552号民事判决书。

2. 金万利公司、华孚泰公司对居正公司的债务应否承担连带清偿责任?

【裁判理由及结果】

一审法院认为,本案所涉《商品房买卖合同》实属商品房预售合同。根据《最高人民法院关于审理商品房买卖合同纠纷案件适用法律若干问题的解释》第 2 条的规定,出卖人未取得商品房预售许可证明,与买受人订立的商品房预售合同,应当认定无效,但在起诉前取得的,可以认定有效。本案中,被告居正公司至今未取得商品房预售许可证明,故原告与被告居正公司签订的《商品房买卖合同》应属无效。又根据《合同法》第 58 条的规定,合同无效或者被撤销后,因该合同取得的财产,应当予以返还;不能返还或者没有必要返还的,应当折价补偿。有过错的一方应当赔偿对方因此所受到的损失,双方都有过错的,应当各自承担相应的责任。故被告居正公司应返还已付购房首付款及银行利息损失。在本案中,被告居正公司在与原告缔约时未办理商品房预售许可,对于合同的无效具有过错,应赔偿原告基于合同能够有效成立的信赖而发生的损害。此外,原告在缔约时未尽谨慎的注意义务(居正公司此次团购是向特定公众预售的,合同订立时原告明知未办理预售许可证)也有过错。故一审法院酌定被告居正公司按原告已付购房首付款的 10% 予以赔偿,即19 584元(195 840 × 10%)。

关于被告金万利公司和华孚泰公司是否承担连带赔偿责任的问题。根据《中华人民共和国公司法》(以下简称《公司法》)第 63 条的规定,一人有限责任公司的股东不能证明公司财产独立于股东自己的财产的,应当对公司债务承担连带责任。由于被告金万利公司未向法庭提交证明公司财产与股东财产相互独立的财务报告,被告金万利公司对该待证事实承担举证不能的责任。故原告请求被告金万利公司对被告居正公司的债务承担连带责任一审法院予以支持。被告华孚泰公司以POS 机刷卡的方式代被告居正公司收取购房首付款的行为,应属向被告居正公司借用银行账户的行为,被告华孚泰公司的行为虽具有违法性,但该行为与原告购房首付款能否返还及其损失能否赔偿的结果之间没有因果关系,故原告主张被告华孚泰公司对被告居正公司的债务承担连带责任的诉讼请求法院不予支持。二审维持原判。

【判例解析】

本案有两个争议焦点。关于第一个焦点,法院的判决书中已有清楚的表述,在此不赘述。鉴于本专题的主旨,这里仅就第二个争议焦点予以分析。

本案的被告涉及三个公司,即签订商品预售合同的居正公司,居正公司唯一的股东金万利公司,以及代被告居正公司收取购房首付款的华孚泰公司。这三个公司都是法人,而法人最重要的特征是独立性,即法人具有独立的人格、独立的财产且承担独立的责任。本案中,居正公司作为独立法人,应当就其债务独立承担责任。其股东原则上仅以其出资额为限承担责任,并不对法人的债务承担无限连带责任。但在本案中,金万利公司是居正公司的唯一股东,有与居正公司发生财产混同的可能性,若仍然使居正公司承担独立责任会有损债权人的利益。针对此种情形,《公司法》第 63 条规定了公司法人人格否认制度,即一人有限责任公司的股东不能证明公司财产独立于股东自己的财产的,应当对公司债务承担连带责任。由于金万利公司未能作上述证明,故其应与居正公司承担连带责任。至于华孚泰公司,其仅替居正公司代收房款,并非商品房预售合同的当事人,也不存在与居正公司之间的控制关系,故居正公司的债务不应要求华孚泰公司承担。

【思考题】

1. 什么是法人? 法人有何特征?
2. 法人的独立性是如何体现的?
3. 试述《民法总则》中对法人分类体系的规定。

专题二　法定代表人超越权限所签订的合同的效力

南京元德医药化工有限公司与黄某民间借贷纠纷案 ①

【案件事实】

2010 年 6 月 10 日,黄某与李某、南京元德医药化工有限公司(以下简称元德公司),以及南京辉光投资有限公司(以下简称辉光投资公司)签订借款合同一份,约定李某向黄某借款 2700 万元,元德公司为上述借款承担连带保证责任;辉光投资公司为一般保证人,在借款人及连带责任保证人经司法程序确认均无偿还能力的情况下对借款本息余额承担保证责任;借款合同中,借款人及"担保人一"元德公司处均有李某签字,以及元德公司的公章。2010 年 6 月 18 日,黄某将借款 2100 万元支付至李某账户,李某实际收到并使用的借款金额为 700 万

---

① 参见江苏省南京市中级人民法院(2014)宁商终字第 362 号民事判决书。

元。2011 年 6 月至 8 月期间,李某陆续偿还借款 100 万元。经查,2005 年 3 月,元德公司由香港翰林化工有限公司独资设立,可某为法定代表人,2009 年 2 月 11 日,其法定代表人变更为李某。后因公司内部纠纷,李某于 2010 年 4 月 28 日将公司公章、行政人事章、合同章交给可某。2010 年 9 月 19 日李某被免去公司法定代表人及董事职务,2010 年 10 月 8 日,该公司的工商登记显示法定代表人变更为可某。

元德公司辩称:

(1)黄某与李某之间的借款合同与元德公司无关。借款合同签订时,李某虽然仍是元德公司法定代表人,但在借款合同上盖章的行为不是履行职务的行为,也不能构成表见代理,元德公司不承担保证责任。

(2)元德公司并未作出承担保证责任的意思表示,保证合同并未成立,故元德公司不应当与债务人一起承担连带赔偿责任。

此外,元德公司因合同上加盖的公章与元德公司备案印文不一致而对该公章的真实性提出了质疑。

【争议焦点】

元德公司是否应当承担保证责任?

【裁判理由及结果】

一审法院认为,首先,借款合同签订期间,李某系元德公司的法定代表人,可以对外代表公司。虽然 2010 年 10 月 8 日,该公司工商登记显示法定代表人由李某变更为可某,但借款合同签订日期为 2010 年 6 月 10 日,借款合同中约定"担保人一"为元德公司,李某当时系元德公司法定代表人,可以对外代表公司。其次,即使借款合同中"担保人"处元德公司印章的真实性存在问题,也不影响担保的效力。根据《合同法》第 50 条的规定,法人或者其他组织的法定代表人、负责人超越权限订立的合同,除相对人知道或者应当知道其超越权限的以外,该代表行为有效。本案中,即便元德公司内部产生纠纷从而影响到签订借款合同时仍作为法定代表人李某的实际权限,元德公司也未能举证证明黄某知道或者应当知道李某签订借款合同时存在超越权限的问题,而善意第三人的权益不能因相对人公司内部纠纷而受到损害。借款合同中"担保人一"元德公司处有李某签字,不论从李某当时任该公司法定代表人可以对外代表公司的角度而言,还是从保护善意第三人权益的角度而言,其代表行为均应认定为有效。因此,借款合同中"担保人一"元德公司处印章的真伪,对其承担保证责任并无直接因果关系。保证人元德公司承担保证责任后,有权向债务人李某追偿。二审法院对上述理由及判决结果予以了支持。

【判例解析】

　　本案涉及法人的法定代表人超越权限所签订的合同是否有效的问题。我们同意法院的判决。原因如下:2009 年 2 月 11 日至 2010 年 10 月 8 日,李某系元德公司的法定代表人,可以对外代表公司。法定代表人以法人的名义所为的行为即为法人的行为,法人应对此承担后果。其间,李某于 2010 年 4 月 28 日交出公司公章及行政人事章、合同章可以认定其代表权限受到了限制。但根据《合同法》第 50 条的规定,虽然李某的行为超越了代表权限,但如果无证据证明相对人知道或者应当知道其超越权限的情形,应当认定该代表行为有效(《民法总则》第 61 条第 3 款也作了相似的规定)。在本案中,元德公司并未提供证据证实黄某明知李某超越权限代表元德公司确认担保事务;亦未提供证据证实黄某与李某恶意串通骗取元德公司提供担保。最后,元德公司并未提供证据证实加盖在担保人处的元德公司公章系李某私刻。综上,李某代表元德公司签字确认借款合同中相关担保责任,加盖的公章与元德公司备案印文不一致并不导致元德公司不承担担保责任。

【思考题】

　　1. 什么是法定代表人?

　　2. 法定代表人与法人是何种关系?

专题三　法人分支机构民事责任承担

王某与山西省第三建筑工程公司、山西省第三建筑工程公司宁夏分公司等民间借贷纠纷案[①]

【案件事实】

　　被告山西省第三建筑工程公司(以下简称山西三建)宁夏分公司是被告山西三建设立的分公司,被告侯某为其负责人。2013 年 8 月 5 日原告王某与被告山西三建宁夏分公司签订《借款合同》,约定被告从原告处借款 300 万元整,期限为 14 个月,从 2013 年 8 月 5 日到 2014 年 10 月 4 日,月利率为 3%,逾期还款按合同约

---

　　① 参见宁夏回族自治区银川市兴庆区人民法院(2016)宁 0104 民初 833 号民事判决书。

定利率上浮20%。签约当天，原告通过银行转账将291万元借款提供给被告山西三建宁夏分公司。2013年8月9日，被告侯某以借款人的名义向原告出具借条一张载明："今借到宁夏博通投资有限公司王文静现金叁佰万元整"，被告山西三建宁夏分公司在该借条上盖章。后被告山西三建宁夏分公司通过"山西省第三建筑工程公司银川项目部"以银行转账的方式向原告偿还187万元，未按约定返还借款利息及本金。虽经原告多次催要，剩余款项被告均推诿未还，为此，原告将山西三建、山西三建宁夏分公司及侯某均诉至法院，请求判令被告按合同的约定偿还借款239万元[2013年8月5日至2014年10月4日共计14个月，被告应付利息为126万元（300×14×3%），诉前被告共偿还187万元，尚欠本金应为239万元（300＋126－187）]，逾期利息733 894元[从2014年10月5日至2016年1月15日共计467天，按年利率24%计算，应付利息为733 894元（239×24%÷365×467）]及至借款还清之日止的利息。

三被告共同辩称，原告与被告山西三建宁夏分公司实际发生的借款金额为291万元，利息应按年利率24%计算，欠原告借款本金应为1 565 794.49元，欠付利息482 505.83元。借款人系被告山西三建宁夏分公司，被告山西三建和被告侯某与原告之间不存在借贷法律关系，故其不是本案适格的被告。同时主张2015年9月1日起实施的《最高人民法院关于审理民间借贷案件适用法律若干问题的规定》不适用于本案，故不能按年利率36%计算之前已付利息。

【争议焦点】

1. 总公司山西三建应否对其分公司所欠债务承担责任？
2. 山西三建宁夏分公司的负责人侯某应否对分公司所欠债务承担责任？
3. 利息如何计算？

【裁判理由及结果】

法院依据相关证据认定借款为291万元，借款人为山西三建宁夏分公司。原告与被告山西三建宁夏分公司之间的民间借贷合同关系真实、合法、有效，被告山西三建宁夏分公司应按约定向原告还本、付息。因本案受理于《最高人民法院关于审理民间借贷案件适用法律若干问题的规定》施行后，故应受其调整。本案借贷双方约定月利率为3%，即年利率为36%，依上述解释第26条的规定，对于年利率24%～36%的民间借贷利息为自然之债，虽然约定有效，但无请求力，债务人可拒绝给付，原告作为债权人不得通过诉讼强制被告履行；债务人已按年利率36%的标准给付的，应按双方约定予以保护，未支付的，原告可以按年利率24%主张权利。①

此外,由于被告山西三建宁夏分公司系被告山西三建设立的分支机构,不具备独立的法人资格,故被告山西三建应对其债务承担共同偿还责任。被告侯某虽不是本案的借款人,但其在借款合同签订并履行之后以借款人的身份向原告出具了借条,表示其自愿加入到被告山西三建宁夏分公司的债务承受人的行列,且原告亦未免除被告山西三建宁夏分公司的偿还责任,故应视为是并存式债务加入,故被告侯某应与被告山西三建宁夏分公司共同偿还以上债务。

【判例解析】

就应当承担还款责任的主体而言,首先可以确定的是,本案的借款关系发生在山西三建宁夏分公司与原告之间,但山西三建宁夏分公司是山西三建设立的分支机构,其虽然可以以自己的名义进行民事活动,但并不具备法人资格,关于这样的债务应由谁承担责任,《民法通则》并无明确的规定。一般依据法人制度的基本理论以及《公司法》第 14 条第 1 款的规定认为法人应对其所设立的分支机构的债务承担民事责任,但究竟是承担连带责任还是补充责任存在争议。在本案中法院认为应当承担连带责任。但 2017 年颁布的《民法总则》第 74 条第 2 款规定,分支机构以自己的名义从事民事活动,产生的民事责任由法人承担;也可以先以该分支机构管理的财产承担,不足以承担的,由法人承担。由此可见,法人对于分支机构债务所承担的责任,既可以是独立责任,也可以是补充责任。② 至于分公司的负责人侯某,我们认为其不应当承担还款责任。因为其是以分公司负责人的身份与原告签订的合同,合同的权利义务应归属于分公司,而不是侯某本人。虽然侯某以个人的名义出具了借条,但该借条并不意味着原告与被告侯某之间另行签订了民间借贷合同,其只是对之前所签订合同的一个确认,由于借条上面有分公司的盖章,侯某以自己名义出具借条的行为应当认定为职务行为,而非债务加入行为,不应使其承担还款责任。

至于本案借款合同利息的计算,涉及本案能否适用 2015 年 9 月 1 日起实施的《最高人民法院关于审理民间借贷案件适用法律若干问题的规定》的问题。本案借款合同发生在该司法解释生效之前,但受理在该解释生效之后。该解释第 33 条

---

① 《最高人民法院关于审理民间借贷案件适用法律若干问题的规定》第 26 条规定,借贷双方约定的利率未超过年利率 24%,出借人请求借款人按照约定的利率支付利息的,人民法院应予支持。借贷双方约定的利率超过年利率 36%,超过部分的利息约定无效。借款人请求出借人返还已支付的超过年利率 36% 部分的利息的,人民法院应予支持。

② 根据《民法总则》的规定,我们认为在分支机构具有非法人组织资格的情形下,法人对分支机构的债务承担的是补充责任。

规定,"本规定公布施行后,最高人民法院于 1991 年 8 月 13 日发布的《关于人民法院审理借贷案件的若干意见》同时废止;最高人民法院以前发布的司法解释与本规定不一致的,不再适用"。这说明该解释的效力应为即时适用。故本案利息的计算应适用该解释。法院的判决是正确的。

【思考题】

1. 法人为何要对其分支机构的债务承担责任?
2. 法人对其分支机构的债务承担何种责任?

第六章　非法人组织

丹阳市益星化工有限公司与余姚市华隆真空镀膜厂、
丁某等买卖合同纠纷案①

【案件事实】

　　余姚市华隆真空镀膜厂(以下简称华隆镀膜厂)系由丁某、楼某等五人合伙设立的合伙企业。2012年9月24日,丹阳市益星化工有限公司(以下简称益星公司)与华隆镀膜厂签订一份购销合同,约定由益星公司向华隆镀膜厂供应油漆产品。合同签订后,益星公司按约向华隆镀膜厂供应货物,并根据供货情况于2012年9月26日、10月24日、11月27日、12月25日开具了金额分别为40 068元、22 932元、31 248元、30 400元(合计124 648元)的四份增值税发票给华隆镀膜厂。华隆镀膜厂收到上述增值税发票后未向益星公司提出异议,并于2015年12月25日给付益星公司50 000元,尚欠益星公司74 648元价款。2014年1月末,益星公司向华隆镀膜厂催要余款未果,遂于同年4月20日向法院起诉,要求华隆镀膜厂丁某、楼某等五人立即给付尚欠价款74 648元,并自2013年3月15日起至实际给付之日止,按照中国人民银行同期贷款基准利率计算逾期利息。华隆镀膜厂一审共同辩称:华隆镀膜厂仅收到54 432元的货物,请求判决驳回益星公司的诉请。

【争议焦点】

　　1. 益星公司向华隆镀膜厂供货金额应当如何认定?

　　2. 华隆镀膜厂的各合伙人在本案中应当承担何种责任?

【裁判理由及结果】

　　一审法院经审理认为:益星公司与华隆镀膜厂签订的购销合同是双方当事人的真实意思表示,合法有效。华隆镀膜厂尚欠益星公司74 648元价款的事实清楚,证据充分,该院依法予以确认。对益星公司要求华隆镀膜厂给付74 648元价款的

---

　　① 参见江苏省镇江市中级人民法院(2016)苏11民终722号民事判决书。

请求,该院予以支持。合同约定按货款5‰作为滞纳金,参照华隆镀膜厂逾期付款的金额及期限,该院对益星公司要求华隆镀膜厂按照同期银行贷款基准利率赔偿利息损失的请求予以支持。丁某、楼某等五人系华隆镀膜厂的普通合伙人,应当对合伙企业华隆镀膜厂的上述债务向益星公司承担无限连带责任。华隆镀膜厂辩称未收到增值税发票载明的全部货物,但是在收到增值税发票后未向益星公司提出异议,且提供的签字送货单复印件与益星公司提供的送货单存根原件不一致,因此,对华隆镀膜厂辩称未收到全部货物的意见不予采纳。遂依照《合同法》第109条、第112条以及《中华人民共和国合伙企业法》(以下简称《合伙企业法》)第2条第二款的规定,判决:华隆镀膜厂于判决生效之日起十日内给付益星公司尚欠价款74 648元及利息(自2013年3月15日起至实际给付之日止,按照中国人民银行同期同类贷款基准利率计算)。丁某、楼某等五人对华隆镀膜厂的上述给付义务向益星公司承担连带清偿责任。

被告不服提起上诉。二审法院审理后,对有关供货金额的问题维持了原审判决,但对于原审认定的合伙人的责任则予以了改判。认为根据《合伙企业法》的规定,合伙企业的债务承担分为两个层次:第一顺序的债务承担人是合伙企业,第二顺序的债务承担人是全体合伙人。本案中益星公司的交易对象是华隆镀膜厂,而非各普通合伙人,故华隆镀膜厂作为与益星公司有直接法律关系的主体,应先以其全部财产进行清偿,就其不能清偿的部分,由全体普通合伙人承担无限连带责任。原审判决对华隆镀膜厂与丁某等普通合伙人的责任承担顺序未作区分,应予纠正。遂改判丁某、楼某等五人对华隆镀膜厂不能清偿的债务部分承担无限连带清偿责任。

【判例解析】

我们同意二审法院的判决。

对于本案所涉及的两个焦点问题,第一个正如一审法院判决所确认的那样,此处不予赘述。至于第二个焦点,关于合伙人应当如何对合伙企业的债务承担责任,《合伙企业法》对此有着明确的规定,其第38条规定"合伙企业对其债务,应先以其全部财产进行清偿"。其第39条规定"合伙企业不能清偿到期债务的,合伙人承担无限连带责任"。这意味着对于合伙企业的债务,应先以合伙企业的全部财产承担责任,不足部分,才由合伙人承担无限连带责任。就此而言,一审法院判决合伙人与合伙企业共同承担连带责任是错误的。这一点在《民法总则》上也有所体现。依该法第102条第2款的规定,合伙企业为非法人组织;依该法第104条的规定,非法人组织的财产不足以清偿债务的,其出资人或者设立人承担无限责任。法律另有规定的,依照其规定。据此,合伙企业的债务应当先由合伙企业承担,不足部分的,合伙人才承担无限连带责任。

【思考题】

1. 什么是非法人组织?
2. 试比较非法人组织和法人的区别。
3. 试分析不同类型的合伙企业中合伙债务的承担。

第七章 民事权利的客体

专题一 网络虚拟财产的民法地位

李某、北京北极冰科技发展有限公司娱乐服务合同纠纷案①

【案件事实】

"红月"系一大型多人在线收费网络游戏,北京北极冰科技发展有限公司(以下简称北极冰公司)是该游戏的经营者。玩家通过账号注册首次进入游戏,之后通过购买北极冰公司发行的游戏时间卡并为账号充值后获得游戏时间进行游戏活动。在游戏过程中,玩家通过购买北极冰公司发行的游戏卡或游戏命令等方式,可获得游戏中的多种虚拟装备。李某系该游戏的玩家。2003年2月17日,李某发现自己在红月优雅处女服务器的A账号内所有的装备丢失,即向北极冰公司反映并要求处理。李某向北极冰公司索要盗号者的具体情况被北极冰公司以"玩家资料属个人隐私不能提供"为由拒绝。2003年6月10日,北极冰公司未作通知即对李某的B账号进行了使用限制,次日,要求李某停止游戏中的物品交易。6月20日,北极冰公司将上述受限制的B账号及另一个未受限制的A账号中的所有装备以系复制品为由删除。为此双方发生纠纷,李某诉至法院。要求北极冰公司对其他虚拟装备进行回档,如无法回档,每件宠物装备价值200元,战神甲及其他装备价值约500元,按此标准进行赔偿。另丢失的两个"毒药",在事发后游戏的一次活动中已经统一升级更换,要求北极冰公司赔偿更换后的装备献祭之石两个。对被删装备由于游戏改版升级原有的针剂发生变化,不要求恢复,只要求赔偿,即按6:1的标准换取生命水或给予841元人民币的赔偿;交通费、证人作证的交通费、住宿费及赔偿精神损失10 000元等。

北极冰公司辩称,李某提到的A、B两个ID并不属于李某,其注册时真实姓名栏填写的是"Phoenix"和"李某华",故李某无权对这两个ID主张任何权利,不具备

---

① 参见北京市第二中级人民法院(2004)二中民终字第02877号民事判决书。

本案的诉讼主体资格。即使 A 账号是李某所有,李某声称该 ID 的虚拟装备被盗,应提供证据证明。如果能够证实虚拟物品确实被盗,责任也应由李某自己承担。因为服务协议中明确约定,"玩家账号应由玩家自己妥善保管与维护""玩家账号被盗用期间发生之损失由玩家自行负责"。此外,游戏经营者已尽力采取了安全防范措施,偷盗是一种突发偶然事件,已不属于经营者的义务范围,因此,不应由北极冰公司承担责任。关于删除 B 账号里的装备,是因为通过服务器监测结果发现,B 账号所拥有的"体力针剂"均为复制品。复制和外挂一样,制约着网络游戏业的健康发展,它对于运营商和玩家都是一种极大的损害。"红月法规"中明确约定:"当发现玩家具有涉及侵入、拦截、破坏、修改游戏程序以及宣扬、叫卖和使用各种非法外挂程序经红月小组确认核实后将立即删除角色。"根据这一条款北极冰公司将 B 账号的装备物品全部删除。关于原告所提出的赔偿请求,北极冰公司认为,玩家对网络游戏中的物是否具有所有权、虚拟物品的价值如何认定、虚拟物品的具体赔偿标准是什么等问题,目前均没有明确的法律依据。网络游戏中的内容无论装备、分级还是称号,均没有在现实生活中构成实际意义,实质上只是一组数据,本身并不存在。原告要求为不存在的东西负责,是没有法律依据的。

【争议焦点】

1. 李某、北极冰公司双方是否签有娱乐服务合同,红月法规能否确认为双方签订的合同?

2. 北极冰公司作为游戏经营者对李某的游戏装备承担的法定、约定责任应当是什么?

3. 虚拟装备丢失,能否归责于北极冰公司?

4. 北极冰公司删除虚拟装备有无合法依据?

5. 案件涉及的虚拟装备的价值及李某损失的证据证明情况。

【裁判理由及结果】

一审法院认为:北极冰公司与李某形成消费者与服务者的关系。北极冰公司主张红月法规系双方之间的合同,但北极冰公司没能就李某承认该合同内容、确认合同效力方面向法庭提供相关证据,因此,本院不采信北极冰公司的主张,红月法规不能认为是双方之间签订的合同。双方之间所形成的消费者与服务者的权利义务关系即应适用我国合同法和消费者权益保护法规等规定进行调整。李某在 A 账号内的装备丢失,根据现有证据没有证明北极冰公司在安全防护措施方面无懈可击,服务器有外挂证实了服务器被侵犯的事实,而且没有证据证明李某将装备转让给了他人,因此,可以认定北极冰公司在安全保障方面存在欠缺,应承担由此导致的相应的法律后果,对李某物品的丢失承担保障不利的责任。关于丢失装备的价值,虽然虚拟装备是无形的,且存在于特殊的网络游戏环境中,但并不影响虚拟物品作为无形财产的一种获得法律上的适当评价和救济。玩家参与游戏需支付费用,可获得游戏时间和装备的游戏卡均需以货币购买,这些事实均反映出作为游戏主要产品之一的虚拟装备具有价值含量。但不宜将购买游戏卡的费用直接确定为装备的价值,游戏网站上公布的产品售价与李某购买游戏卡的实际花费不完全一致,而且虚拟装备无法获得现实生活中同类产品的价值参照,亦无法衡量不同装备之间的价值差别,为避免不适当的价值确定可能对某一方造成有失公平,法院认为李某主张的丢失物品可由北极冰公司通过技术操作对已查实的物品进行回档,亦与李某参与游戏、享受游戏乐趣的娱乐目的相一致。就李某 A 与 B 两个账号内被删除的物品,经证实确有部分为复制品。复制品通过非正当途径产生,干扰正常物品流转,不能得到法律的认可和维护。就李某自愿选择与其他玩家进行物品现实交易,是与北极冰公司无关的网络游戏活动之外的其他法律关系,不能要求北极冰公司因此对复制品承担赔偿责任。北极冰公司作为游戏经营者对游戏中的复制物品进行清理本无不当,但北极冰公司在对包括李某在内的玩家的物品作出处理前应当公布关于复制品的确凿证据,以避免不必要的纠纷。现李某没有充分证据证实其被删除物品的合法来源及合法身份,故不予支持李某此项诉讼请求。李某为参与游戏花费大量时间、精力和金钱是客观事实,因游戏中的一些问题也确实给李某的精神带来影响和不快,但李某在付出的同时,已经从享受游戏的乐趣中得到部分回报,并不因问题的发生而全部损失;而且李某物品的丢失,北极冰公司仅承担保障不利的责任,并不能确定是直接侵权人,通过北极冰公司对李某正常的物品进行恢复,应当可以对李某受到的损失进行弥补。因此,李某主张精神损失费依据不足,法院不予支持。李某主张的交通费,根据李某提交的证据及实际情况,由法院酌情判处。李某提出享受 1000 级玩家待遇的请求,因没有确凿证据证实如果没有物品丢失或物品删除,其必然能够达到 1000 级水平,此项请求法院亦不予支持。遂判决北极冰公司将李某在红月游戏优雅处女服务器内的 A 账号内丢失的虚拟装备生化盾牌 1 个、生化头盔 3 件等恢复;赔偿李某交通费 800 元;给付李某证人出庭作证交通费、住宿费 340 元;驳回李某的其他诉讼请求。

判决后李某及北极冰公司均不服提起上诉。二审法院驳回上诉,维持原判。

【判例解析】

本案是我国较有影响的网络虚拟财产第一案,其中涉及随着计算机和网络技术的发展而产生的虚拟财产这种新型"财产"的诸多民法问题。所谓虚拟财产,即储存于各种网络设备,并在网络空间中传输的各类信息的载体,其外在形式为文字、数字、声音、图形、图像等。①网络中常见的游戏账号,游戏货币、游戏人物,拥有的各种装备以及 QQ 号码等均属于此类财产。在传统民法上虚拟财产并非民事权利的客体,然而信息技术的发展尤其是网络游戏业的兴盛,使得围绕虚拟财产而产生的利益分配问题日益凸显,相关纠纷也随之产生。虽然虚拟财产存在于网络中是无形的,但不可否认的是,玩家参与游戏需支付费用,可获得游戏时间和装备的游戏卡及一些装备本身均须以货币购买,这些事实均反映出作为游戏主要产品之一的虚拟装备具有价值含量,应纳入财产的范畴,而现代民法也有必要将其纳入民事权利客体的范围。2017 年颁布的《民法总则》第 127 条明确规定,法律对数据、网络虚拟财产的保护有规定的,依照其规定。这说明该法已经将网络虚拟财产纳入了民事权利客体的范围。但关于虚拟财产是何种权利的客体,学界尚存在诸多争议,有知识产权说、债权说、物权说等。我们同意这样的观点,即虚拟财产的外观表现为有形的载体物,实质则是特定的数字信息,对虚拟财产的权利从形式上看是对虚拟财产“载体物”的权利,而实质上则是对数字信息所享有的权利。而这一权利具有直接支配性,故在性质上应当属于物权。质言之,虚拟财产应为物权的客体。②

在本案中,李某对其通过购买等合法方式获得的游戏装备享有财产权,在这些装备被盗时,有权向侵权人请求返还或赔偿损失。至于其能否要求游戏的经营者和运营商北极冰公司承担民事责任,则应当从二者之间的民事法律关系入手。李某作为游戏玩家,其与作为游戏经营者的北极冰公司之间应是网络服务合同的关系,虽然服务协议即“红月法规”中对当事人的权利义务有明确的约定,但由于该协议在玩家首次进入游戏之前没有以适当的方式向玩家出示并经认可,其不能作为确定双方权利义务内容的依据。双方的权利义务应依《合同法》的相关规定予以认定。而从该合同的性质出发,并结合《合同法》第 60 条、第 61 条的规定,应当认为虽然游戏玩家自己控制其用户名和密码,但北极冰公司作为游戏经营者,掌握服务器运行,了解玩家活动情况,并可控制服务器数据,因此,北极冰公司对玩家应当承担相应的安全保障义务。而本案的证据表明,北极冰公司在安全保障方面存在欠缺,应承担由此导致的相应的法律后果。此外,本案所确定的以下裁判规则具有一定的借鉴意义。第一,关于网络虚拟财产责任的承担形式,考虑到虚拟财产不同于传统财产的特殊性,原则上采取技术回档即恢复原状的方式,不能恢复时则赔偿损失,但原则上仅限于财产损害赔偿而不包括精神损害赔偿。第二,被认定为复

① 林旭霞:“虚拟财产解析——以虚拟有形财产为主要研究对象”,载《东南学术》2006 年第 6 期。
② 林旭霞:“虚拟财产权性质论”,载《中国法学》2009 年第 1 期。

制品的虚拟财产,由于其系通过非正当途径产生,干扰正常物品流转,故不能得到法律的保护。此外,本案还涉及其他几个虚拟财产纠纷特有的焦点问题,例如,在非实名注册的情形下,如何认定虚拟财产的权利主体;在虚拟财产无法回档而应采取赔偿损失的责任承担方式时,由于虚拟装备无法获得现实生活中同类产品的价值参照,如何计算虚拟财产的价值等,对此尚值得进一步思考和研究。

【思考题】

    1. 民事权利的客体有哪些?

    2. 什么是网络虚拟财产? 其能否成为民事权利的客体? 为什么?

专题二   人类冷冻胚胎的法律属性

沈某某、邵某某与刘某某、胡某某,
以及南京某医院冷冻胚胎监管权和处置权纠纷案 ①

【案件事实】

    沈某系沈某某、邵某某夫妇之子;刘某系刘某某、胡某某夫妇之女。

    沈某与刘某于 2010 年 10 月 13 日登记结婚。2012 年 8 月,沈某与刘某因自身原因无法生育,要求在南京市某医院(以下简称某医院)施行体外受精－胚胎移植助孕手术。2012 年 9 月 3 日,沈某、刘某与某医院签订"配子、胚胎去向知情同意书",同日,沈某、刘某与某医院签订"胚胎和囊胚冷冻、解冻及移植知情同意书",某医院在该同意书中明确,胚胎不能无限期保存,目前该医院生殖中心冷冻保存期限为一年,逾期不予保存;如果超过保存期,沈某、刘某选择同意将胚胎丢弃。2013 年 3 月 20 日 23∶20 许,沈某驾车发生交通事故造成刘某当日死亡,沈某于同年 3 月 25 日死亡的后果。由于沈某、刘某的 4 枚受精胚胎仍在某医院生殖中心冷冻保存,遂针对这 4 枚受精胚胎的监管权和处置权发生争议。沈某某、邵某某以刘某某、胡某某为被告遂诉至法院,认为其子沈某与儿媳刘某死亡后,根据法律规定和风俗习惯,胚胎的监管权和处置权应由其行使,要求法院判如所请。审理中,因涉案胚胎保存于某医院,与本案审理结果存在关联性,故原审法院追加该院作为第三人参加诉讼。

---

    ①   参见江苏省宜兴市人民法院(2013)宜民初字第 2729 号民事判决书;江苏省无锡市中级人民法院民事判决书(2014)锡民终字第 01235 号民事判决书。

【争议焦点】

涉案胚胎的监管权和处置权的行使主体如何确定？胚胎能否成为继承权的客体？

【裁判理由及结果】

一审法院认为，沈某与刘某因自身原因而无法自然生育，为实现生育目的，夫妻双方至某医院施行体外受精－胚胎移植手术。现夫妻双方已死亡，双方父母均遭受了巨大的痛苦，沈某某、邵某某主张沈某与刘某夫妻手术过程中留下的胚胎作为其生命延续的标志，应由其负责保管。但施行体外受精－胚胎移植手术过程中产生的受精胚胎为具有发展为生命的潜能，含有未来生命特征的特殊之物，不能像一般之物一样任意转让或继承，故其不能成为继承的标的。同时，夫妻双方对其权利的行使应受到限制，即必须符合我国人口和计划生育法律法规，不违背社会伦理和道德，并且必须以生育为目的，不能买卖胚胎等。沈某与刘某夫妻均已死亡，通过手术达到生育的目的已无法实现，故两人对手术过程中留下的胚胎所享有的受限制的权利不能被继承。遂依照《民法通则》第5条、《继承法》第3条之规定，判决驳回沈某某、邵某某要求监管处置胚胎的诉讼请求。

沈某某、邵某某不服一审判决提起上诉，称：

（1）我国相关法律并未将受精胚胎定性为禁止继承的物，涉案胚胎的所有权人为沈某、刘某，是两人的合法财产，应当属于《继承法》第3条第7项"公民的其他合法财产"。在沈某、刘某死亡后，其生前遗留的受精胚胎，理应由上诉人继承，由上诉人享有监管、处置权利。

（2）根据沈某、刘某与某医院的相关协议，某医院只有在手术成功后才具有对剩余胚胎的处置权利。现沈某、刘某均已死亡，手术并未进行，某医院无论是依据法律规定还是合同约定，对涉案胚胎均无处置权利。一审法院认定胚胎不能被继承，将导致涉案胚胎在沈某、刘某死亡后即无任何可对其行使权利之人。

综上，请求撤销原审判决，判决4枚冷冻胚胎的监管权和处置权归上诉人。

被上诉人刘某某、胡某某辩称：涉案胚胎是女儿女婿遗留下来的，上诉人和被上诉人均有监管权和处置权。要求法院依法判决。

原审第三人某医院辩称：胚胎是特殊之物，对其处置涉及伦理问题，不能成为继承的标的；根据《人类辅助生殖技术管理办法》等卫生部的相关规定，也不能对胚胎进行赠送、转让、代孕。要求驳回上诉，维持原判。

二审法院根据上诉人在一审中的诉请及当事人之间法律关系的性质，将本案的案由变更为监管权和处置权纠纷，并认为沈某某、邵某某和刘某某、胡某某对涉

案胚胎共同享有监管权和处置权,理由如下:

（1）沈某、刘某生前与南京某医院签订相关知情同意书,约定胚胎冷冻保存期为一年,超过保存期同意将胚胎丢弃,现沈某、刘某意外死亡,合同因发生了当事人不可预见且非其所愿的情况而不能继续履行,南京某医院不能根据知情同意书中的相关条款单方面处置涉案胚胎。

（2）在我国现行法律对胚胎的法律属性没有明确规定的情况下,结合本案实际,应考虑以下因素以确定涉案胚胎的相关权利归属。一是伦理。施行体外受精－胚胎移植手术过程中产生的受精胚胎,具有潜在的生命特质,不仅含有沈某、刘某的 DNA 等遗传物质,而且含有双方父母两个家族的遗传信息,双方父母与涉案胚胎亦具有生命伦理上的密切关联性。二是情感。白发人送黑发人,乃人生至悲之事,更何况暮年遽丧独子、独女! 沈某、刘某意外死亡,其父母承欢膝下、纵享天伦之乐不再,"失独"之痛,非常人所能体味。而沈某、刘某遗留下来的胚胎,则成为双方家族血脉的唯一载体,承载着哀思寄托、精神慰藉、情感抚慰等人格利益。涉案胚胎由双方父母监管和处置,既合乎人伦,亦可适度减轻其丧子失女之痛楚。三是特殊利益保护。胚胎是介于人与物之间的过渡存在,具有孕育成生命的潜质,比非生命体具有更高的道德地位,应受到特殊尊重与保护。在沈某、刘某意外死亡后,其父母不但是世界上唯一关心胚胎命运的主体,而且亦应当是胚胎之最近最大和最密切倾向性利益的享有者。综上,判决沈某、刘某父母享有涉案胚胎的监管权和处置权于情于理是恰当的。当然,权利主体在行使监管权和处置权时,应当遵守法律且不得违背公序良俗和损害他人之利益。

（3）至于南京某医院在诉讼中提出,根据卫生部的相关规定,胚胎不能买卖、赠送和禁止实施代孕,但并未否定权利人对胚胎享有的相关权利,且这些规定是卫生行政管理部门对相关医疗机构和人员在从事人工生殖辅助技术时的管理规定,南京某医院不得基于部门规章的行政管理规定对抗当事人基于私法所享有的正当权利。

综上,二审法院认为,沈某某、邵某某和刘某某、胡某某要求获得涉案胚胎的监管权和处置权合情、合理,且不违反法律禁止性规定,应予支持。遂依照《民法通则》第 5 条、第 6 条、第 7 条的规定,判决沈某、刘某存放于南京某医院的 4 枚冷冻胚胎由上诉人沈某某、邵某某和被上诉人刘某某、胡某某共同监管和处置。

【判例解析】

人类冷冻胚胎是一个牵涉法律、医学、伦理诸多领域的问题,由于我国现行立法对其没有明确的规定,本案在处理上有一定的难度。我们认为,本案涉及以下几个方面的问题:

第一,关于冷冻胚胎的民法地位,即其在民事法律关系中是客体(物)还是主体(人)? 虽然我国现行立法对此并无规定,但对于民事诉讼而言,法院不得以法无明文规定为由拒绝裁判,这是国际社会公认的要求。法院需要通过类推、解释,或适用民法基本原则、一般法理等来填补法律的漏洞。两审法院对此予以了不同的回答。一审法院认为受精胚胎为具有发展为生命的潜能,含有未来生命特征的特殊之物;二审法院认为胚胎是介于人与物之间的过渡存在,具有孕育成生命的潜质,比非生命体具有更高的道德地位,应受到特殊尊重与保护。二者的不同在于,前者将受精胚胎定性为特殊之物,后者则将其定性为人与物的中间体。我们认为,虽然"中间体"的界定更能体现出胚胎区别于其他人体组织的特征,但却使得其在民法中的地位变得模糊不清,即其究竟是作为权利的主体还是客体而存在? 二审法院实际上并未给出一个明确的答案。事实上,既然冷冻胚胎只是具有成为生命的潜质,但尚未发展出人格特征,其就不能作为民事主体而对待。既然如此,将其界定为特殊之物即"伦理物"而予以特殊的保护具有一定的合理性。①

第二,关于冷冻胚胎能否被继承。对此,一审法院认为,胚胎属于特殊之物,不能像一般之物一样任意转让或继承,故其不能成为继承的标的。而二审法院则以监管权和处置权代替了继承权,从而对冷冻胚胎能否被继承这一核心问题予以了回避。对此,虽然有学者认为"当冷冻胚胎的所有权人死亡之后,该冷冻胚胎就必然成为被继承人的遗产,成为继承人行使的继承权的客体"②,但我们认为该观点尚值得商榷。因为根据《继承法》第3条的规定,所谓遗产,是公民死亡时遗留的个人合法财产。胚胎虽然在本质上是物,但其作为包含潜在生命的伦理物,并不具有财产价值,不能作为遗产对待,从而也就不能成为继承权的客体。

第三,冷冻胚胎如何得到法律的特殊保护? 毫无疑问,冷冻胚胎作为包含潜在生命的伦理物,具有成为人类的可能性,因此,应当得到法律特殊的尊重和保护。那么,应当通过何种路径予以保护? 正是在这一问题上,两审法院作出了不同的回答。一审法院只是简单地认为胚胎作为"特殊之物"不能被继承,从而得出了四位老人均无权继承的结论;相反,二审法院没有冷漠地对待包含潜在生命的冷冻胚胎,而是从伦理、情感及胚胎的特殊利益保护角度肯定了"失独老人"对已故夫妻

---

① 杨立新:"人的冷冻胚胎的法律属性及其继承问题",载《人民司法·应用》2014年第13期(总第696期)。关于这一问题的国外立法及司法态度,参见李昊:"冷冻胚胎的法律性质及其处置模式——以美国法为中心",载《华东政法大学学报》2015年第5期;周江洪:"法制化途中的人工胚胎法律地位——日本法状况及其学说简评",载《华东政法大学学报》2015年第5期。

② 杨立新:"人的冷冻胚胎的法律属性及其继承问题",载《人民司法·应用》2014年第13期(总第696期)。

冷冻胚胎的监管权和处置权,体现了对此种特殊之物的特殊尊重和保护,符合一般的社会价值,也收到了良好的社会效果。我们认为,二审法院的判决值得肯定,从中也可以得出这样一个观点,即冷冻胚胎虽然不能成为继承权的客体,但其作为特殊的伦理物,仍然可以成为监管权和处置权的客体,为其确定妥当的监管权和处置权主体,在某种程度上即体现了对其的特殊尊重和保护。

需要注意的是,胚胎作为一个"物"其实并无太大的意义,但它如果想要成为人,则必须需要借助医疗技术,这就可能涉及胚胎的买卖、代孕等目前法律禁止的行为,两审法院均注意到这一点,但其态度则有所不同。一审法院将其作为胚胎不能由四位老人继承和处置的理由之一;而二审法院则在判决书中明确指出权利主体在行使监管权和处置权时,应当遵守法律且不得违背公序良俗和损害他人之利益。我们认为二审法院的做法更值得肯定,因为四位老人是否会对胚胎采取法律所禁止的行为,是一个尚未发生的事实,而对于没有发生的事情予以裁判违反了不告不理的原则。相反,二审法院以倡导性理念加以解决的办法更为妥当。

【思考题】

1. 什么是民法上的物?
2. 如何界定人类冷冻胚胎的法律地位?

第八章 民事法律行为

专题一 意思表示

1. 邢某与孙某悬赏广告纠纷案①

【案件事实】

2006年4月1日,邢某在中央电视台七套《乡约》节目的访谈中,谈到自己称为"世界之谜"的五层吊球陶器的制作时宣称:"我已经挑战十年了,直到现在还没有人琢磨出来……如果仿造出来,我这个楼三层两千平方米包括这里面的资产都给他,所以我敢狂,敢挑战……"孙某在看到这一期节目后,潜心研究,经过多次努力于2007年1月完成了五层吊球陶器。之后,孙某与邢某联系,后者以"吊球旋转不灵活,没见到作品为理由"不予认可。之后,孙某继续努力完成一件各方面均出色的作品,并且拍摄了作品照片和DV短片,于是向被告发出律师函,并寄去照片和光盘,但始终没有得到答复。孙某遂向法院起诉,请求法院判决确认自己和被告悬赏广告成立并且生效,并判决被告赔偿原告因本纠纷而支付的合理费用8000元。被告称,该访谈节目不是广告活动,而且对原告的作品提出制作的结构和初衷不相符,外观虽然一致,但"两者不是一回事"。但被告未将作品带到法庭与原告的作品进行对比。

【争议焦点】

邢某是否应兑现其在中央电视台七套《乡约》节目中所作出承诺?

【裁判理由及结果】

一审法院认为,被告邢某在中央电视台的实质访谈栏目中,向社会公开表示的内容具体、确定,是其真实意思的表示,并未违反法律的禁止性规定,且表明被告受该意思表示约束,构成了面向社会不特定人的要约。原告孙某在收看该节目后,按

---

① 参见河南省洛阳市中级人民法院(2008)洛民终字第198号民事判决书。

照被告的要求制作完成了符合被告要约规定的作品，以其行为对被告的要约进行了承诺。因此，双方的意思表示真实、合法、有效，双方的行为亦符合要约承诺的要件，合同依法成立并有效。原告向被告主张权利的合理费用，被告应予承担。遂根据《民法通则》第4条和《合同法》第14条、第16条的规定，判决原告孙某与被告邢某之间关于五层吊球陶器制作合同成立并有效，邢某支付原告孙某主张权利的费用260元（以其提交给法院的票据为依据）。①

邢某不服一审判决提出上诉，认为其在中央电视台七套《乡约》节目中的言行只是一种"打赌"行为，不构成要约，而且其并不拥有表示要送出去的两千平方米的那个"楼"的产权，其意思表示并不真实。此外，从艺术的角度而言，也绝对不可能有一模一样的艺术品。故请求撤销原判。被上诉人孙某答辩称：上诉人在中央电视台七套《乡约》节目中对五层吊球陶器制作进行公开悬赏的言行，符合悬赏广告合同的成立要件；上诉人以其用悬赏的房屋不是其所有的观点，来否认其悬赏的言行，不是其真实的意思表示，没有法律依据。答辩人历时一年，呕心沥血制作出的五层吊球陶器已经符合上诉人公开悬赏的条件，上诉人持有证据却拒绝向法庭提交，应当依法承担对其不利的法律责任。

二审法院认为，悬赏广告是指悬赏人以广告形式声明对完成悬赏广告中规定的特定行为的任何人，给付广告中约定报酬的意思表示行为。上诉人邢某作为我国当代陶艺代表人物，其于2006年4月1日参加中央电视台七套《乡约》节目接受访谈，该节目不是广告节目，访谈行为也不是以营利为目的的广告行为，而邢某的谈话中虽然似有承诺的性质，但他的谈话并不是他要获得利益，他只是在该节目中展现其"陶艺狂人"的形象，认为他做的陶器前人没法达到，后人也不能超过，从民事法律上说，这是一种打赌承诺。从邢某在该访谈节目的整个谈话中看出，他的真实意思表示是"我是天下第一""任何人都不能做出我所做出的东西"。如果从悬赏的角度看，他的意思表示是不真实的，或者说是一种单方虚构的意思，而不能构成要约。因此，上诉人邢某在中央电视台七套《乡约》节目接受访谈中有关五层吊球陶器制作的言行，不符合《合同法》第14条、第16条规定的要约承诺，上诉人与被上诉人之间不形成悬赏广告合同的关系。

【判例解析】

本案涉及悬赏广告的界定及意思表示不真实对民事法律行为效力的影响。

首先，关于邢某在《乡约》节目中有关五层吊球陶器制作的言行的性质及其与孙某之间关系的认定，两审法院有着不同的理解。一审法院认为，邢某在央视节目

---

① 参见洛阳市涧西区人民法院（2007）涧民三初字第286号民事判决书。

中的言行构成要约,而孙某的行为构成承诺,二者之间成立合同关系。而二审法院则认为,邢某的行为属于打赌,而不属于要约,故其与孙某之间并不成立合同关系。我们同意二审法院的观点。判断邢某的行为是否构成要约,关键在于该行为是否符合要约的特征。根据《合同法》第14条的规定,要约是希望和他人订立合同的意思表示,该意思表示应当内容具体确定,并表明经受要约人承诺,要约人即受该意思表示约束。但仔细分析邢某的涉诉言行,其在《乡约》这样一个较为随意的,并要求彰显个性的谈话类节目中发出此种言论,且悬赏价值巨大违背常理,正如二审法院所指出的那样,在本质上是一种夸口,或者说是一种戏言,而并非真的想将价值千万的楼房作为悬赏,即其并不希望受到该言行的约束。就此而言,邢某在《乡约》节目中有关五层吊球陶器制作的言行并不构成要约,其与孙某之间也就不成立所谓的合同关系。

其次,即使认为邢某的言行构成要约,也涉及对其作出的代言效力的认定。邢某所说固然为戏言,但孙某却信以为真并按其要求制作,那么,邢某的行为是否有效? 这涉及法律对应当保护何方当事人利益的选择。在德国,此种行为被称为戏谑行为,是指表意人基于游戏目的而作出表示,并预期他人可以认识其表示欠缺诚意的意思表示。[1]《德国民法典》第118条规定,预期对真意缺乏不致误认而进行非真意表示的,意思表示无效。故戏谑行为无效。但为保护善意信赖的相对人,该法第122条第1款又规定,意思表示依第118条无效时,应赔偿因信赖而产生的损失,但不得超过该行为有效时可得利益的数额。这两个条款起到了平衡表意人和相对人的利益。在日本及我国台湾地区,戏谑行为被纳入真意保留行为中。所谓真意保留,是指表意人故意作出非真意的意思表示。至于真意保留的效力,依《日本民法典》第93条的规定,意思表示不因表意人明知其出于非真意所为而妨碍其效力,但相对人明知或可知表意时,其意思表示无效。这意味着戏谑行为原则上有效,但在相对人明知或可知其为非真意时,则为无效。我国《民法总则》并未对此类行为的效力设有明文。但自法理分析,戏谑的意思表示应为无效。因为一方面,表意人的戏言并非真实意思表示,其实际上期待受领人知晓其戏言为非诚意行为;另一方面,作为一个理性的受领人而言,其也应当意识到表意人的非诚意,而不应对此予以信赖。故邢某的戏谑行为不应发生法律效力,其无须兑现所作出的"悬赏"。当然,在孙某第一次完成作品通知邢某时,邢某未及时告知其在央视节目中所言乃是戏言,导致孙某因信赖而继续完善作品,由此产生的信赖利益损失,可要

---

[1]　杨立新、朱巍:"论戏谑行为及其民事法律后果——兼论戏谑行为与悬赏广告的区别",载《当代法学》2008年第3期。

求邢某予以赔偿。

【思考题】

1. 什么是意思表示？其构成要素是什么？

2. 本案中邢某在《乡约》节目中有关五层吊球陶器制作的言行的性质及效力应当如何认定？

2. 广西嘉美房地产开发有限责任公司 与杨某商品房销售合同纠纷案 ①

【案件事实】

2007年2月7日，广西嘉美房地产开发有限责任公司（以下简称嘉美公司）分别向严某等四人等借款共计200万元；期限至2007年4月6日；2007年4月25日和2007年5月28日，又分两次向林某借款110万元和30万元，还款日期分别为2007年6月24日和7月27日。为此将嘉美公司的53间商铺销售给五人并办理备案登记。

2007年6月27日，杨某与嘉美公司签订《商品房买卖合同》，嘉美公司将上述53间商铺又出售给杨某，商品房价款总额为340万元；并约定买受人于2007年6月27日交纳全部房款，出卖人应当于2007年8月30日前，将商品房验收合格交付买受人使用；还约定了相应违约责任的承担等。该合同签订当日，杨某向嘉美公司支付了购房款340万元，并根据嘉美公司的指令分两笔直接打给严某等五人。嘉美公司向杨某开出了《销售不动产统一发票》，但该发票由嘉美公司持有。该买卖合同签订后，嘉美公司将严某等五人的备案登记撤销，并于2007年6月28日申请将杨某作为购房者登记备案。

2007年6月28日至12月18日，嘉美公司、来宾银座百货公司、嘉美公司出纳罗某及公司法定代表人李某分9次向杨某三个不同的银行账户汇款共61.1万元。

杨某诉称嘉美公司未按约定交付房屋。故请求确认双方签订的《商品房买卖合同》有效，判令嘉美公司交付房屋并支付违约金372 300元（计算到2009年9月1日）。嘉美公司答辩称：双方当事人之间不存在商品房买卖合同关系，双方之间实际上是民间借贷关系，商品房买卖合同只是民间借贷关系中的担保环节。由于所开发的商品房尚未办理产权证，无法为杨某办理抵押，故采取了签订《商品房买卖

---

① 参见最高人民法院(2013)民提字第135号民事判决书。

合同》并到房产管理局备案的办法,以达到类似抵押的目的。

【争议焦点】

杨某与嘉美公司之间是商品房买卖合同关系还是民间借贷关系?

【裁判理由及结果】

一审法院认为,双方之间是商品房买卖关系。双方签订的《商品房买卖合同》的内容是嘉美公司将53间商品房出售给杨某,其中没有关于借款用商品房做抵押的内容。该合同不违反法律、行政法规的禁止性规定,应该确认合法有效。杨某要求嘉美公司按合同约定将53间商品房交付给杨某使用,有事实和法律依据,应予支持。至于杨某要求的违约金,由于其并没有提供证据证明其向嘉美公司主张过权利,而且由于杨某的地址不明确,嘉美公司也无法将交房通知书发给杨某,根据合同的约定,杨某无权要求嘉美公司给付违约金,所以对杨某要求违约金的诉讼请求不予支持。

二审法院同意一审法院的认定,并认为由于嘉美公司没有提供双方之间存在借贷关系的直接证据,所提供的其他证据也不能形成完整的证据链以证明双方是借贷关系,故对嘉美公司主张的借款事实无法予以认定。故判决维持原判。

最高人民法院再审认为,嘉美公司与杨某之间应为借贷关系。理由如下:

(1)根据已经查明的事实,嘉美公司急于从杨某手中得到340万元,恰恰是因为其向严某等五人所借债务已届清偿期,而嘉美公司必须按时清偿上述债务,以避免严某等五位债权人依照借钱给嘉美公司时双方签订的《商品房买卖合同》,以总价340万元取得案涉商铺的所有权。杨某的340万元是根据嘉美公司的指令分两笔直接打给严某等五人的事实可以印证上述分析。故可以认定嘉美公司的真实意思是向杨某借款而非以340万元的总价向其出售案涉商铺。

(2)从杨某一方的情况看,在与嘉美公司签订《商品房买卖合同》的同一天,杨某按照嘉美公司的指令,将340万元分两笔直接打入严某等五位嘉美公司债权人的账户,嘉美公司因此消灭了其与严某等五人的债权债务关系。由此推断,杨某应当知晓嘉美公司收到340万元是用于偿还严某等五人的借款。而且,从办理备案登记的过程来看,杨某应当知晓嘉美公司原先向严某等借款340万元并以签订《商品房买卖合同》、办理商品房备案登记的方式进行担保的情况。即使杨某主张其本人在当时的情况下就有购买案涉商铺的意愿,但其亦应知晓嘉美公司的真实意思并非向其出售案涉房屋。

(3)杨某作为案涉《商品房买卖合同》中的买方,在交纳了全部340万元房款后,未能取得嘉美公司开具的《销售不动产统一发票》原件,却始终没有向嘉美公司索要该发票原件,直到本案诉讼中向法院提交的也是该发票的复印件。而在不动产交易中,发票更是办理不动产权属登记的重要依据。发票复印件则无法起到同样的作用。且在近两年的时间内,杨某也没有要求办理权属登记,这与一般购房者的做法明显不一致,不符合交易习惯。而嘉美公司作为《商品房买卖合同》中记载的售房一方,在始终认可收到杨某 340 万元的情况下,没有将开具的《销售不动产统一发票》原件交付给杨某,却于 2008 年 1 月 8 日将其为杨某开具的《销售不动产统一发票》原件连同第二、三、四联在当地税务机关做了缴销的行为,充分说明嘉美公司否认房产交易的真实性。故结合本案具体情况,仅凭杨某提供的《销售不动产统一发票》复印件,尚不能认定在杨某与嘉美公司之间存在商品房买卖的法律关系。

(4)关于杨某收到嘉美公司支付的 61.1 万元的性质问题。杨某对于嘉美公司所主张的于 2007 年 6 月 28 日至 2007 年 12 月 18 日之间,分 9 次汇入其账户的 61.1 万元,以商业秘密为由拒绝说明该笔款项的性质(法院已向其释明并不构成商业秘密)。考虑到民间借贷支付利息的一般做法,综合全案的情况分析,在杨某未能证明双方当事人存在其他经济往来的情况下,法院认为嘉美公司关于上述 61.1 万元是其向杨某借用 340 万元而支付利息的观点具有更高的可信度。

(5)关于案涉《商品房买卖合同》约定的内容。从案涉《商品房买卖合同》本身分析,与一般商品房买卖合同不同,双方当事人没有在合同中约定单价,而是以一口价 340 万元的方式,交易了 1496.97 平方米的 53 间商铺,平均每平方米 2271.25 元。此种不约定单价的售房方式与一般房地产交易习惯不符。

综上,最高人民法院认为,认定当事人之间是否存在债权债务关系,书面合同并非不可缺少的要件。只要确认双方当事人就借贷问题达成了合意且出借方已经实际将款项交付给借款方,即可认定债权债务关系成立。杨某向嘉美公司支付 340 万元并收取利息的行为,足以认定双方之间成立了债权债务关系。嘉美公司从杨某处取得 340 万元的真实意思是融资还债,其与杨某签订《商品房买卖合同》,则是为了担保债务的履行。鉴于双方未办理抵押登记,其约定也不符合《中华人民共和国担保法》(以下简称《担保法》)规定的担保方式,故双方签订《商品房买卖合同》并办理商品房备案登记的行为应认定为非典型的担保方式。即在嘉美公司不能按时归还 340 万元的情况下,杨某可以通过拍卖或者变卖案涉房屋的方式确保其能够实现债权。如果嘉美公司按时归还 340 万元,则杨某是不能就案涉的 53 间商铺主张权利的。

既然案涉《商品房买卖合同》是作为 340 万元债权的担保而存在,那么,作为债权人的杨某实现债权的方式应当是在债务履行期限届满后,向债务人嘉美公司主张债权。在嘉美公司拒不还债或者无力还债的情况下,杨某才能以适当的方式就《商品房买卖合同》项下的商铺主张权利,以担保其债权的实现。杨某请求直接取得案涉商铺所有权的主张违反《物权法》关于禁止流质的规定,不应予以支持。综上,最高人民法院支持了嘉美公司关于双方当事人之间存在借贷关系,签订《商品房买卖合同》只是为担保杨某债权的实现的主张,驳回了杨某的诉讼请求。

【判例解析】

本案涉及对隐藏行为及其效力的认定。

所谓隐藏行为,即当事人双方故意以虚假的意思表示掩盖其真实意思表示的民事法律行为。在隐藏行为中有两个意思表示,一个是表达在外的虚假意思表示,另一个则是被隐藏的真实意思。其效力应以真实意思表示为据加以判断,虚假的意思表示则为无效(《民法总则》第146条对此予以了明确的规定)。

在本案中,当事人之间从表面上看只存在买卖合同关系,但一方主张为买卖关系,另一方则主张为借贷关系。而从当事人双方所提交的证据来看,均有所缺陷。嘉美公司主张双方为借贷关系,但缺少了关键性的证据——《借款合同》。杨某主张其与嘉美公司之间为商品房买卖合同关系,但与其主张相矛盾的是:第一,杨某未持有其所称交付340万元购房款后应当取得的《销售不动产统一发票》原件;第二,杨某否认先后分9次收到的嘉美公司汇入其不同账户的61.1万元是嘉美公司支付的借款利息,但却以商业秘密为由拒不说明该款项的性质。而在双方证据均有缺陷的情况下,应当结合双方当事人提交的证据,探究合同签订时双方当事人的真实意思,进而对当事人之间的法律关系作出判断。

最高人民法院通过对当事人提交证据的分析,充分运用体系解释、目的解释及习惯解释等方法,最终确定当事人之间的行为系以虚伪的买卖合同掩盖了真实的借贷关系,当事人之间的法律关系应以真实的意思表示为准,故应定性为借贷合同关系。此外,最高人民法院没有简单地认为买卖合同无效,而是根据其与借贷合同的关系,认定买卖合同实为借贷合同的担保,即在当事人之间尚存在着担保关系,从而认为在债务人不能清偿债务时,应以《商品房买卖合同》项下的商铺主张权利。对此值得肯定。①

---

① 最高人民法院对于本案的认识已被相关司法解释所吸收。2015年颁布的《最高人民法院关于审理民间借贷案件适用法律若干问题的规定》第24条规定,当事人以签订买卖合同作为民间借贷合同的担保,借款到期后借款人不能还款,出借人请求履行买卖合同的,人民法院应当按照民间借贷法律关系审理,并向当事人释明变更诉讼请求。当事人拒绝变更的,人民法院裁定驳回起诉。按照民间借贷法律关系审理作出的判决生效后,借款人不履行生效判决确定的金钱债务,出借人可以申请拍卖买卖合同标的物,以偿还债务。就拍卖所得的价款与应偿还借款本息之间的差额,借款人或者出借人有权主张返还或补偿。

【思考题】

1. 什么是隐藏行为？其和虚伪行为有何区别？
2. 隐藏行为的效力应当如何认定？
3. 本案法院的判决对你有何启示？

专题二　民事法律行为的效力

潘某与黄某、余某房屋买卖合同纠纷案①

【案件事实】

2011年4月20日，余某与黄某登记结婚，婚后购买房屋一套，并于2011年5月9日，向厦门市国土资源与房产管理局办理了该房的商品房买卖合同备案和预购商品房预告登记。2015年6月24日，潘某与余某、黄某签订《房产买卖协议书》，约定潘某购买上述房屋，房产成交价为490万元。至2015年6月25日，潘某依约支付120万元购房款。2015年7月22日，余某、黄某取得了该房产权证。

合同签订后，潘某获悉余某二人出售的上述房屋在先前曾发生过人员坠楼非正常死亡事件，而余某在出售房屋之前未予告知。潘某认为，按照中华民族传统习俗，发生过人员非正常死亡的房屋会被认为是"凶宅"，存在不吉利的因素，会让购买者感到晦气和恐惧，会直接影响购买者的购买意愿，也会造成房屋贬值。而余某在签约前未将该事实如实告知，其行为已构成欺诈。故潘某向法院起诉请求法院判令撤销双方签订的《房产买卖协议书》，余某二人返还潘某购房款120万元并支付逾期还款利息(按同期银行贷款利息自起诉日计算至实际还款之日止)。

余某、黄某辩称其对坠楼死亡事件并不知情，其与原告签订的《房产买卖协议书》合法有效，双方应继续按协议履行，潘某应支付违约金并赔偿因诉讼延误时间而给被告造成的损失。

【争议焦点】

双方签订的买卖合同是否可以撤销？

---

① 参见福建省厦门市湖里区人民法院(2015)湖民初字第5506号民事判决书。

【裁判理由及结果】

法院经审理认为,潘某与余某、黄某之间存在房屋买卖合同关系,但余某、黄某辩称其对该房内的坠楼事件并不知情,不存在故意隐瞒和欺诈的情形,并提交了《报警回执》、申请证人出庭作证等证据予以证明;而潘某主张被告二人对此是知情的,但并未提供证据予以证明,故潘某关于余某、黄某存在故意隐瞒和欺诈的主张,不予采纳。但房屋买卖作为一项重大民事活动,按日常生活经验及民间习俗,客户购买房屋都会挑选没有发生过非正常死亡的房屋,房屋发生非正常死亡事件,往往会使房屋价值下降,若潘某知悉讼争房屋发生过人员坠楼死亡事件,作为购买方势必作出全面和综合的判断,故潘某在不知讼争房屋发生过人员坠楼死亡事件的情况下作出的购房决定并按约支付 120 万元购房款,并非其真实意思表示,本案《房产买卖协议书》的签订因存在重大误解可予以撤销,法院予以准许(根据《合同法》第 54 条)。合同被撤销后,因合同取得的财产,应当予以返还,故潘某主张余某、黄某返还购房款 120 万元,予以支持。潘某主张余某、黄某支付逾期还款利息,因余某、黄某并不存在故意隐瞒和欺诈的行为,所以并无过错,不予支持。

【判例解析】

本案涉及对当事人所签订买卖合同的效力的认定。

民事法律行为成立后,其效力有几种可能性,即合法有效、无效、可撤销以及效力待定。本案所涉及的即为可撤销的民事法律行为。所谓可撤销的民事法律行为,是指民事法律行为成立且生效后,当事人可依法律规定通过行使撤销权而使之归于无效的民事法律行为。依《民法总则》第 147~151 条以及《合同法》的相关规定,其主要包括三种:因重大误解实施的民事法律行为;因受欺诈、受胁迫实施的民事法律行为;显失公平的民事法律行为。

在本案中,原告主张被告对于其所售房屋曾经发生过坠楼非正常死亡事件存在欺诈。关于欺诈,一般是指一方当事人故意告知对方虚假情况,或者故意隐瞒真实情况,诱使对方当事人作出错误意思表示的行为。但在本案中,经法院查明,并无证据证明二被告对于人员坠楼事件是知情的,故被告不构成欺诈。

但是,对于原告而言,其签订该房屋买卖合同存在着重大误解。所谓重大误解,是指行为人因为对行为的性质,对方当事人,标的物的品种、质量、规格和数量等的错误认识,使行为的后果与自己的意思相悖,并造成较大损失的行为。在本案中,原告虽然没有表述出是否想购买"凶宅"的意思,但是,按照我国习俗,"凶宅"存在不吉利的因素,会让购买者感到晦气和恐惧,也会造成房屋贬值,故有理由认为如果其知悉涉诉房屋发生过非正常死亡事件,势必会影响其购买的意愿。原告在不知讼争房屋发生过人员坠楼死亡事件的情况下作出的购房决定并按约支付120万元购房款,并非其真实意思表示,故可认定为重大误解,原告作为误解人可行使撤销权,使合同归于无效。

至于合同被撤销后的法律后果,根据《合同法》第58条的规定(《民法总则》第158条作了同样的规定),合同无效或者被撤销后,因该合同取得的财产,应当予以返还;不能返还或者没有必要返还的,应当折价补偿。有过错的一方应当赔偿对方因此所受到的损失,双方都有过错的,应当各自承担相应的责任。据此,故被告应当向原告返还购房款120万元,因为双方均无过错,故不发生损害赔偿的问题。

【思考题】

1. 什么是民事法律行为?
2. 民事法律行为的生效要件是什么?
3. 试分析无效、可撤销及效力待定民事法律行为的事由。

专题三　附条件、附期限的民事法律行为

苏州市亿兆机电工程技术有限公司与华上光电(江苏)有限公司承揽合同纠纷案①

【案件事实】

2012年8月1日,苏州市亿兆机电工程技术有限公司(以下简称亿兆公司)和华上光电(江苏)有限公司(以下简称华上公司)签订工程承揽合约,约定亿兆公司承揽华上公司芯片线无尘机电特气工程,包工包料。工程承揽合约第五条对付款办法予以了约定。其中约定:该合约约定工程为华上公司厂务工程之二期工程,华上公司依该合约向亿兆公司支付工程款以收到开发区剩余补助款(含厂务工程补助款648万元及MOCVD剩余补助款2500万元)为前提。合同订立后,亿兆公司于2013年11月完成工程并交付,该工程于2014年5月14日复验合格。本案工程总价款为13 208 964元,华上公司支付了575万元,剩余工程款7 458 964元未付。亿兆公司多次就付款问题与华上公司联系未果,遂向法院起诉,请求判令华上公司

---

① 参见苏州市吴江区人民法院(2014)吴江商初字第00907号民事判决书;江苏省苏州市中级人民法院(2015)苏中商终字第00158号民事判决书。

支付亿兆公司承揽合同价款7 458 964元及逾期利息(自 2014 年 5 月 14 日起至一审判决之日按银行同期贷款利率计算)。

华上公司辩称:对于亿兆公司要求支付工程款的请求不予认可。因为根据工程承揽合约第五条付款办法的约定,华上公司支付工程款的前提条件是收到开发区补助款。此属于附条件的合同条款。工程承揽合约签订后,华上公司仅在 2012 年 11 月 20 日收到开发区补助款 300 万元。此后,开发区补助款一直没有下发。故付款条件没有成就,华上公司没有付款义务。(案情有删节)

【争议焦点】

当事人签订的工程承揽合同是否为附条件的合同?

【裁判理由及结果】

一审法院认为:本案所涉承揽合同关于付款条件的约定并非"附条件的民事行为"。《民法通则》第 62 条规定,"民事法律行为可以附条件,附条件的民事法律行为在符合所附条件时生效";《合同法》第 45 条第 1 款亦规定,"当事人对合同的效力可以约定附条件。附生效条件的合同,自条件成就时生效。附解除条件的合同,自条件成就时失效"。由此可见,所谓"附条件的民事行为",是指当事人通过条件的设置控制法律行为生效或失效时间的手段,若所谓"条件"不具有控制法律行为效力之功能,则不构成"附条件的民事行为"之"条件"。本案所涉承揽合同约定的上述付款条件便不具有控制法律行为效力之功能,因自亿兆公司和华上公司签订承揽合同之时,承揽合同便已生效,并非于付款条件成就时合同生效,也并非于付款条件不成就时合同得解除、撤销而失效。承揽合同生效则承揽人负交付工作成果之义务,定作人负给付报酬之义务,而"交付工作成果""给付报酬"行为本身无所谓生效、失效。华上公司主张承揽合同关于付款条件的约定为"附条件的民事行为",显属对"附条件的民事行为"的误读,法院不予采信。同理,该付款条件也并非"附期限的民事行为"。二审法院维持原判。

【判例解析】

本案涉及对附条件、附期限民事法律行为的理解。

我国《民法总则》第 158 条对附条件、附期限的民事法律行为予以了规定。据此,所谓附条件的民事行为,是指以条件的成就作为民事法律行为效力附款的民事法律行为。对于附延缓条件的民事法律行为而言,条件成就则民事法律行为生效,条件不成就则民事法律行为不生效;对于附解除条件的民事法律行为而言,条件成就则民事法律行为失效,条件不成就则民事法律行为继续有效。所谓附期限的民事法律行为,是指以期限的到来作为民事法律行为效力附款的民事行为。对于附始期限的民事法律行为,期限到来时行为生效,期限未到来时行为不生效;对于附终期的民事法律行为,期限到来时行为失效,期限未到来时行为继续有效。在本案中,亿兆公司和华上公司签订承揽合同,其中约定"华上公司工程款的支付以收到开发区剩余补助款为前提",华上公司因此主张该承揽合同是附条件的合同,条件不成就,则其没有付款的义务。此种理解是不正确的。如前所述,在附条件的民事法律行为,条件是作为民事法律行为效力的附款存在的,亦即"条件"对民事法律行为的效力起着决定性的作用。但在本案所涉及的合同中,所谓"收到开发区剩余补助款"这个条件实际上只是对华上公司何时支付工程款的规定,而并非对合同效力的规定,所以该合司并非附条件的民事法律行为。同理,该合同也并非附期限的民事法律行为。该合同实际上于合同成立时即已生效,华上公司应按合同的约定支付工程款。

那么,对于该合司中的"华上公司工程款的支付以收到开发区剩余补助款为前提"这一约定应当如何理解? 笔者认为,这其实是对付款期限的规定。即在收到开发区剩余补助款后华上公司始支付工程款。然而,由于何时能够收到补助款并不确定,这使得双方约定的付款期限不明确,根据《合同法》第 263 条的规定,定作人应当按照约定的期限支付报酬。对支付报酬的期限没有约定或者约定不明确,依照《合同法》第 61 条的规定仍不能确定的,定作人应当在承揽人交付工作成果时支付;工作成果部分交钔的,定作人应当相应支付。因此,亿兆公司按约交付工作成果时,即有权要求华上公司支付相应报酬。

【思考题】

1. 什么是附条件、附期限的民事法律行为? 二者有何区别?
2. 条件成就与否对附条件的民事法律行为的效力有何影响?

第九章 代理

专题一 无权代理及其法律后果

瞿某诉杜某等房屋买卖合同纠纷案①

【案件事实】

2008年11月28日,杜某、管某、杜文某(杜文某系管某、杜某的儿子)经中介台庆公司居间,和瞿某签订了出售位于上海市田东路的属于三人共有的某房产的《上海市房地产买卖合同》。合同约定,房产总价为人民币290万元。同时对房屋价金及违约金作了约定。在签约人处,除有被上诉人杜某、管某,上诉人瞿某的签名外,被上诉人杜文某的签章为"杜文某杜某代"(因杜文某不在国内)。2008年12月9日,杜文某出具声明书,声明同意其父母杜某和管某出售系争房屋,并委托其办理售房相关事宜。该声明经我国驻汉堡总领事馆公证。但是,瞿某否认通知其收到杜文某的公证《授权声明》一事,台庆公司也无充分证据证明其收到该通知。瞿某于2008年12月16日致函台庆公司,以合同未经追认尚未生效为由撤销系争买卖合同。由于瞿某未按约支付第一期房款人民币25万元,2008年12月21日、12月23日,杜某、台庆公司均致函瞿某,催告其按照合同约定支付其逾期未付的第一期房价款25万元。瞿某回函称其已发出撤销买卖合同的通知,故不存在付款问题。2009年1月4日,杜某等致函瞿某,通知其根据合同约定,双方签订的买卖合同自该日起解除,并保留追究其违约责任的权利。瞿某于2009年1月10日回函同意解除合同,并愿意提供解除合同的必要手续。后双方就违约责任等事项无法达成一致,故将瞿某诉至法院。(案情有删节)

【争议焦点】

本案买卖合同是否生效? 瞿某是否需要承担违约责任?

---

① 参见上海市第一中级人民法院(2009)沪一中民二(民)终字第1583号民事判决书。

【裁判理由及结果】

关于合同的效力,原审法院认为,杜某、管某未经共有人杜文某的同意以杜文某的名义处分系争房产的行为属于无权代理,故系争房地产买卖合同属于效力待定的合同,瞿某作为相对人拥有并行使了撤销权,故合同并未生效。对此,法院认为,系争房地产买卖合同在签订时杜某和管某尚未取得杜文某的授权,属于无权代理,合同处于效力待定状态,杜文某于2008年12月9日对系争房产的出售予以同意,并委托杜某、管其办理相关手续,系争房地产买卖合同的效力由于杜文某的追认而得以确定。同时,由于在合同签订时瞿某对杜某无代理权的事实已经明知,故其不具有善意相对人的撤销权,仅拥有作为相对人的催告权。但本案中瞿某并未举证证明其已经行使了催告权且杜文某在规定期限内拒绝追认或未作表示,故瞿某以合同效力待定,其已行使撤销权为由否认合同效力的抗辩不成立。基于杜某等按照合同约定已于2009年1月4日向瞿某发出了解除合同的通知,2009年1月10日瞿某的回函行为证明该解除通知已到达瞿某处,故系争房地产买卖合同已经解除。关于违约责任的承担,原审法院认为,合同解除并不影响当事人要求违约方承担违约责任的权利。瞿某应按合同的约定支付违约金的赔偿金①。

瞿某不服原审判决,提起上诉。

二审法院审理后认为,双方签订买卖合同之时,因杜文某不在国内,其名字由其父杜某代签,对此上诉人当属知晓。合同签订后,杜文某于2008年12月9日出具了经公证的授权声明,对其父母出售系争房产的行为予以追认,对该追认行为被上诉人应予告知上诉人。根据被上诉人提供的证据,仅有台庆公司出具的称已将杜文某授权追认之事电话通知上诉人的《情况说明》,但未提供上诉人收到杜文某授权声明的证据,也未进一步提供证据证明具体是何人、何时进行了告知,以及相应的通话记录,因此,仅凭上述《情况说明》难以认定台庆公司已经将杜文某授权追认之事电话通知了上诉人。上诉人与被上诉人签订的《上海市房地产买卖合同》,在未经杜文某追认前是一份效力待定的合同,经杜文某追认,且追认的意思表示到达上诉人后,该合同才产生法律效力。由于被上诉人并无充分证据证明已经将杜文某的授权追认告知了上诉人,故该合同对上诉人而言并不能认定为已产生法律效力。但与原审法院一样,二审法院亦认为因上诉人在订立合同时系明知被上诉人杜某无权代理之事实,故其不具有善意相对人的撤销权。而对于效力待定的合同,在未经被代理人追认而生效之前,相对人有理由拒绝履行合同义务。本案中被上诉人及台庆公司两次致函上诉人,要求上诉人支付第一期房款,但在上诉人

---

① 参见上海市徐汇区人民法院(2009)徐民三(民)初字第369号民事判决书。

以撤销合同作为拒绝付款之理由时,上诉人及台庆公司并未指出合同在上诉人发出撤销通知之前已被杜文某追认而生效。因此,上诉人的撤销通知即使不能当然发生合同撤销的效力,但在合同效力仍处待定的情况下被上诉人要求上诉人付款亦缺乏依据。现该合同基于双方的一致同意而解除,被上诉人要求上诉人支付违约金及赔偿金的诉讼请求不予支持。

【判例解析】

本案首先涉及无权代理情形下买卖合同的效力问题。所谓无权代理,是指代理人没有代理权也没有使相对人相信其有代理权的事由,而仍然以被代理人的名义进行民事法律行为。在本案中,杜某未经其子杜文某的同意而代理杜文某出售房屋且在订立合同时并没有表明其有代理权的客观事由,故构成无权代理。依据《民法总则》第171条的规定,无权代理的行为属于效力待定的民事行为,须经被代理人追认才有效。在追认之前,相对人享有催告权,善意的相对人还享有撤销权。①两审法院的分歧在于:一审法院认为杜文某已经对其父杜某无权代理的行为予以了追认,合同已经生效;但二审法院认为由于追认的意思表示未到达合同相对人瞿某处,故合同尚未生效。对此,笔者同意二审法院的意见。追认在性质上属于单方行为,其生效固然不需要对方的同意,但追认的意思表示属于有相对人的意思表示,该意思表示应自到达相对人时发生法律效力。而在本案中,杜某及台庆公司均不能证明其将杜文某的授权追认通知了瞿某,因此,追认的意思表示尚未发生效力。但由于瞿某在订立合同时对无权代理知情,故其并不具有撤销权。这样,在瞿某起诉时,合同的效力实际上仍然处于效力待定状态。而由于在双方解除合同时,该买卖合同尚未生效,所以瞿某无须履行合同义务,也就无所谓违约责任的承担。

【思考题】

1. 什么是代理?
2. 什么是无权代理? 无权代理的法律后果是什么?

---

① 《民法总则》第171条规定:"行为人没有代理权、超越代理权或者代理权终止后,仍然实施代理行为,未经被代理人追认的,对被代理人不发生效力。相对人可以催告被代理人自收到通知之日起一个月内予以追认。被代理人未作表示的,视为拒绝追认。行为人实施的行为被追认前,善意相对人有撤销的权利。撤销应当以通知的方式作出。行为人实施的行为未被追认的,善意相对人有权请求行为人履行债务或者就其受到的损害请求行为人赔偿,但是赔偿的范围不得超过被代理人追认时相对人所能获得的利益。相对人知道或者应当知道行为人无权代理的,相对人和行为人按照各自的过错承担责任。"

专题二　表见代理的认定

深圳市中海天投资发展有限公司与华通低压电器厂买卖合同纠纷案①

【案件事实】

2010年1月,华通低压电器厂(以下简称华通电器厂)欲购焊机设备,通过一个网页查询到广东三可焊接设备有限公司[现更名为"深圳市中海天投资发展有限公司"(以下简称中海天公司)]的信息,该网页上有该公司的地址、电话、传真、邮箱、服务热线以及在线QQ、公司网址、公司邮箱等信息。华通电器厂遂与该网页上显示的联系人陈某取得联系。2010年2月4日,陈某以深圳市三可机器有限公司(以下简称三可机器公司)的名义(供方)与华通电器厂(需方)以电子邮件和传真形式签订了一份工矿产品购销合同。合同约定,合同标的为日本原装机,价款为15 200元整,一次性付清,汇款至户名为陈某的农行卡上。交货时间约为6个工作日,如果延误供货,根据合同将赔偿需方误工费及直接利润损失10 000元整。合同签订后,华通电器厂于2010年2月8日将货款15 200元按合同约定的结算方式打入陈某的账户,但陈某未向华通电器厂交付货物。经华通电器厂多次催要无果,即以中海天公司(原三可机器公司)为被告提起诉讼,请求解除合同及返还货款。中海天公司辩称其从未委托过陈某签订合同。

经查:在签订合同的过程中,陈某以邮件的形式向华通电器厂发送了三可机器公司的企业法人营业执照、组织机构代码证、税务登记证、开户许可证、增值税认定通知书,但上述文件上均明显标注"此复印件只提供与嘉汇海业务使用,其他无效";此外,该购销合同上合同供方栏目中记载的内容与陈某在网络上公布的相应信息如电话号码并不完全相符;合同中供方加盖印章系通过扫描及邮件形式发送。

【争议焦点】

陈某以中海天公司的名义签订买卖合同的行为是否构成表见代理,该合同是否有效?

【裁判理由及结果】

原审法院认为,本案系买卖合同法律关系,争议焦点为买卖合同对被告是否成

---

① 参见呼和浩特市口级人民法院(2013)呼商终字第00097号民事判决书。

立并生效,被告应否承担合同责任。在本案中,陈某虽然没有代理权,但其向原告发送被告的企业法人执照、组织机构代码证、税务登记证、开户许可证、增值税认定通知书,使原告确信被告(当时为三可机器公司)系依法成立并具有经营资质,且双方以传真形式签订合同后,陈某又将盖章后的买卖合同的扫描件用邮箱向原告发送,因此,原告作为相对人有理由相信陈某有代理权,原告主观上属于善意。故依《合同法》第49条的规定,陈某的行为构成表见代理。至于被告抗辩行为人即陈某系无权代理,则在举证责任分配上,被告应承担行为人确系无权代理的举证责任,例如,行为人不是本单位工作人员,公章系盗用、私刻伪造,或者行为人违反公司章程关于授权限制规定等,但本案中被告并未就以上抗辩提供任何有效证据。此外,虽然原告收到的企业法人营业执照、组织机构代码证等文件上标注着"此复印件只提供嘉汇海业务使用,其他无效",但由于原告收到以上文件只是确认被告的依法设立及经营资质,双方并未将以上文件用作其他,原告收到以上文件反而增强了原告信赖的理由,故对表见代理的成立不产生影响。由于双方签署的购销合同中约定本合同传真有效,况且由于传真件的生成、发送、接收和存储是以纸张为介质,在技术上就像一种"远程"复印,所以传真件确不具有传统意义上的原件形式。但是考虑到其证据性质上的特殊性,基于其与案件事实之间存在的原始性关联及直接生成于与案件有关的行为或活动,则在一定情况下可将其视为"拟制原件",故对购销合同的真实性予以确认。由于陈某的行为构成表见代理,其代理行为有效,则工矿产品合同对被告成立并生效,被告应当依约履行合同义务。原告按合同约定付清货款后,被告至今未向原告交付货物,被告迟延履行已构成违约且导致原告不能实现合同目的,已形成合同解除的法定条件,故对原告要求解除合同及返还货款的请求依法予以支持。被告延误供货应依合同约定承担赔偿原告10 000元损失的违约责任。对原告请求的其他损失,因其未能提供证据予以证明,故依法不予支持。综上,法院依照《合同法》第49条、第60条第1款、第90条、第107条、第114条第1款等规定,判决解除原被告签订的工矿产品购销合同,被告一次性返还原告货款15 200元并赔偿原告损失10 000元。①

中海天公司不服原审判决提起上诉。

二审法院认为,对于表见代理的表现形式及其认定,《合同法》第49条规定,行为人没有代理权、超越代理权或者代理权终止后以被代理人名义订立合同,相对人有理由相信行为人有代理权的,该代理行为有效。其中,"相对人有理由相信行为人有代理权"是认定构成表见代理的必要条件,而"相对人有理由相信"是以相对

---

① 参见呼和浩特市回民区人民法院(2012)回商初字第00006号民事判决书。

人对无权代理的发生无过错为要件的。也就是说,客观上代理人必须有足以使相对人合理相信代理权存在的事实,即无权代理人必须有被授予代理权的外表或假象,同时,这种假象必须达到一定程度,即令任何善意第三人处于同样的环境下都会合理地信赖代理权的存在,如该代理人持有被代理人的盖有有效印章的介绍信和空白合同书等。这种对构成表见代理要件的严格框定,是因为表见代理的结果是由被代理人承受的原因,所彰显的价值取向是以牺牲被代理人的利益为代价来维护交易安全和保护善意相对人的利益。因此,司法实践中,认定表见代理是否构成应遵循上述标准,并且根据《最高人民法院关于民事诉讼证据的若干规定》第5条之规定,由相对人(主张表见代理存在的一方)承担举证责任。

就本案的情况而言,华通电器厂主张陈某与其签订合同的行为对中海天公司构成表见代理,但法院认为其所举证据不足以支持其主张成立,理由如下:

(1)从订立合同的过程看,华通电器厂是通过网络查询与陈某取得联系的,此前对陈某的身份、职业信息等并不了解。陈某在网络上公布的企业名称、住所、电话、传真等内容与合同供方栏目中相对应记载的内容并不相符。陈某向华通电器厂传送的三可机器公司的企业法人营业执照、组织机构代码证、税务登记证、开户许可证、增值税认定通知书上均明显标注"此复印件只提供与嘉汇海业务使用,其他无效"。华通电器厂没有出示有效证据证明其在订立合同过程中与三可机器公司有过联系、洽谈等。可见,在订立合同过程中,一方面陈某并未提供足以使华通电器厂信赖其有三可机器公司代理权的表面事实材料;另一方面华通电器厂对"陌生人"陈某提供的信息资料中存在着与判断代理权有关的明显瑕疵更未尽谨慎审查的注意义务,存在明显的过失。

(2)华通电器厂在诉讼中称陈某与李某(三可机器公司的法定代表人)相识并与三可机器公司之间存在债权债务关系,以此说明陈某与其签订合同的行为对三可机器公司构成表见代理。对此,法院认为,评价是否构成表见代理的所谓"信赖"标准即"相对人有理由相信",不是仅以事前或事后代理人向相对人陈述其与被代理人相识或存在某种关系为根据或理由,而是以代理人与相对人订立合同时的行为表现为根据或理由,即代理人以其行为表明其与被代理人之间存在着一种能够使相对人对其有代理权达到内心确信程度的事实上或法律上的联系,如代理人有被授权代理的经历事实、持有表达有权代理意思的相关证明文件、持有有效印章的介绍信和合同等。而华通电器厂在诉讼中没有提供这样的相关证据。因此,华通电器厂所述陈某与李某相识或与三可机器公司之间存在债权债务关系等理由,非据以推定信赖陈某有三可机器公司代理权的根据或理由。

(3)从合同的形式及内容看,华通电器厂忽视了合同外观存在的与认定代理权有关的明显瑕疵,对不符合一般交易习惯的合同条款亦未置疑异,存在疏忽大意的过失。例如,按华通电器厂的陈述,订立合同是通过电子邮件和传真完成的。庭审查明,合同供方栏目中记载的传真号码确属三可机器公司登记的电话号码,但与陈某在网络上公布的不符;合同栏目中没有三可机器公司的电子邮箱记载;对于合同所加盖印章属扫描印章,华通电器厂在主观上也是明知的。在存在这些外观瑕疵的情形下,华通电器厂未提供证据证明陈某在网络上公布的电子邮箱是三可机器公司的电子邮箱,也未提供证据证明订立合同是通过合同栏目中记载的传真号码完成的。另如,合同约定的结算方式为一次性付清款且直接汇入陈某个人账户。对于约定的这种结算方式,华通电器厂作为商事行为人理应清楚结算付款对象是确定合同相对人的主要根据,在没有取得三可机器公司对陈某授权,特别是陈某属"陌生人"的情况下,先行将订购款打入陈某的个人账户,违反一般交易习惯。华通电器厂本应以此产生对陈某有无三可机器公司代理权的合理怀疑,但其轻信陈某规避纳税的说法反而未置疑异。再如,合同标的 15 200 元,但约定 6 个工作日不到货则赔偿损失 10 000 元。这种夸大赔偿责任的约定,如果结合陈某在网络上公布的信息与合同记载的内容存在不一致的现象,以及陈某要求将款先行打入自己账户的履约条件,一般理性人不难看出是陈某为赢取信任所使用的方法,而华通电器厂因此或存侥幸心理却未能明辨。

综上所述,本案陈某以三可机器公司(中海天公司)的名义与华通电器厂订立合同过程中,华通电器厂在认定陈某有代理权方面存在过失。华通电器厂所举证据不足以证明其有理由相信陈某与其订立合同的行为对中海天公司构成表见代理。华通电器厂诉请中海天公司承担合同责任缺乏事实和法律根据,法院不予支持。

【判例解析】

本案涉及对表见代理的理解。两审法院对此作出了完全不同的判断,我们同意二审法院的判决。

所谓表见代理,是指行为人虽无代理权,但因具有足以使善意相对人客观上有充分理由相信其有代理权的表面特征,因此,发生与有权代理相同法律后果的无权代理(即由"被代理人"对行为人的行为承担后果)。根据《民法总则》第 172 条以及《合同法》第 49 条的规定,表见代理的构成要件如下:

(1)行为人没有代理权。包括自始没有代理权、超越代理权和代理权终止后的行为。

(2)有可以使相对人相信行为人有代理权的客观事由,即存在外表授权。

(3)相对人为善意。在本案中,陈某从未经过三可机器公司的授权,但却以三可机器公司的名义签订合同,因此,属于无权代理,满足第一个条件。然而,本案并不满足另外两个条件。一方面,从合同的签订过程来看,华通电器厂是通过网络查询与陈某取得联系的,此前对陈某的身份、职业信息等并不了解。而且陈某也没有能够证明其有代理权的任何事实材料。例如,授权委托书、介绍信、盖有公章的空白合同书等。其通过电邮向华通电器厂传送的三可机器公司的企业法人营业执照、组织机构代码证、税务登记证、开户许可证、增值税认定通知书等也均不足以认定其有代理权。以上都不足以构成华通电器厂信赖陈某具有代理权的事由。另一方面,所谓相对人的"善意",系指相对人对于行为人的无权代理尽了必要的谨慎义务后仍不知情,即不知情且无过失。而从本案合同签订的情况来看,华通电器厂明显违反一个理性的商人应当具备的谨慎义务。例如,合同上显示的电话号码与网站公布的不符,陈某发送的营业执照等均明显标注"此复印件只提供与嘉汇海业务使用,其他无效",对方要求将款项汇入个人账户以及赔偿金过高等。对于上述可疑之处,华通电器厂均未予以怀疑并核实,这些说明华通电器厂在认定陈某代理权方面具有过失,并非"善意"相对人。综上所述,陈某的行为不构成表见代理,而只是狭义的无权代理,其效力为效力待定,在三可机器公司明确表示拒绝追认的情形下,该合同无效。华通电器厂的损失可向陈某主张赔偿。

【思考题】

1. 什么是表见代理?其法律后果是什么?
2. 如何判断是否构成表见代理?

第十章 诉讼时效

专题一 诉讼时效的适用范围

刘某铭诉陈某龙等房屋买卖合同纠纷案①

【案件事实】

陈某龙、祝某妹原系夫妻关系,陈某文系二人之女,位于上海市浦东新区的系争房屋由陈某龙、祝某妹及陈某文动迁所得,并于 2000 年登记在陈某龙名下。2004 年 2 月 11 日,以"陈某龙"作为出卖人(甲方),刘某铭作为买受人(乙方),就系争房屋签订买卖合同。合同落款处由"陈某龙"签名并盖章,刘某铭在乙方处盖章。此外,甲方处书有"祝某妹"的名字和签章后又划去。合同约定房屋转让价款为 38 万元人民币,并约定了付款方式和时间。但合同对交房时间、申请办理转让过户手续时间等未作约定。2004 年 3 月 23 日,系争房屋产权经核准登记于刘某铭名下。但该房屋至诉讼时一直由陈某龙等居住。该房屋于 2013 年 8 月 22 日,因另案被法院司法查封。

2007 年 8 月 19 日,陈某龙向派出所报警称,系争房屋的房产证权利人不知何原因由陈某龙改为刘某铭,并称其曾于 2004 年 2 月将该处房产的房产证和身份证借给过刘某铭。陈某龙、祝某妹并于 2014 年向法院起诉,请求确认陈某龙与刘某铭之间签订的买卖合同无效;并将系争房屋权利恢复原状归陈某龙所有。刘某铭不同意上述诉讼请求,认为买卖合同有效,并认为原告确认合同无效的诉讼请求已过诉讼时效。

另:刘某铭为证明其已支付购房款,提供由"陈某龙"分别于 2004 年 2 月 12 日及同年 3 月 19 日出具的两张"收条",金额分别为 115 000 元及 176 600 元,对于其余的房款刘某铭解释是收取陈某龙 10 年的租金,按每年 10 000 元计算。这两张收

① 参见上海市浦东新区人民法院(2014)浦民一(民)初字第 18186 号民事判决书;上海市第一中级人民法院(2015)沪一中民二(民)终字第 569 号民事判决书。

条上的签字经鉴定是陈某龙本人书写。此外,经司法鉴定,该买卖合同上"陈某龙"签名字迹并非陈某龙本人书写。

【争议焦点】

1. 陈某龙与刘某铭之间的买卖合同是否有效?
2. 主张合同无效是否适用诉讼时效?
3. 陈某龙请求将房屋过户到自己名下的请求能否得到支持?

【裁判理由及结果】

关于第一个争议焦点,一审法院认为,涉诉买卖合同应认为无效。本案中,刘某铭的购房行为有以下不合常理之处。其一,从出售人的住房情况进行查看。系争房屋是陈某龙、祝某妹及陈某文私房动迁所得,是三人唯一的一套房屋,正常情形下,陈某龙不可能将唯一的家庭住房出售给他人。刘某铭与陈某龙在签约前已认识并有生意往来,系争房屋的标的在当时较大,作为购房人的刘某铭应审慎考虑,但其无证据证实,当时通过中介或查看系争房屋等情况审慎购置,存在不合理之处。其二,从购房款的支付情况进行查看。虽然鉴定部门证实两张收条由陈某龙所写,但两张收条约总金额与买卖合同所约定的房款不一致,刘某铭对 115 000 元及 176 600 元金额的形成无法合理解释。其三,从系争房屋买卖合同上签字的情况进行查看。鉴定部门证实合同上的签字非陈某龙本人所签,作为买卖系争房屋重要依据的合同上,无陈某龙本人签字,存在不合理之处。且该合同的最后签字处有将祝某妹的名字写上后又划去的痕迹,作为订立合同一方的刘某铭应当知道祝某妹的存在,还签订合同侵犯系争房屋共有人利益,存在不合理之处。其四,从系争房屋的交付方面进行查看。房屋买卖对普通人而言系重大事项,须谨慎而为,但买卖合同对买房人应予关注的交房时间、办理转让手续过户时间等未作明确约定。此次刘某铭主张权利,起诉至法院要求被告搬离系争房屋的时间,与其取得产权证时间相距长达 10 年,其间也未曾主张,有违常理。综上,法院认为,双方就系争房屋的买卖合同在签订及履行过程中均存在诸多疑点,有悖正常交易,且刘某铭未能作出合理解释,故一审法院认定该买卖合同并非陈某龙的真实意思,该行为同时也侵犯系争房屋同住人祝某妹及陈某文的利益,该买卖合同应属无效。

关于第二个争议焦点,诉讼时效制度适用于债权请求权,而确认合同无效则属于形成权,确认合同无效之诉属确认之诉,不适用诉讼时效制度。合同无效是一种法律状态,合同当事人不享有确认合同无效的法定权利,法律不应强求当事人随时随地对合同效力进行审视,从而使交易处于不确定的状态。但无效合同产生的财产返还请求权的诉讼时效期间,应自合同被确认无效之日起算。故刘某铭提出陈某龙、祝某妹的起诉已过诉讼时效的抗辩,法院不予采信。

关于第三个争议焦点,系争房屋因另案被法院查封,由于司法查封是当事人借助公权力对债权的一种保全手段,具有法定的公示和对抗效力,并构成系争房屋过户的履行障碍,故原告请求将系争房屋权利恢复至其名下,实际上处于暂时不可以履行的情况,无法支持。遂判决:当事人签订的《上海市房地产买卖合同》无效;驳回陈某龙、祝某妹的其他诉讼请求。

刘某铭不服提起上诉,二审法院维持原判。

【判例解析】

本案涉及多个争议焦点。

第一,关于涉诉买卖合同的效力,从法院认定的事实来看,一方面,很难认定该合同体现了陈某龙的真实意思表示;另一方面,涉诉房屋属于陈某龙和祝某妹的夫妻共有财产,而且在合同签订时,刘某铭也知道该房屋是处于共有状态,该合同在签订时未经共有人同意,在签订后也未经共有人的追认,依《物权法》第97条及《合同法》第51条的规定,该买卖合同应当认定为无效。

第二,依《合同法》第58条的规定,合同被确认无效后,应予返还财产,故陈某龙和祝某妹有权请求办理更正登记,将房屋重新登记在自己的名下。但是,由于系争房屋因另案被法院查封,而根据《中华人民共和国城市房地产管理法》(以下简称《城市房地产管理法》)第38条第2项的规定,对于司法机关和行政机关依法裁定、决定查封或者以其他形式限制房地产权利的房屋,不得转让。故陈某龙和祝某妹请求将房屋恢复至其名下的请求在法院查封期间无法得以支持。

第三,关于当事人请求确认合同无效是否适用诉讼时效的问题,涉及对诉讼时效适用范围的理解。对此,虽然《民法总则》并未予以明确的规定①,但《最高人民法院关于审理民事案件适用诉讼时效制度若干问题的规定》第1条规定,当事人可以对债权请求权提出诉讼时效抗辩。这表明诉讼时效主要适用于债权请求权。至于支配权(如物权、人身权)、抗辩权及形成权均不适用于诉讼时效。而确认合同无效的权利在性质上并非债权请求权。此外,合同无效是法律所代表的公共权力对合同成立过程进行干预的结果。确认合同效力是价值判断的范畴,只要法律、行政法规认为合同是无效的或损害社会公共利益的,就应当认定合同无效,而不应考虑合同无效经历的时间过程。综上所述,确认合同无效不应适用诉讼时效。②

---

① 《民法总则》第188条规定,向人民法院请求保护民事权利的诉讼时效期间为三年。法律另有规定的,依照其规定。

② 参见最高人民法院(2005)民一终字第104号民事判决书。

值得注意的是,虽然确认合同无效不适用诉讼时效,但是,无效合同产生的财产返还请求权和损害赔偿请求权一般认为适用诉讼时效,至于此种诉讼时效的起算,应自合同被确认无效之日起算,而不应自合同成立时起算。因为合同无效是一种法律状态,法律不应强求当事人随时随地对合同效力进行审视,从而使交易处于不确定的状态。当事人在善意履行合同过程中,不应发生对合同效力认定及无效合同财产处理的主张起算诉讼时效问题。①

【思考题】

1. 什么是诉讼时效? 诉讼时效适用于何种权利?
2. 诉讼时效届满后的效力是什么?

专题二　诉讼时效的起算

孙某与陈某垅、陈某彬民间借贷纠纷案②

【案件事实】

2012 年 2 月 4 日,陈某垅(乙方,借款人)与孙某(甲方,出借人)签订借款合同,约定乙方向甲方借款人民币 10 万元,借款期限为 60 天,即自 2012 年 2 月 4 日起至 2012 年 4 月 4 日。合同还对未按期还款的违约责任等问题予以了约定。同日,孙某向陈某垅交付现金 10 万元,陈某垅出具了借款收据。后陈某垅仅偿还了 3 个月利息(每月利息 3000 元),就再无音讯。2014 年 1 月 19 日,陈某彬作为担保人出具保证书,记载:"本人陈某彬于 2012 年 2 月 4 日担保将孙某的 10 万元借给我表弟(陈某垅),此笔款到 2014 年 1 月 29 日前准时还清,如果到期还不上,由担保人代还。"(但该保证书上没有陈某垅的签名确认,也无证据证实陈某垅对此知情)孙某向陈某彬多次追讨未果,遂于 2014 年 11 月 11 日诉请陈某垅偿还借款,陈某彬承担连带责任。

陈某垅认为孙某的主张已过诉讼时效。陈某彬则以保证书系胁迫所签为由认为自己不应承担连带责任(但未举证证明)。孙某则主张其一直向陈某垅追讨借款,因陈某垅失联,才找到被上诉人陈某彬追讨借款。为此,其提交了安某、张某的

---

① 参见最高人民法院(2005)民一终字第 104 号民事判决书。
② 参见广东省广州市中级人民法院(2015)穗中法金民终字第 1250 号民事判决书。

书面证言,证明二人从 2012 年中旬开始至 2015 年,一直陪同孙某寻找陈某彬和陈某垅要钱,但都未找到人。

【争议焦点】

1. 孙某对陈某垅的借款偿还请求权是否已过诉讼时效?
2. 陈某彬是否应承担连带责任?

【裁判理由及结果】

一审法院认为,合法的借贷关系受法律保护。陈某垅向孙某出具的借款合同、借款收据内容清楚明确,对出借人、借款人、借款金额、借款期限均有明确约定,此系陈某垅以书面方式确认其与孙某间借贷关系及借贷数额的真实意思表示,故可据以认定孙某与陈某垅间借贷关系成立。关于涉案主债务是否过诉讼时效的问题。陈某彬在原审庭审中主张涉案主债务已过诉讼时效。根据《民法通则》第 135 条的规定:"向人民法院请求保护民事权利的诉讼时效期间为二年,法律另有规定的除外。"第 137 条规定:"诉讼时效期间从知道或者应当知道权利被侵害时起计算。"孙某与陈某垅在借款合同中明确约定了借款期限为 60 天,即借款期限截止至 2012 年 4 月 4 日,陈某垅未在期限届满时归还借款,亦未向孙某申请延期还款,孙某此时知道或应当知道其权利受到了侵害,故本案借款的诉讼时效从 2012 年 4 月 5 日起计算。虽在 2014 年 1 月 19 日陈某彬对该债务提供了担保,但陈某垅并未在保证书中签名,未有证据证实陈某垅对此知情,此情况亦不符合诉讼时效中止、中断的规定,故孙某于 2014 年 11 月 11 日提起诉讼要求陈某垅归还借款及利息,已超过二年诉讼时效的规定。孙某虽然主张其多次向陈某垅催还借款,但在举证期限内均未提供证据证实,法院不予采信。

关于陈某彬在本案中应否承担担保责任的问题。本案中,陈某彬在 2014 年 1 月 19 日对涉案借款提供担保,并书写了保证书,被上诉人陈某彬作为完全民事行为能力人,其应当知道以担保人身份对涉案借款提供担保会带来的法律后果及应承担的法律责任。陈某彬抗辩其是在被胁迫、被殴打的情况下书写的担保书,该担保并不是其真实意思表示,但在举证期限内,陈某彬并未提供证据证实其上述主张,故对该抗辩理由法院不予采信,孙某与陈某彬间的保证合同关系成立并生效。根据《担保法》第 17 条的规定,"当事人在保证合同中约定,债务人不能履行债务时,由保证人承担保证责任的,为一般保证"。陈某彬在保证书中承诺"此笔款到 2014 年 1 月 29 日前准时还清,如果到期还不上,由担保人代还",其保证方式约定明确,符合一般保证的规定,可确定陈某彬的保证方式为一般保证。据此,对孙某提出的由陈某彬承担连带责任的意见,原审法院不予采纳。由于孙某与陈某彬未约定保证期间,陈某彬的保证期间应当从 2014 年 1 月 29 日起算 6 个月。现因孙某未在上述保证期间对陈某彬提起诉讼,根据《担保法》第 25 条第 2 款的规定,"在合同约定的保证期间和前款规定的保证期间,债权人未对债务人提起诉讼或者申请仲裁的,保证人免除保证责任",陈某彬的保证责任应予免除。综上,法院判决驳回孙某的诉讼请求。二审法院维持原判。

【判例解析】

本案涉及对诉讼时效起算、中断及保证责任的理解。

关于诉讼时效期间的起算,依《民法总则》第 188 条第 2 款的规定,其原则上自权利人知道或者应当知道权利受到损害以及义务人之日起计算。就定有履行期限的合同而言,其系自覆行期届满之日起算。本案借款合同明确约定了借款期限至 2012 年 4 月 4 日,故应自 2012 年 4 月 4 日起算。依本案所适用的《民法通则》的规定,此种诉讼时效期间为两年,即至 2014 年 4 月 4 日届满(需要注意的是,《民法总则》第 188 条已将普通诉讼时效期间延长至三年)。本案中,当事人提起具有诉讼时效中断的事由。所谓诉讼时效中断,是指在诉讼时效进行中,因法定事由的出现使得已经经过的时效归于无效,诉讼时效重新计算的制度。关于诉讼时效中断的事由,主要包括权利人向义务人提出履行请求、义务人同意履行义务、权利人提起诉讼或者申请仲裁,以及与提起诉讼或者申请仲裁具有同等效力的其他情形①。在本案中,孙某虽然主张其在诉讼时效期间内向陈某垅追讨过欠款,但未能举证证明;同时,陈某彬虽于 2014 年 1 月 19 日对涉案债务提供了担保,但孙某未举证证明已将该保证书送达陈某垅或由陈某垅在保证书上签名确认,同意履行债务。故本案的主债务并不存在诉讼时效中断的事由。主债务的诉讼时效已经届满。

至于保证人陈某彬的责任,首先,其与孙某签订了保证合同,从合同的形式和内容上看,均无瑕疵。陈某彬抗辩其是在被胁迫、被殴打的情况下书写的担保书,该担保并不是其真实意思表示,但在举证期限内,陈某彬并未提供证据证实其上述主张,故法院未采纳这一抗辩事由是正确的,孙某与陈某彬间的保证合同关系应认为成立并生效。其次,保证人的责任分为一般保证和连带责任保证。前者是指在被保证人不能履行债务,经强制执行仍然不能履行债务的,由保证人承担保证责任;即保证人享有先诉抗辩权。后者则是指被保证人到期不履行债务的,由保证人承担责任。保证人不享有先诉抗辩权。在本案中,保证合同约定,"此笔款到 2014 年 1 月 29 日前准时还清,如果到期还不上,由担保人代还",虽然两审法院均认为

---

① 《最高人民法院关于审理民事案件适用诉讼时效制度若干问题的规定》第 10 条第 1 款对"权利人向义务人提出请求"作了更为详尽的规定。

此系一般保证,但笔者认为此种认识尚有待商榷。《担保法》第 17 条规定,当事人在保证合同中约定,债务人不能履行债务时,由保证人承担保证责任的,为一般保证。对于其中的"不能",应当解释为"客观不能",即强制执行仍然不能履行债务,其中有赋予保证人先诉抗辩权的意思。因此,在当事人的保证合同中有"不能"这样的表述时,应通过解释判断其为"客观不能"还是"主观不能",继而认定保证责任的方式,而不能仅从字面上得出系一般保证的结论。例如,在最高人民法院审理的中国信达资产管理公司贵阳办事处与贵阳开磷有限责任公司借款合同纠纷一案中,当事人在保证合同中约定"贷款到期,借款方如不能按期偿还,由担保单位代为偿还"。最高法院指出,此种表述有"不能"字样,如单纯使用"不能"字样,则具有客观上债务人确无能力偿还借款的含义,此时保证人方承担保证责任可以认定为一般保证责任。但是,该"不能"字样是与"按期"结合在一起使用的,则不能将其理解为确实无力偿还借款的客观能力的约定,仅是表明到期不能偿还即产生保证责任。因此,此种表述亦应认定为连带保证责任。① 我们认为,最高人民法院的上述理解值得肯定。在本案中,当事人在保证合同中约定"如果到期还不上,由担保人代还",这种情况与上述最高人民法院审理的案例中的表述非常接近,应当解释为连带责任保证。

在主债务的诉讼时效已经届满的前提下,依《最高人民法院关于审理民事案件适用诉讼时效制度若干问题的规定》第21条规定,主债务诉讼时效期间届满,保证人享有主债务人的诉讼时效抗辩权。据此,陈某彬可免除保证责任。

【思考题】

1. 诉讼时效中止的法定事由和后果是什么?
2. 诉讼时效中断的法定事由是什么?
3.《民法总则》在诉讼时效方面较《民法通则》有哪些变化?

---

① 参见 2009 年 1 月 15 日最高人民法院(2008)民二终字第 106 号民事判决书。

第二篇
人格权法

第十一章 生命权、健康权与身体权

专题一 生命权

蔡某、董某等诉王某、谢某侵害生命权纠纷案①

【案件事实】

原告蔡某、董某等三人诉称:2007年12月15日20:00至21:00左右,董某到二被告王某、谢某经营的棋牌室娱乐,因棋牌室设施不符合安全标准及被告的行为,导致董某从楼梯上摔下致重伤,后经医院抢救无效于2007年12月21日死亡,原告为此支付医疗费用17 770.96元,双方对赔偿事宜协商未果。请求法院判令二被告支付医药费、护理费、误工费、丧葬费、住院伙食补助费、死亡赔偿金、交通费、精神损害抚慰金等共计436 151.82元。

被告辩称:董某是在醉酒严重的情况下来到棋牌室的,因董某摸了谢某妻子的屁股,谢某说了董某一句,两人吵了起来,后在大家的劝说下,王某扶董某下楼,刚走了两三步楼梯,董某挣脱王某,自己摔下楼去,110的民警认定是意外事故。从派出所的笔录可以看出被告是没有过错的。被告已经尽了合理范围内的注意义务。原告要求被告赔偿无任何法律依据,请求驳回原告诉讼请求。

原告为证明自己的主张,向法院提供了以下证据:

(1)情况说明1份,证明董某在二被告经营的棋牌室内受人身损害的事实。在庭审质证中,二被告对其真实性无异议。

(2)门诊病历1份、住院发票1份、门诊收费收据3份,证明董某抢救过程及医疗费的支出情况。二被告在庭审质证中对其真实性无异议。

(3)户口本1份、结婚证1份、公司基本情况1份,证明三原告与董某的关系,董某系城镇居民和董某生前经商的事实。二被告在庭审质证中对其真实性没有异议,但认为董某是农民户口,虽然董某在经商,并不能证明董某系城镇居民的事实。

---

① 参见浙江省绍兴市越城区人民法院(2008)越民一初字第1708号民事判决书。

（4）照片1组，证明二被告经营的棋牌室楼梯设施的情况。二被告在庭审质证中对其真实性没有异议，但认为并不能证明原告所主张的事实。

（5）交通费发票1组，证明原告为处理本案事故支出的交通费用。二被告在庭审质证中认为交通费过高，要求法院酌情处理。

（6）法院根据原告申请前往二被告经营的棋牌室制作的现场笔录1份、照片打印件4张。三原告在庭审质证中对其真实性无异议，认为该证据可证明二被告的棋牌室楼梯设置不符合《民用建筑设计通则》的有关规定。二被告在庭审质证中对其真实性也没有异议，但认为其是房屋的承租人，这个房屋不是其设计的，原告应追加房屋设计方为被告。

（7）法院根据原告的申请向城南派出所调取的询问笔录20份及出警情况登记表2份。三原告对询问笔录的真实性没有异议，对涉及的内容有异议，认为董某是在饮酒而非醉酒后去了棋牌室。事发时，楼道内只有王某和董某，其他人均没有目睹事发情况，故其他人对该部分事实是无法证明的。王某在公安机关做了3份笔录，分别为2007年12月15日、16日和18日。在12月15日的笔录中王某写道："老董因为站立不稳要摔下去了，我看不对，连忙冲下去拉他，但是没能拉住，老董从楼梯上摔下去，头着地很响地摔在了一楼的平台上，而我自己也因为去拉他的时候失去了平衡，自己的脚也磕在了楼梯上磕伤了。"这种说法不符合案件当时的实际情况。在12月16日的笔录中王某承认在12月15日的笔录中作了虚假陈述，后对真实情况作了描述，王某对现场的描述是："老董仍要往上冲，王某是抱住他不让他往上冲，这个过程中老董往后摔倒，摔了下去。"这就说明董某的摔倒是基于王某的行为及楼梯本身设计不符合国家标准的原因。从谢某等人的笔录中也可以看出董某是往后倒下去的。从倒的情况看，是因为外力作用往后倒的。如果是滑的话，不可能向后倒。王某12月18日的笔录也符合上述事实。询问笔录中可以看出谢某忙于抢救王某，没有及时抢救董某，也对董某的死亡造成一定的影响。二被告在庭审质证中认为董某是醉酒，董某拉王某的椅子，王某没有反应，是王某扶董某下楼梯的，在楼梯上没有推拉的情况，系董某滑下楼梯摔倒在地。在杨某的笔录中写道，董某走路已经摇摇晃晃，说话声音也很响，口齿不清，给他点香烟的时候他都点不好了等，这说明董某是在醉酒很严重的情况下来到棋牌室的。

被告为证明自己的主张，向法院提供了以下证据：

（1）法院根据被告的申请向城南派出所调取的鉴定文书1份。三原告在庭审质证中对其真实性没有异议，对鉴定文书中的简要案情有异议，认为文书确定的死亡原因是重度颅脑损伤导致死亡，是因为被告方的行为和设施导致董某死亡，鉴定文书提到的意外伤害对本案不具有证明力,亦不属于鉴定文书的证明对象。二被告对该证据无异议。

(2)董某户籍证明1份,证明董某系农业户口而非所谓蓝本户口;企业变更登记情况1份,证明董某仅在2007年3月13日才经营该企业,不应享受城镇居民待遇。三原告在庭审质证中对其真实性无异议,但认为户籍证明不足以否认原告提供的户口本的证明力,且户籍证明已注明董某单位为绍兴县第二织锦厂,工商变更登记情况能够说明其死亡前从事商业活动,变更登记时间离事故发生虽不足一年,但不影响三原告主张的死亡赔偿金按照城镇居民标准计算的请求。

对于以上证据,法院进行了审查判断,对于原告提供的第一份和第二份证据,因被告无异议,可以予以确认。对于原告提供的第三份证据,法院认为,该组证据的真实性无问题,可以证明三原告与董某的身份关系。户口簿为绍兴市公安局根据绍兴市人民政府绍市府发〔1992〕30号《通知》制发的居住户口簿,该种户口簿是非城区农业户口在城区居住的户口证件,持有该簿享有当地居民的某些权利,因此该证据可以证明董某长期在绍兴城区居住的事实。户口簿载明1992年6月董某的服务处所为绍兴市防腐公司经营部,公司基本情况又证明董某系绍兴县金蟾纺织品有限公司法定代表人,结合第七份证据中杨某与陈某在公安机关所作的询问笔录,可以证明董某生前系以经营公司为其职业,以非农收入作为主要生活来源的事实。对于原告提供的第四份证据,法院认为,该组照片可以证明棋牌室的楼梯设置情况,但不能证明该设置存有缺陷。对于原告提供的第五份证据,因被告认为交通费过高,法院根据案件情况确认为300元。对于原告提供的第六份证据,法院认为,可以证明棋牌室楼梯设置不符合《民用建筑设计通则》的有关规定。对于原告提供的第七份证据,法院认为,综合20份询问笔录的内容,可以证明事发当场的经过情况。

对于被告提供的第一份证据,法院认为该证据可以证明董某系钝性暴力损伤头部,引起重度颅脑损伤,导致死亡,但不能证明该钝性暴力产生的原因。对于被告提供的第二份证据,法院认为该证据可以证明董某生前系农业户口,但不能证明不应按照城镇居民标准计算董某的死亡赔偿金。

根据以上证据,法院审理查明了如下事实:2007年12月15日晚,董某醉酒后与杨某到被告王某、谢某开设的棋牌室娱乐,要求搓200元一底的麻将并要求被告王某把位置让给他,被告王某没有即时答应,董某便将王某坐的椅子拉开,王某未予置理,继续站着打麻将。后因董某用手拍了一下谢某妻子的大腿,故谢某与其发生语言冲突,董某欲冲过去打谢某,被王某及棋牌室里其他人拉住。在众人劝说下,王某扶着董某离开棋牌室。在下楼梯过程中,董某欲往上冲回二楼,王某则抱住他使劲往楼下劝,不让其冲回去,在此过程中董某摔下楼梯,王某跪倒并受伤出血。谢某叫人开车送王某去医院,杨某提出要把董某也一起送医院,但谢某等人以为董某没事,况且车小坐不下,已经报了110,遂没有理会董某。城南派出所接警后赶到现场,见董某酒醉,就打了120。董某经绍兴第二医院医治无效于2007年12月21日死亡,原告为此支付医疗费用17 770.96元。被告王某、谢某支付三原告赔偿款15 000元。绍兴市公安局越城区分局城南派出所经过取证、尸检认为,董某死亡系钝性暴力损伤头部,引起重度颅脑损伤导致死亡,结合现场情况,可由头部撞击地面形成,并可排除他杀。另查明,被告王某、谢某所开设的棋牌室未领取营业执照。

【争议焦点】

1. 造成董某死亡的原因有哪些?哪些是主要原因?哪些是次要原因?
2. 原被告对于损害责任应如何分担?

【裁判理由及结果】

法院认为,人的生命权受法律保护。二被告未领取营业执照擅自开设棋牌室,未能尽到合理范围内的安全保障义务致使他人遭受人身损害,尤其是在明知董某酒醉的情况下,在阻止董某冲上二楼的过程中,未尽到审慎的注意义务,未能确保董某的安全,导致董某摔下楼梯受伤,事后也未及时送其进行抢救,现董某经医治无效死亡,二被告理应承担赔偿责任。

董某作为有完全行为能力的成年人,对自己的生命安全亦有注意义务,其在酒醉后到棋牌室这一公共场所娱乐,在自己的不合理要求遭拒绝后,扰乱棋牌室正常经营秩序,经他人善意劝说后,仍试图冲回棋牌室,对于事故的发生有重大过失,可以减轻二被告的责任。

三原告认为二被告开设的棋牌室楼梯不符合《民用建筑设计通则》规定的安全标准,系事故原因之一,经查《民用建筑设计通则》中与本案相关的强制性条文仅为6.7.2条,但本案中涉事楼梯不属于该条规定的“供日常主要交通用的楼梯”,故这一主张于法无据。

三原告主张董某系酒后而非醉酒,根据杨某、陈某等多人的询问笔录,董某当晚确系饮酒过量,已经口齿不清、走路摇摇晃晃,绍兴第二医院门诊病例亦记载“身上有强烈酒精味”,董某酒醉证据确实充分,原告的主张不能成立。

二被告主张本案系意外事件而非遭受人身损害,二被告已经尽了合理范围内的注意义务,不应承担法律责任没有事实和法律依据,法院不予支持。

原告主张的医疗费、护理费、住院伙食补助费、误工费尚属合理,丧葬费未超过标准,法院予以支持。董某虽系农业户口,但其生前长期居住在绍兴城区并以非农收入作为主要经济来源,应按照城镇居民的标准计算死亡赔偿金,原告主张的数额未超过标准,法院予以支持。根据本案事实情况,法院酌情确定交通费为 300 元,确定精神损害抚慰金为 20 000 元。

综上所述,依照我国法律的有关规定,判决如下:

(1)被告王某、谢某应连带赔偿给原告蔡某、董某等医疗费、护理费、住院伙食补助费、误工费、丧葬费、交通费、死亡赔偿金等合计 400 451.82 元的 55% 即 220 248.5 元,应连带赔偿给三原告精神损害抚慰金 20 000 元,合计 240 248.5 元,扣除已经给付的 15 000 元,尚应给付 225 248.5 元,该款于本判决生效之日起 30 日内付清。

(2)驳回三原告其他的诉讼请求。

【判例解析】

本案是典型的侵害自然人生命权的案件,根据《民法通则》第 98 条的规定,公民享有生命健康权(《民法总则》第 110 条将生命权作为了一项独立的权利)。生命权是自然人维持生命和维护生命安全利益的权利。侵害生命权应予以相应的损害赔偿。

从受害人董某的死亡原因上分析,本案属于典型的多因一果。从过错上分析,本案属于混合过错,即被告人和受害人均存在一定的过错。一方面,根据《最高人民法院关于审理人身损害赔偿案件适用法律若干问题的解释》第 6 条的规定,从事住宿、餐饮、娱乐等经营活动或者其他社会活动的自然人、法人、其他组织,未尽合理限度范围内的安全保障义务致使他人遭受人身损害,赔偿权利人请求其承担相应赔偿责任的,人民法院应予支持。《侵权责任法》第 37 条也规定,宾馆、商场、银行、车站、娱乐场所等公共场所的管理人或者群众性活动的组织者,未尽到安全保障义务,造成他人损害的,应当承担侵权责任。二被告开设的棋牌室属于娱乐场所,对顾客负有一定范围的安全保障义务。被告人王某在明知董某酒醉的情况下,在阻止董某冲上二楼的过程中,显然未尽到审慎的注意义务,未能确保董某的安全,导致董某摔下楼梯受伤,且事后也未及时送其进行抢救,最终造成董某经医治无效死亡,二被告理应承担主要赔偿责任。

另一方面,董某作为有完全行为能力的成年人,对自己的生命安全亦负有注意义务,其在酒醉后到棋牌室这一公共场所娱乐,在自己的不合理要求遭拒绝后,扰乱棋牌室正常经营秩序,经他人善意劝说后,仍试图冲回棋牌室,在王某用力阻止的情况下,其醉酒后站立不稳也是其摔下楼梯的重要原因,故其对于事故的发生也有重大过失,也应承担一定的责任。根据《侵权责任法》第 26 条的规定,被侵权人对损害的发生也有过错的,可以减轻侵权人的责任。因此,应适当减轻二被告的责任。至于棋牌室的楼梯设计是否符合建筑规范,是否具有安全隐患,因原告没有找到准确的法律依据,而且并不是被害人董某摔下楼梯的原因,故法院不予认定是合理的。所以,法院按照过失相抵的原则,判决二被告连带承担55%的赔偿责任是比较合理的。

在赔偿范围及赔偿金额的计算上,《最高人民法院关于审理人身损害赔偿案件适用法律若干问题的解释》第17条规定,受害人遭受人身损害,因就医治疗支出的各项费用以及因误工减少的收入,包括医疗费、误工费、护理费、交通费、住宿费、住院伙食补助费、必要的营养费,赔偿义务人应当予以赔偿。受害人死亡的,赔偿义务人除应当根据抢救治疗情况赔偿本条第1款规定的相关费用外,还应当赔偿丧葬费、被扶养人生活费、死亡补偿费以及受害人亲属办理丧葬事宜支出的交通费、住宿费和误工损失等其他合理费用。第18条规定,受害人或者死者近亲属遭受精神损害,赔偿权利人向人民法院请求赔偿精神损害抚慰金的,适用《最高人民法院关于确定民事侵权精神损害赔偿责任若干问题的解释》予以确定。第19条规定,医疗费根据医疗机构出具的医药费、住院费等收款凭证,结合病历和诊断证明等相关证据确定。赔偿义务人对治疗的必要性和合理性有异议的,应当承担相应的举证责任。医疗费的赔偿数额,按照一审法庭辩论终结前实际发生的数额确定。器官功能恢复训练所必要的康复费、适当的整容费以及其他后续治疗费,赔偿权利人可以待实际发生后另行起诉。但根据医疗证明或者鉴定结论确定必然发生的费用,可以与已经发生的医疗费一并予以赔偿。第20条规定,误工费根据受害人的误工时间和收入状况确定。误工时间根据受害人接受治疗的医疗机构出具的证明确定。受害人因伤致残持续误工的,误工时间可以计算至定残日前一天。受害人有固定收入的,误工费按照实际减少的收入计算。受害人无固定收入的,按照其最近三年的平均收入计算;受害人不能举证证明其最近三年的平均收入状况的,可以参照受诉法院所在地相同或者相近行业上一年度职工的平均工资计算。第22条规定,交通费根据受害人及其必要的陪护人员因就医或者转院治疗实际发生的费用计算。交通费应当以正式票据为凭;有关凭据应当与就医地点、时间、人数、次数相符合。根据上述规定,法院判决被告支付原告医疗费、护理费、住院伙食补助费、误工费、丧葬费、交通费、死亡赔偿金共计220 248.5元,并支付20 000元精神损害抚慰金是合理的。

本案还有一个有争议的问题是:对被害人董某的死亡赔偿金究竟按农村户口计算,还是按城镇户口计算?之所以出现这样的问题,是因为《最高人民法院关于审理人身损害赔偿案件适用法律若干问题的解释》第29条规定,"死亡赔偿金按照受诉法院所在地上一年度城镇居民人均可支配收入或者农村居民人均纯收入标准,按二十年计算。但六十周岁以上的,年龄每增加一岁减少一年;七十五周岁以上的,按五年计算。"在我国,城乡收入差别较大,按农村户口还是按城镇户口对于被害人的赔偿数额影响很大。鉴于死亡赔偿金的主要作用是弥补其近亲属的经济利益损失,维持并保障其基本生活条件,本案的被害人虽为农业户口,但长期生活在城市市区,且以非农收入作为其主要经济来源,所以,按照城镇人口的标准计算死亡赔偿金是合理的。

【思考题】

1. 生命权的主要内容是什么?
2. 如何看待"同命不同价"的问题,死亡赔偿金的计算标准有无合理性?

专题二 健康权

宋某诉刘某侵犯健康权纠纷案①

【案件事实】

原告宋某诉称,2014 年 3 月 22 日,宋某在自己家门口被被告刘某骑电动车撞倒致伤,被送往医院治疗,因宋某年龄大,无法手术治疗,现已无痊愈可能,但刘某在支付三次医疗费 2800 元后,竟宣称没有撞到宋某。此事经多方调解未果,宋某为此诉至法院,要求刘某赔偿医疗费、护理费、住院伙食补助费、营养费、残疾赔偿金、精神抚慰金等各项经济损失 90 747.7 元。

刘某辩称,宋某所述与事实不符。第一,2014 年 3 月 22 日,刘某经过宋某家门口时,宋某正在路上拾垃圾,刘某推着电动车向西走过宋某 6～7 米时,听到宋某发出声响,刘某回头一看,宋某已倒在地上。因双方关系较好,刘某停下车,将宋某扶起来。宋某摔倒与刘某无关。第二,因宋某摔伤之后,家中无钱,刘某考虑到两家关系很好,就拿出 300 元让其看病,后又到医院看望给付 500 元。另外 2000 元则是刘某之女在不知真相的情况下,轻信宋某家人的言论,怕自己母亲因此事寻死觅活而给付的。故刘某支付的 2800 元并非其支付的医疗费。综上所述,刘某未撞伤宋某,应驳回宋某的诉讼请求。

庭审中,原告向法院提交了三组证据材料。

第一组证据包括:马某甲出庭作证证言,证明 2014 年 3 月 22 日,刘某对马某

① 参见扶沟县人民法院(2014)扶民初字第 580 号民事判决书。

甲讲其撞到宋某;宋某甲、宋某乙出庭作证证言,证明双方之事经村委干部调解,调解时宋某说撞到了,刘某说未撞到,但对支付的2800元现金无异议;马某乙、马某丙出庭作证证言,证明二人在调解时,刘某的丈夫宋某丙说,"既然刘某撞到俺大娘了,啥也别说了,该看就看,俺准备钱,凭医院的条子报销"。后刘某来了,不承认撞到人,说是宋某踩着砖头摔倒了,调解未果。

刘某对上述证据的质证意见是:证言均系传来证据,只是听说,都没有看见,本案没有直接证据,调解时的意见不能作为认定事实的依据。

第二组证据包括:诊断证明一份,病历一份,出院证一份。证明宋某伤情及住院时间等。刘某的质证意见是:其中一份诊断证明未加盖公章,病历中的高血压等与宋某伤情无关。

第三组证据包括:医疗票据三份,费用结算清单一份,鉴定费收据一份。证明医疗费、鉴定费情况。刘某对此组证据无异议。

庭审中,刘某向法院提交的证据材料如下。

第一,宋某丙(系被告的丈夫)出庭作证证言。证明其调解时不了解情况,也没有说过"既然刘某撞到俺大娘了,啥也别说了,该看就看,俺准备钱,凭医院的条子报销"之类的话,只是说了"一家说撞到了,一家说没撞到,两家霉气"之类的话。宋某的质证意见是:证人与本案有利害关系,其陈述是虚假的。

第二,宋某丁(系被告的女儿)出庭作证证言。证明宋某丁在不知道真相的情况下,轻信宋某家人的话,担心其母亲出事,才给了2000元钱。宋某的质证意见是:证人与本案有利害关系,事发两天后才给的2000元钱,证人应知道发生的撞人事件,故证人作了伪证。

经法院审理确认如下案件事实:2014年3月22日,宋某(系聋哑人)在自己家门口东西路上帮儿子清理粪堆上的杂物时,被从东向西行驶的刘某所骑的电动车撞倒在地。宋某被撞伤后,刘某给付300元让宋某儿子给母亲看病,宋某于当天被送往扶沟县人民医院骨科治疗,经诊断为骨盆骨折,于2014年5月3日出院,共住院42天,支付医疗费9464.20元。宋某于2014年6月22日、2014年7月3日在太康济民骨科医院治疗花费304元。2014年3月23日,刘某到扶沟县人民医院看望宋某,支付500元现金,2014年3月24日,刘某之女给付宋某孙子2000元现金。

该纠纷经马某乙、马某丙及村支部书记宋某甲、治保主任宋某乙调解,因刘某否认其撞伤宋某,调解未果。宋某的伤情经法医鉴定为:第一,被鉴定人宋某的伤残程度评定为十级伤残;第二,宋某因年龄较大,骨折后不能手术,根据目前伤者情况,伤者不能自主活动,生活不能自理,日常生活随时需人照顾,需保持一人护理,护理时限建议为 2 ⊆左右。宋某支付鉴定费 1600 元。

【争议焦点】

1. 刘某撞到宋某的事实能否认定？
2. 宋某是否也有一定的过错？应否自己承担一定的责任？

【裁判理由及结果】

法院认为，公民享有健康权，庭审中，马某甲当庭作证的直接证据与其他证人证言及刘某三次给付现金 2800 元的证据相互印证，应当认定宋某被刘某撞伤的事实，刘某辩称未撞伤宋某，但未向法院提供充分证据，对其抗辩不予采信。

在该事故中，被侵权人宋某因年龄较大且系聋哑人，对该事故未尽到应有的注意义务，对此事故应承担 10% 的责任。宋某因该事故所遭受的损失应由侵权人刘某按责任予以赔偿。综上所述，依照我国法律的有关规定，判决如下：

（1）被告刘某赔偿原告宋某医疗费、住院期间护理费、出院后护理费、营养费、住院伙食补助费、残疾赔偿金的 90%，计款 34 583.28 元。

（2）被告刘某赔偿原告宋某精神抚慰金 5000 元。

（3）驳回原告宋某的其他诉讼请求。

【判例解析】

本案是典型的侵害自然人健康权的案件，根据《民法通则》第 98 条规定，公民享有生命健康权（《民法总则》第 110 条将健康权规定为一项独立的权利）。健康权是自然人保持身体机能正常和维护健康利益的权利。《侵权责任法》第 6 条规定，行为人因过错侵害他人民事权益，应当承担侵权责任。第 16 条规定，侵害他人造成人身损害的，应当赔偿医疗费、护理费、交通费等为治疗和康复支出的合理费用，以及因误工减少的收入。造成残疾的，还应当赔偿残疾生活辅助器具费和残疾赔偿金。造成死亡的，还应当赔偿丧葬费和死亡赔偿金。第 22 条规定，侵害他人人身权益，造成他人严重精神损害的，被侵权人可以请求精神损害赔偿。在本案中，被告刘某因过失撞倒宋某致其骨盆骨折，被鉴定为伤残十级，应当赔偿医疗费、护理费、必要的营养费、住院期间的伙食补助费和残疾赔偿金。鉴于宋某年龄较大，骨盆骨折后恢复时间较长、难度较大、效果较差，故受害人遭受的精神痛苦非常明显，应给予一定的精神抚慰金。

根据《侵权责任法》第 26 条的规定，被侵权人对损害的发生也有过错的，可以减轻侵权人的责任。这就是损害赔偿当中的过失相抵原则。在本案中，被侵权人宋某在公共道路上从事活动应保持应有的警觉，随时注意观察和躲避来往的车辆，所以在事故发生过程中也有一定的过错，自己也应承担一定的责任。

本案还有一个关键问题是刘某撞倒宋某的事实能否认定,鉴于原被告双方对此均举出了相反的证据,根据《最高人民法院关于民事诉讼证据的若干规定》第73条的规定,双方当事人对同一事实分别举出相反的证据,但都没有足够的依据否定对方证据的,人民法院应当结合案件情况,判断一方提供证据的证明力是否明显大于另一方提供证据的证明力,并对证明力较大的证据予以确认。这就是民事诉讼中优势证据规则。在本案中,马某甲当庭作证的直接证据与其他证人证言及刘某三次给付现金2800元的证据相互印证,根据逻辑和经验法则,应当认定宋某被刘某撞伤的这一事实,刘某辩称未撞伤宋某,但未向法院提供充分证据,对其抗辩不予支持。

【思考题】

1. 健康权与身体权有什么区别和联系?
2. 在认定案件事实的过程中,如何运用逻辑和经验法则?

第十二章　姓名权与名称权

专题一　姓名权

赵某诉郭某姓名权纠纷案[①]

【案件事实】

原告赵某与被告郭某系亲属关系。被告郭某曾任中国人寿保险股份有限公司唐山分公司市区收展部经理。被告郭某在原告赵某不知情、不在场的情况下，以原告赵某的名义办理了数笔保险业务。在原告赵某获知上述情况后，即与被告郭某交涉，并采取电话挂失银行卡等措施。现以原告赵某名义签订的数份保险合同已妥善处理，得到投保人的谅解，原告赵某开立的中国工商银行62×××25账户也处于挂失状态。原告认为，被告郭某未经原告同意，盗用原告姓名开展保险销售业务，造成原告存在潜在的保险纠纷风险。原告故依据《民法通则》第99条诉至人民法院，请求判令被告盗用原告姓名从事保险销售的行为构成侵权；判令被告公开进行赔礼道歉并承担本案诉讼费。被告辩称，被告郭某从未侵犯原告的姓名权，从未盗用原告姓名从事保险销售活动。根据中国人寿保险股份有限公司唐山分公司出具的证明，原告赵某名下所代理的多笔保险业务，已经由保险公司妥善处理，并且投保人对保险公司的处理表示理解与认可。所以即使被告郭某曾使用了原告的姓名，也未对原告赵某造成任何损失，不构成侵权行为，所以原告赵某诉请的第二项要求被告郭某对原告赵某公开进行赔礼道歉没有法律上的依据。

以上事实有原告银行卡开立信息及明细清单、网上查询保险从业人员信息、保险消费投诉告知书、保险违法行为调查结论告知书、证明及双方当事人当庭陈述等证据予以证实。

[①]　参见河北省唐山市路北区人民法院（2015）北民重字第125号民事判决书。

【争议焦点】

1. 郭某是否侵犯了赵某的姓名权?

2. 郭某应如何承担民事责任?

【裁判理由及结果】

法院认为,自然人有享有姓名权,有权决定、使用和依照规定改变自己的姓名,禁止他人干涉、盗用、假冒。被告在未征得原告同意的情况下,使用原告的保险销售从业人员资格证和姓名从事多笔保险销售业务,并使用原告的银行卡办理多笔存、取款业务。尽管被告方在事后将以原告名义签订的数份保险合同进行妥善处理,并得到投保人的谅解,同时,采取电话挂失银行卡等措施,没有造成原告的直接经济损失,但是,给原告造成了一定的精神伤害,故被告的行为已经构成侵害原告的姓名权。综上所述,依照我国法律的有关规定,判决如下:

(1)被告对原告进行赔礼道歉。

(2)案件受理费 2861 元,由被告郭某承担。

【判例解析】

这是一起典型的侵犯自然人姓名权的案件,根据《民法通则》第 99 条的规定,公民享有姓名权,有权决定、使用和依照规定改变自己的姓名,禁止他人干涉、盗用、假冒(《民法总则》第 110 条对姓名权也予以了承认)。所以,姓名权是自然人享有的决定、变更和使用其姓名的权利。盗用和假冒他人姓名是侵犯姓名权的典型行为,需要说明的是,盗用和假冒他人姓名一般作为手段,其目的是侵害他人的其他权利,如拿着他人的大学录取通知书,顶替他人上大学的行为,则是以侵害姓名权为手段,侵害他人的受教育权。但是,侵害姓名权的构成并不以侵害其他权利并造成受害人的经济损失为条件。只要行为人盗用或者假冒了他人的姓名,给他人造成一定的精神伤害,就构成了侵害姓名权。

【思考题】

1. 姓名权的内容包括哪些?

2. 盗用他人姓名和假冒他人姓名有何区别?

专题二　名称权

嵊州市美仑美奂电子电器有限公司
诉嵊州市圣达电器有限公司名称权纠纷案①

【案件事实】

原告嵊州市美仑美奂电子电器有限公司诉称:2009 年 10 月,被告嵊州市圣达电器有限公司向原告租赁了 2000 平方米厂房及办公区作为其生产及销售电器产品的经营场所。被告在其企业经营过程中,为使自己公司提升形象,在其有关宣传资料上及与客户交往中以原告公司为名对外进行宣传,导致被告自身生产经营上暴露出的一些问题被不明真相的客户误认为原告也有责任的严重后果。原告主要生产电器配件,为市场上多家电器厂商做配套,且原告的客户很多与被告是同行。被告上述冒用原告企业名称的行为致使原告的部分客户流失,而且使原告的商誉受到不小的负面影响。综上所述,被告只租赁了原告的厂房作为生产基地,其生产经营活动与原告并无任何关联,而被告未经原告同意,擅自印刷具有原告企业名称标识的有关宣传资料从而使自己的企业提高知名度,其行为严重侵害了原告的合法权益,其理应立即停止侵权行为并作出合理赔偿和补救措施以消除已对原告造成的不良影响。请求法院:确认被告侵害原告的名称权;责令被告赔礼道歉并赔偿原告损失 50 000 元。

被告辩称:原告诉称事实部分属实。被告确实曾在其产品的包装纸箱、公司的宣传图册上借用了原告公司的名称,由于当初认为操作方便而使用了原告公司的名称,当时也没有想到会有如此麻烦,现在只能请求原告能予以谅解。对原告要求其赔礼道歉请法院酌情考虑。至于原告要求其赔偿 50 000 元经济损失,因原告未提供有关证据加以证实,不予认可。

原告为证明自己的诉讼请求,提供了以下证据:

(1)厂房租赁合同,证明被告向原告租赁厂房作为其生产经营基地的事实。

(2)宣传图册四份及产品包装照片七张,证明被告未经原告许可在其产品的宣传图册及产品外包装上擅自使用原告企业名称,由此对原告的企业造成了不小的负面影响,从而证明被告的行为侵害了原告的企业名称权这一事实。被告对原告提供的证据所证明的事实均予以认可,并说明其印刷的宣传图册及产品外包装

_____

① 参见浙江省嵊州市人民法院(2012)绍嵊民初字第 442 号民事判决书。

是向江苏连云港市场进行发送的。

对于原告提供的证据，被告均表示认可，法院对这些证据予以确认。

经法院审理查明：原告是为国内煤气灶、抽油烟机及消毒柜等厨房电器厂商生产配套产品的厂家。被告为专业生产厨房电器产品的厂家。原、被告均系独立法人企业。2009年10月，被告租赁了原告坐落在嵊州市经济开发区共计面积为2000平方米的厂房作为其生产经营的厂房和办公区。嗣后被告在经营过程中，为提升自身形象和提高知名度，在其生产的产品宣传图册和外包装上擅自印刷原告企业的名称、住所地、联系电话、网址及企业简介等在江苏连云港市场上对其产品进行推广宣传。被告的上述行为导致了其自身生产经营上暴露出来的一些问题，使部分不明真相的客户误认为原告也有责任。由于原告主要生产厨房电器的配件，其大部分客户与被告系同行，因此，被告上述冒用原告企业名称对外进行宣传的行为客观上导致了原告不少客户对其企业信誉产生疑问进而使原告原有部分客户流失。

【争议焦点】

在原告无法证明其经济损失具体数额的情况下，应否支持其赔偿损失的诉请？如果应当支持的话，应如何确定赔偿的具体数额？

【裁判理由及结果】

法院认为，企业登记主管机关依法注册的企业名称是法定名称，该名称应依法得到保护，且企业名称在市场经营活动中起着标识商品或服务来源的作用，因而是企业在经营活动中区别于其他市场经营主体的重要商业标识，故企业名称具有专有性，未经权利人许可，他人不得使用。

本案中，原告的企业名称是经过依法注册登记的名称，因此，原告享有该名称的使用权、变更权、转让权。被告未经原告许可擅自使用原告企业名称对其生产产品进行推广宣传的行为，显然已侵害了原告依法享有的企业名称权。故原告要求确认被告侵害其企业名称权的诉请，法院予以确认。

由于被告上述违反诚实信用原则和公认的商业道德的行为，客观上造成了市场上原告部分客户产生对原告诚信度的质疑并进而导致原告部分客户的流失，由此损害了原告的商业信誉并给原告造成了一定的经济损失。因此，原告要求被告赔偿经济损失的诉请，法院予以支持。

至于原告诉请要求被告赔偿50 000元经济损失的数额，由于原告难以举证证明其受损的实际数额，因此，可以根据被告侵权手段、范围、市场影响、主观过错程度和原告实际受损情况等因素进行综合考虑。基于对上述因素的分析，法院认为，原告主张的赔偿数额过高，应予酌减，法院酌定由被告赔偿原告30 000元。对原告要求被告赔礼道歉的诉请，法院认为符合《民法通则》的有关规定，法院予以支

持。综上,依照我国法律的相关规定,判决如下:

(1)嵊州市圣达电器有限公司于本判决生效之日起停止侵害嵊州市美仑美奂电子电器有限公司名称权的行为,并于本判决生效之日起 10 日内向嵊州市美仑美奂电子电器有限公司赔礼道歉(内容须经法院确认)。

(2)嵊州市圣达电器有限公司于本判决生效之日起 10 日内赔偿嵊州市美仑美奂电子电器有限公司经济损失人民币 30 000 元。

(3)驳回嵊州市美仑美奂电子电器有限公司的其他诉讼请求。

【判例解析】

本案是典型的侵害企业名称权的案件,根据《民法通则》第 99 条第 2 款的规定:"法人、个体工商户、个人合伙享有名称权。企业法人、个体工商户、个人合伙有权使用、依法转让自己的名称。"(《民法总则》第 110 条第 2 款也规定法人、非法人组织享有名称权)可见,名称权是自然人以外的特定团体享有的决定、变更、使用和转让其名称的权利。最高人民法院印发《关于贯彻执行〈中华人民共和国民法通则〉若干问题的意见(试行)》的通知第 141 条规定,"盗用、假冒他人姓名、名称造成损害的,应当认定为侵犯姓名权、名称权的行为"。根据《民法通则》第 120 条的规定:"公民的姓名权、肖像权、名誉权、荣誉权受到侵害的,有权要求停止侵害,恢复名誉,消除影响,赔礼道歉,并可以要求赔偿损失。法人的名称权、名誉权、荣誉权受到侵害的,适用前款规定。"

在实践中,绝大多数的盗用、假冒他人名称权的行为表现为普通企业盗用、假冒知名企业的名称,以达到提高企业知名度、攫取更大经济利益的目的,会给知名企业的经营造成不良影响,甚至使其遭受严重的经济损失。

本案有一个值得探讨的问题是,盗用和假冒他人名称权的行为,会造成受害企业信誉的降低,使其流失部分客户资源。但这种信誉降低所引起的经济损失的具体数额是很难证明的。能否因为原告不能证明损失的具体数额而不予支持原告的赔偿诉请呢?笔者认为,在这个问题上一定要区分不举证和不能举证两种情况,对于能够举证而不予举证的情况,法院不应支持该诉请。但是,对于经济损失确实存在,而原告方无法证明准确数额的情况,法院应当支持赔偿的诉请,并根据被告的侵权手段、范围、市场影响、主观过错程度和原告实际受损情况等因素进行综合考虑,酌情确定赔偿的数额。这样做更符合公平正义的精神。

【思考题】

1. 名称权的主要内容是什么?

2. 企业名称与商标的关系是什么?

3. 企业名称权与自然人的姓名权有何区别?

第十三章　肖像权

张某诉秦皇岛某美容美体有限公司肖像权纠纷案[①]

【案件事实】

原告张某诉称,其系我国知名青年影视演员张馨予(艺名)。2012年6月,原告获知被告秦皇岛某美容美体有限公司在其下辖网站的网页中擅自将原告照片用作"女性产后丰胸、注射丰胸、隆胸手术恢复、假体隆胸、韩式隆鼻、自体脂肪隆鼻"等整形、美容类商业广告的宣传。原告认为,其作为一位公众人物,一直以来都将维护个人健康形象作为工作的重点之一。被告未经原告允许擅自使用其照片用于商业性宣传,并在网站中标注有被告的企业名称、联系电话、联系地址等联系方式,涉嫌侵犯原告张某的肖像权;同时,根据被告擅用原告张某肖像所处的位置以及涉嫌侵权照片所涉内容,原告张某蒙受了很多误解,被告的行为同时涉嫌侵犯原告张某的名誉权,给原告造成了一定的经济损失和精神损害。故请求法院判决:

(1)被告在全国公开发行的报纸上向原告公开赔礼道歉。

(2)被告向原告赔偿经济损失人民币12万元,精神损失费人民币3万元,维权成本合理开支人民币5000元,以上各项共计人民币155 000元。

被告辩称:首先,对原告的主体资格有异议,对张某与张馨予是否同一人我方无法确定;其次,原告提交的该艺人照片与我公司所删除的照片不能仅凭肉眼辨别相似度来认为是同一人;最后,被告没有侵犯原告的肖像权、名誉权,不应当承担赔礼道歉、赔偿损失等侵权责任。原告诉被告在网站擅自将原告照片用作隆胸、隆鼻等整形的商业宣传等与事实不符。被告不是侵权人,被告为了提高企业形象和知名度,委托某广告公司对被告的企业进行网络广告的设计、制作、发布和后期宣传。被告与某广告公司签订了一份《广告制作与发布合同书》,明确约定了双方的权利和义务。该合同约定广告的设计、制作、发布和后期宣传都由某广告公司进行,并且在该合同第6条第2款明确约定,"被告只提供营业执照、资质证明、经营范围的企业资料,设计作品需要使用的肖像、图片、文字资料等由某广告公司自行收集获

---

① 参见河北省秦皇岛市海港区人民法院(2014)海民初字第54号民事判决书。

取并制作"。第 6 条第 3 款明确约定,"乙方设计的作品设计需要使用他人肖像、图片、文献资料的,乙方自行与权利人通过协商或者有偿使用取得,不得侵犯权利人的肖像权、名誉权、著作权等人身权利和知识产权"。第 6 条第 4 款明确约定,"乙方在设计、制作到发布作品广告的全部过程中如果有侵犯他人的肖像权、名誉权、著作权等人身权利和知识产权,其不利后果由乙方自行承担,与甲方无关,涉及赔偿或其他责任方式由乙方承担"。从被告与某广告公司签订的《广告制作与发布合同书》可以看出,被告已经将网络广告的设计、制作、发布和后期宣传全部委托某广告公司进行,对所使用的原告的肖像也是某广告公司自行收集并制作发布的,被告与某广告公司已经明确约定如使用他人肖像权、著作权等应由某广告公司通过协商或有偿使用的方式获得,如果涉及侵犯他人的肖像权、名誉权、著作权等人身权利和知识产权,由某广告公司承担。综上所述,如果网站的广告侵犯了原告的肖像权和名誉权,则由某广告公司承担所有责任,被告不是侵权人,没有义务承担赔礼道歉、赔偿损失等责任。因此,请求法院驳回原告对被告的全部诉讼请求。

原告为证明其主张提供以下证据:

(1)(2012)朝民初字第 21362 号民事判决书及北京市第二中级人民法院民事调解书各一份,证明张某的艺名是张馨予,并且用艺名从事演艺活动。

(2)北京市中信公证处针对原告张某的肖像在网络被使用的公证书一份,证明被告在网站上一共使用原告张某六张照片,用作被告主营的美容美体商业项目的宣传,持续的时间较长,且未经原告的许可。

被告对原告证据的质证意见为:对第一份证据的真实性无异议,对与本案的关联性有异议,我国不适用判例法,其他法院生效的法律文书不能认定原告系本案的适格主体。对于第二份证据,被告认为,公证书的申请人不是原告本人,不是针对原告本人的网络截图,与本案无关,截图上面所写的单位是某某整形美容医院,与被告是两个主体,此外,截图上的照片没有名字,与原告是否是同一人,无法确认。

被告为证明其主张提供两份证据:2008 年 4 月 15 日及 2010 年 4 月 15 日被告某美容美体有限公司与某广告公司签订的《广告制作与发布合同书》各一份,主要证明被告没有侵权行为与侵权事实,在与某广告公司签订的合同书中第 6 条第 2、3、4 款明确约定了被告只提供营业执照、经营范围等事项,也约定不得侵犯第三人肖像权、名誉权,侵犯由第三人承担,因此被告与本案无关。

原告对被告证据的质证意见为:对真实性无法确认,即使是真实的,也是被告与其他公司的协议,属共同侵权,二者应承担连带责任,原告有权选择一方进行诉讼,原告认为该协议无法对抗本案的原告。此外,某广告公司已于 2013 年被吊销了营业执照。

根据以上证据,法院查明如下事实:原告张某系我国知名青年影视演员,被告某美容美体有限公司系提供生活美容服务的单位。2012年6月,原告发现:被告某美容美体有限公司在其下辖网站的网页中擅自将原告照片用作"女性产后丰胸、注射丰胸、隆胸手术恢复、假体隆胸、韩式隆鼻、自体脂肪隆鼻"等整形、美容类商业广告的宣传。该商业广告由某美容美体有限公司委托某广告公司设计制作,双方在《广告制作与发布合同书》的第6条对广告所涉肖像权问题进行了约定。某广告公司已于2013年被吊销了营业执照。

【争议焦点】

1. 被告某美容美体有限公司是否侵害了原告张某的肖像权?某美容美体有限公司与某广告公司对广告所涉肖像权问题的约定能否作为被告免除侵权责任的抗辩理由?

2. 被告某美容美体有限公司是否侵害了原告张某的名誉权?

【裁判理由及结果】

法院认为,公民享有肖像权,未经本人同意,他人不得以营利为目的使用公民的肖像。原告的证据可以证明原告张某的艺名为张馨予,二者为同一人,原告为本案适格主体。根据原、被告的陈述及提供的证据,应认定被告某美容美体有限公司在其下辖网站的网页中擅自将原告照片用作"女性产后丰胸、注射丰胸、隆胸手术恢复、假体隆胸、韩式隆鼻、自体脂肪隆鼻"等整形、美容类商业宣传的事实存在,且被告在其下辖网站上使用原告的照片并未经过原告的同意,该行为侵害了原告的肖像权。虽然广告系某广告公司制作且被告与该公司签订了《广告制作与发布合同书》,但根据相关法律规定,被告作为该广告的使用人也应承担相应的民事责任。故原告基于被告的侵权行为要求赔礼道歉、赔偿经济损失及精神损失的诉讼请求,应予支持。在承担民事责任的具体方式上,法院认为,被告是在网络上进行宣传广告时侵害了原告的肖像权,赔礼道歉的方式应与广告宣传方式及时间、地点、版面相匹配;关于赔偿的具体数额,应综合考量原告的实际损失(包括维权成本)、被告非法使用原告肖像的获利情况及秦皇岛地区经济发展水平等相关情况。因原告未提供其实际损失数额及被告非法使用原告肖像获利数额的相应证据,无法确认原告的实际损失数额及被告的获利数额。根据秦皇岛地区的经济发展水平及侵权行为程度,以确认被告赔偿原告经济损失12 000元为宜;精神损失费的数额,以支持3000元为宜。

综上所述,依照我国法律的有关规定,判决如下:

(1)被告某美容美体有限公司于本判决生效之日起7日内在被告下辖网站向

原告张某赔礼道歉，致歉内容由法院审核。如逾期不执行，则由法院选择一家全国发行的报纸，刊登判决主要内容，刊登费由被告负担。

（2）被告某美容美体有限公司赔偿原告经济损失 12 000 元、精神损失费 3000 元，合计 15 000 元，于本判决生效后 10 日内履行完毕。

（3）驳回原告张某的其他诉讼请求。

【判例解析】

本案是一起典型的侵犯自然人肖像权的案件，《民法总则》第 110 条第 1 款虽然规定了肖像权，但并未对侵害肖像权的行为予以规定。根据《民法通则》第 100 条的规定，“公民享有肖像权，未经本人同意，不得以营利为目的使用公民的肖像”。肖像权是自然人对自己的肖像享有的制作、使用并排斥他人侵害的权利，包括肖像的制作权和使用权。在实践中，未经许可使用他人肖像是最常见的侵权行为，而且绝大多数是商家使用公众人物的肖像进行广告宣传，虽然绝大多数的肖像权侵权行为具有商业目的，而且《民法通则》第 100 条也将“以营利为目的”作为侵犯肖像权的主观要件，但大多数专家认为，未经许可使用他人肖像，不仅包括商业上的使用，而且还包括一切对肖像权人肖像的公开展示、复制和销售等行为。这样更有利于对肖像权人民事权益的充分保护。

本案有一个值得探讨的问题是：被告是否也侵害了原告的名誉权？应该说，名誉权与肖像权是两种密切联系的权利，如果未经许可使用他人肖像，同时，该使用又具有侮辱、贬低他人人格的行为，则同时构成侵犯肖像权和名誉权。如果仅仅未经许可使用他人肖像，而没有侮辱、贬低他人人格行为的，应认定只侵害肖像权。在本案中，被告擅自将原告照片用作“女性产后丰胸、注射丰胸、隆胸手术恢复、假体隆胸、韩式隆鼻、自体脂肪隆鼻”等整形、美容类商业宣传，没有侮辱的内容，也没有贬低其人格，故不构成侵害名誉权。

本案还有一个值得探讨的问题是，被告与某广告公司对广告所涉肖像权问题的约定能否作为被告免除侵权责任的抗辩理由？从双方所签《广告制作与发布合同书》的内容上看，第 6 条第 2 款明确约定，“被告只提供营业执照、资质证明、经营范围的企业资料，设计作品需要使用的肖像、图片、文字资料等由某广告公司自行收集获取并制作”。第 6 条第 3 款约定，“乙方设计的作品设计需要使用他人肖像、图片、文献资料的，乙方自行与权利人通过协商或者有偿使用取得，不得侵犯权利人的肖像权、名誉权、著作权等人身权利和知识产权”。这就说明，如果广告中涉及使用他人肖像的问题，应由广告经营者出面获得授权许可并支付报酬。应当说，双方的约定是有法律约束力的。关键是第 6 条第 4 款约定，“乙方在设计、制作到发布作品广告的全部过程中如果有侵犯他人的肖像权、名誉权、著作权等人身权利和知识产权,其不利后果由乙方自行承担,与甲方无关,涉及赔偿或其他责任方式由乙方承担"。这种约定能够作为免除被告作为广告主的侵权责任吗?根据《中华人民共和国广告法》(简称《广告法》)第33条的规定,广告主或者广告经营者在广告中使用他人名义或者形象的,应当事先取得其书面同意;使用无民事行为能力人、限制民事行为能力人的名义或者形象的,应当事先取得其监护人的书面同意。第69条第4项规定,"广告主、广告经营者、广告发布者违反本法规定,有下列侵权行为之一的,依法承担民事责任:……(四)在广告中未经同意使用他人名义或者形象的"。这就说明,如果在广告中未经同意使用了他人的肖像,广告主、广告经营者和广告发布者都是有责任的,广告主和广告经营者的免责约定对其双方有约束力,但不能作为针对肖像权人的抗辩理由。肖像权人可以将他们作为共同被告起诉。在本案中,鉴于广告公司已于2013年被吊销营业执照,原告直接起诉广告主某某公司是合理的。

【思考题】

1. 什么是肖像?肖像应包含哪些基本要素?
2. 肖像权的具体内容包括哪些?
3. 侵害肖像权是否必须以营利为目的?

第十四章 名誉权

毛某某诉华某某名誉权纠纷案①

【案件事实】

原告毛某某诉称:被告华某某发表了一篇题为"给小孩吃死鱼,教练居然是保安,揭露四明山白岩寨军事夏令营黑幕"的文章,文中多处陈述严重失实,对原告构成了诽谤,理由如下。

(1)文中说"后来我向当地村民了解,才知道是一个学校,他们霸占了",事实上该校舍是由原告承租下来的,有租赁合同。

(2)文中说"垃圾食品,价格高得离谱",事实上食品仅5元3样,加上人工费、运费是不贵的。

(3)文中说"这地方太假",事实上原告有营业执照。

(4)文中说"教练居然是保安",是对原告职业的轻视和情感的伤害。

(5)文中说"鲫鱼是死掉的、油是从黑市买来的地沟油",事实上油都是从三江超市买来的。

(6)文中说"根本没什么项目,都是广告瞎编的",事实上本次夏令营有当天的活动照片。

(7)文中说"老师、作家吃回扣",这纯属诽谤。

(8)文中说"实在太恶心了,希望大家引以为戒,为孩子找一个安全、正规、有意义的夏令营",这是破坏、鼓动性宣传。

为此原告诉请法院判令被告:

(1)停止侵害,将侵权文章立即删除。

(2)消除影响,当面并书面向原告赔礼道歉。

(3)赔偿经济损失50 000元、精神损失150 00元、名誉损失20 000元。

被告华某某答辩称:第一,被告帖子中陈述的事实基本属实,不构成诽谤。理由如下。

---

① 参见浙江省余姚市人民法院(2010)甬余陆民初字第83号民事判决书。

（1）被告从曾在原告处工作过的阿姨处了解到原告霸占了学校，且在被告发帖时原告尚欠租金没有交清，因此是霸占。

（2）原告没有食品销售资质和国家卫生许可，又未经物价部门核准，向小学生销售食品已是违法。

（3）原告虽然有营业执照，但举办夏令营已超出了其经营范围。

（4）"教练是保安"并非对保安职业的轻视，只是指其没有太多精力举办夏令营。

（5）被告其他陈述如鱼是死掉的、油是从黑市买来的地沟油、老师和作家吃回扣等均是事实。

第二，本次夏令营主办方是《东南商报》，而不是原告，故其不具有主体资格，且被告发帖时也没有写明原告真实姓名，对原告没有影响。

第三，原告既无经济损失也无名誉损失，要求驳回该部分诉讼请求。

原告毛某某为证明自己的诉讼主张，向法院提供了如下证据：

（1）房屋租赁合同和租金发票各一份，证明原告对夏令营接待场所有合法使用权，并非霸占的事实。被告质证认为，对合同真实性无异议，但原告未按合同约定支付租金，因此原告是霸占的该场所。法院认为，被告对合同真实性无异议，故对该证据真实性予以认定，经审查，该合同合法有效，故原告基于该合同，对该校舍享有合法使用权。

（2）公证书一份，证明被告在东方热线、天一论坛和逛街论坛三个论坛发帖的事实。被告质证认为，对三个论坛发帖的真实性无异议，但只有"东方热线"中以"本科三年级"名义发的帖是被告所为，其他都不是被告所发。法院认为，被告认可"东方热线"论坛中的帖子是其所发，法院予以认定。而天一论坛和逛街论坛中帖子与"东方热线"论坛中帖子的标题和内容基本一致，且在被告认可的发帖行为之后，故认定该内容是被告所发原帖的传播。

（3）营业执照一份，证明原告具有举办夏令营的资格。被告质证认为，营业执照经营范围未包括举办夏令营，且被告举办夏令营未经相关部门批准，故被告不具有举办夏令营的资格。法院认为，目前国家对举办夏令营并无行政审批之强制性规定，故对被告的质证意见不予采纳。

（4）荣誉证书三份，证明原告有资格举办夏令营的事实。被告质证认为，该证据与本案不具有关联性，法院对被告的质证意见予以采纳。

（5）2007 年举办夏令营的合同一组，证明 2007 年原告举办夏令营的收入在 70 000 元左右及 2010 年因发帖事件造成经济损失的事实。被告质证认为对真实性无异议,对关联性有异议,因原告的白岩寨农庄成立的时间在 2008 年 1 月 11 日,而合同都是 2007 年的,故与本案无关。法院对被告的质证意见予以采纳。

(6)2009 年的报纸报道一份,证明被告的发帖行为给原告造成经济损失的事实。被告质证认为,与本案无关。法院认为,该证据不能作为认定原告 2010 年经济损失的直接依据。

(7)停办函与协议各一份,证明原告经济损失的事实。被告质证认为,该证据不能证明停办与发帖之间存在因果关系,且无法确定每期参加人数是否为 45～48 人。法院认为,该证据不能直接证明原告的经济损失。

被告为证明自己的答辩主张,向法院提供了如下证据:公证书两份,证明被告发帖文章中陈述的事实属实。原告质证认为,对该证据真实性无异议,但该公证书只能证明两位证人签名的事实,并不能证明,两位证人陈述的内容属实。法院认为,根据公证书的内容,法院采纳原告的质证意见,且两位证人均未到庭作证,故对两位证人的证言不予采信。

综上,法院查明如下事实:原告与宁波《东南商报》合作举办过多起夏令营活动。2010 年 7 月 6 日,原告毛某某以其注册的"余姚市陆埠白岩寨农家休闲山庄"为场地,再次与《东南商报》合作举办夏令营活动。被告经人介绍,于同日到"余姚市陆埠白岩寨农家休闲山庄"担任该期夏令营教练。第二天,即 2010 年 7 月 7 日,被告自行离开,并于同日以"capge"为网名,在"东方热线"论坛发表一篇题为"让小孩吃死鱼,教练居然是保安,揭露四明山白岩寨军事夏令营黑幕"的帖子,文章中使用了"霸占""垃圾食品""价格更是离谱""这个地方真的太假了""教练居然是保安""鲫鱼是死掉的,油是从黑市买来的地沟油""根本没什么项目,都是广告瞎编的""老师、作家吃回扣""实在太恶心了,希望大家引以为戒"等文字,随后在天一论坛、逛街论坛等都出现标题和内容基本一致的帖子。另查明,原告系"余姚市陆埠白岩寨农家休闲山庄"的业主,被告华某某仍在宁波市鄞州区××村舟山海洋学院就读,无固定工作和收入来源。

【争议焦点】

1. 被告华某某是否侵害了原告的名誉权?
2. 原告的经济损失应如何赔偿?

【裁判理由及结果】

法院认为,被告在相关论坛发表涉案帖子并已被有关网站传播属实。网络虽属虚拟世界,但与现实社会中的主体可以对应,涉案夏令营活动场所是以原告为业主的"余姚市陆埠白岩寨农家休闲山庄",被告所发帖子中使用的"白岩寨"及"毛

教官"与原告注册的字号及其业主毛某某的姓氏相吻合,结合被告于发帖前一天在
"白岩寨"任夏令营教练的经历,在被告未能明示其帖文中的"白岩寨"及"毛教官"
另有所指的情况下,法院认定其所指系原告及原告注册的字号"白岩寨",且原告
是本次夏令营活动的合作方,与本案具有直接利害关系,故原告具备诉讼主体资
格。被告在未经查证属实的情况下,在相关网站擅自发帖,并在帖文中的多处使用
了带有贬低和攻击性的文字,文章发表后又被一些网站转载,造成了一定的传播。
上述文字足可以使读帖者对"白岩寨"和"毛教官"产生不良印象和负面社会评
价,被告的行为具有主观过错,且与上述后果具有直接因果关系,故原告要求被
告停止侵害、消除影响、赔礼道歉的诉讼请求法院予以支持。庭审中,原告提交
的证据不能直接证明其因此造成的损失,且被告系在读学生,没有收入来源,故
原告对经济损失、精神损失的诉讼请求,法院酌情予以考虑,原告要求赔偿名誉
损失因无事实与法律依据,法院不予以支持。综上所述,依照我国法律的有关规
定,判决如下:

（1）被告华某某于本判决生效之日起 10 日内将相关网站发帖予以删除,当面
并书面向原告毛某某赔礼道歉,同时停止相关发帖行为。

（2）被告华某某于本判决生效之日起 10 日内赔偿原告毛某某经济损失 4500
元、精神损失 500 元,合计 5000 元。

（3）驳回原告毛某某其他诉讼请求。

【判例解析】

这是一起典型的侵害名誉权的案件,根据《民法通则》第 101 条的规定,公民、
法人享有名誉权,公民的人格尊严受法律保护,禁止用侮辱、诽谤等方式损害公民、
法人的名誉。《民法总则》第 110 条对自然人、法人、非法人组织的名誉权也予以了
规定。名誉权是民事主体享有的保护自己的名誉不被以侮辱、诽谤等方式加以丑
化的权利。名誉权的主体包括自然人和非自然人(包括法人、个体工商户、合伙或
者其他非法人的社会团体等),与自然人的名誉相比较,非自然人名誉的显著特点
在于与财产利益的联系更为密切。侵害名誉权的典型行为是侮辱和诽谤。所谓侮
辱,是指故意以语言、文字、暴力等手段贬低他人人格,从而损害他人名誉的行为。
而诽谤则是指故意或者过失散布虚假的事实贬低他人人格,从而损害他人名誉的
行为。本案中被告的行为主要属于诽谤,散布的是未经核实的虚假事实,个别言辞
如"垃圾食品""实在太恶心了,希望大家引以为戒"也带有一定的侮辱性质。这些
行为给原告的精神和经营造成了负面的影响,已构成侵犯名誉权。

一般来说,侵犯自然人的名誉权,其主要危害结果是引起被侵权人的精神痛
苦。而侵害企业的名誉权,则会给企业的生产经营造成负面影响,引起一定的经济

损失。本案的受害人属于个体工商户,被告诽谤的内容也主要是针对原告举办的夏令营活动,这无疑会对原告的经营活动产生负面影响,并引起一定的经济损失,但是,这种经济损失的具体数额是很难证明的,所以,由法院根据侵权行为的情况、主观过错程度、影响的大小及被告的经济状况进行综合衡量后确定一个赔偿的数额是比较可行的办法。

【思考题】

1. 名誉权的内容包括哪些?
2. 侵害自然人的名誉权与侵害法人等组织的名誉权有何区别?

第十五章　隐私权

徐某、马某诉胜境旅游公司、刘某隐私权纠纷案①

【案件事实】

原告徐某、马某诉称,2015 年 8 月 27 日,二原告和家人、朋友到被告一陕西省紫阳县胜境旅游开发有限公司(以下简称胜境旅游公司)"白河漂流中心"消费,当二原告游完泳后到大众女淋浴室洗浴时,胜境旅游公司的工作人员即本案被告刘某进行偷窥、拍照,二原告发现后及时报警。刘某被公安机关拘留 5 天。事后二被告向原告就图像外传作出了《承诺书》,但赔偿问题一直没有解决。被告的侵权行为给原告造成很大的心理障碍。二原告请求法院判令:二被告通过安康电视台向原告赔礼道歉;二被告连带赔偿原告精神抚慰金各两万元。

被告胜境旅游公司辩称:首先,企业不是偷窥他人隐私权的主体;其次,被告没有侵权行为;最后,没有证据证实被告侵犯原告隐私权。故被告胜境旅游公司不承担侵权责任,请人民法院依法驳回原告的诉请。

被告刘某辩称:首先,原告证据不足;其次,被告出于好奇,没有侵权的故意,并且公安机关已对其进行了行政处罚;最后,被告没给原告造成严重的危害后果,按司法解释的规定,对原告主张的精神抚慰金应不予支持。

原告提供的证据:紫阳县公安局《公安行政处罚决定书》,用以证实刘某的侵权事实;《承诺书》,用以证实事后胜境旅游公司、刘某的父亲向原告作出承诺的事实;"安康在线"报道本次事故的事实。在庭审质证中,被告胜境旅游公司认为原告的第一份证据系复印件,不真实;第二份证据与本案没有关联性;第三份证据属电子证据,没有原件且与案件没有联系。被告刘某对第一份证据没有异议,承认被公安机关拘留 5 天;对第二份证据《承诺书》表示不知情,因其当时已被拘留不在现场;认为第三份证据中的报道与事实不符。对原告提供的第一份证据被告刘某当庭认可,法院对刘某因偷窥被公安机关行政拘留 5 天的事实予以确认;原告提供的第二份证据未有其他证据印证,第三份证据中报道的内容与事实不符,法院不予采信。

---

① 参见陕西省紫阳县人民法院(2015)紫民初字第 00809 号民事判决书。

综上,法院认定事实如下:2015年8月27日,原告到被告胜境旅游公司"白河漂流中心"消费,当二原告游完泳后到大众女淋浴室洗浴时,被告胜境旅游公司的工作人员刘某进行偷窥,二原告发现后及时报警。刘某被公安机关拘留5天。

【争议焦点】

1. 被告胜境旅游公司是否尽到了合理的安全保障义务?应否承担侵权责任?
2. 被告刘某的行为是职务行为,还是个人行为?应如何承担侵权责任?

【裁判理由及结果】

法院认为,隐私权是指自然人享有的对个人信息、私人活动和私有领域进行支配的人格权。隐私权受法律保护。一方面,虽然被告刘某的侵权行为发生在执行工作职务的过程中,但其内在动机是出于个人目的,并非以完成工作任务为目的,造成损害的行为也并非为其单位利益而作出,故被告刘某的侵权行为属个人行为,而非职务行为,应由其自己承担侵权责任。

另一方面,作为经营者的被告胜境旅游公司在其经营范围和场所内负有保障消费者安全的义务,女旅客洗浴室是绝对隐私的空间,被告负有更高级别的安全保障义务。这样不但有利于提高企业服务质量与安全,也有利于消费者处于更安全的消费环境中,从而更好地推动旅游事业的健康发展。被告胜境旅游公司职工,即被告刘某的侵权行为,反映出被告胜境旅游公司规章制度不严、监督检查上存在漏洞或管理上存在疏忽,应承担相应的补充责任。故被告胜境旅游公司及其委托代理人和被告刘某的委托代理人的辩解理由不成立,法院不予采信。

被告刘某的行为,给原告造成的心理压力和精神痛苦是显而易见的,不能因受到行政处罚而予以免责,为了弥补对原告造成的精神伤害,可适当给予补偿。原告要求被告赔礼道歉的请求,符合法律规定,由于本案涉及原告隐私权,为更好地保护其权利,法院决定由被告在侵权行为地向原告道歉。综上所述,依照我国法律的有关规定,判决如下:

(1)被告刘某于本判决生效之日起15日内在紫阳电视台发布声明向原告徐某、马某致歉。被告刘某逾期未履行后5日内由被告胜境旅游公司在紫阳电视台发布声明向原告徐某、马某致歉。如逾期不执行上述内容,则由法院选择一家省级的媒体,发布本案主要内容,费用由被告胜境旅游公司负担。

(2)被告刘某于本判决生效之日起15日内赔偿原告徐某、马某精神抚慰金各1000元。被告胜境旅游公司承担补充责任。

(3)驳回二原告其他诉讼请求。

【判例解析】

本案是典型的侵犯自然人隐私权的案件,在《侵权责任法》制定之前,我国立法对隐私权的独立地位未予确认,而是将侵害隐私的行为作为侵害名誉权来处理。《最高人民法院关于确定民事侵权精神损害赔偿责任若干问题的解释》首次提出了隐私的概念,该司法解释第1条规定:"自然人因下列人格权利遭受非法侵害,向人民法院起诉请求赔偿精神损害的,人民法院应当依法予以受理:(一)生命权、健康权、身体权;(二)姓名权、肖像权、名誉权、荣誉权;(三)人格尊严权、人身自由权。违反社会公共利益、社会公德侵害他人隐私或者其他人格利益,受害人以侵权为由向人民法院起诉请求赔偿精神损害的,人民法院应当依法予以受理。"但是,该司法解释并没有正式确认隐私权的地位。《侵权责任法》首次明确了隐私权的独立地位,该法第2条规定:"侵害民事权益,应当依照本法承担侵权责任。本法所称民事权益,包括生命权、健康权、姓名权、名誉权、荣誉权、肖像权、隐私权、婚姻自主权、监护权、所有权、用益物权、担保物权、著作权、专利权、商标专用权、发现权、股权、继承权等人身、财产权益。"《民法总则》第110条对隐私权予以了明确的规定。所谓隐私权,是指自然人享有的私人生活安宁与私人生活信息依法受到保护,不受他人侵扰、知悉、使用、披露和公开的权利。裸体是典型的个人隐私,未经本人许可,不得窥视。本案的被告刘某偷窥女性洗澡,已经构成侵害隐私权。被告刘某的偷窥行为虽然发生在工作的过程中,但是偷窥行为是为了满足个人欲望,而且跟工作没有任何关联,该行为属于个人行为,而非职务行为,应由其个人承担侵权责任。

　　根据《侵权责任法》第37条的规定:"宾馆、商场、银行、车站、娱乐场所等公共场所的管理人或者群众性活动的组织者,未尽到安全保障义务,造成他人损害的,应当承担侵权责任。因第三人的行为造成他人损害的,由第三人承担侵权责任;管理人或者组织者未尽到安全保障义务的,承担相应的补充责任。"被告胜境旅游公司作为该旅游项目的组织者和经营者,负有一定的保障旅客安全的义务,而旅客的安全应包括隐私的安全在内。被告胜境旅游公司对职工缺乏教育和管理,应当承担一定的补充赔偿责任。被告胜境旅游公司承担补充责任后,可以根据法律规定或者劳动合同向职工刘某进行追偿。

【思考题】

1. 隐私权的主要内容包括哪些?
2. 侵犯隐私权与侵犯名誉权的关系是什么?

第十六章 人身自由权

杜某诉济南中医精神专科医院等人身自由权纠纷案[①]

【案件事实】

　　原告杜某系被告杜甲、杜乙、杜丙、杜丁的父亲。2015 年 4 月 13 日,被告杜甲、杜乙、杜丙、杜丁向被告济南中医精神专科医院(以下简称精神专科医院)求助,称其父亲杜某精神状况不佳,要求被告精神专科医院进行检查治疗。被告精神专科医院遂安排医务人员到原告杜某家中将其带至被告精神专科医院。原告杜某、被告杜乙在"非自愿入院同意书"上签字,并办理了其他住院手续后,原告杜某于2015 年 4 月 14 日至 2015 年 4 月 24 日在被告精神专科医院进行了住院治疗。原告杜某的入院记录中记载,"主诉:兴奋话多,吹嘘夸大三十余年,加重 1 月余;现病史:患者于 42 岁时因办理户口问题不如意,出现急躁,不认识家人,家人遂带其前往当地精神病院门诊治疗,诊断不详,服药物不详,坚持服药 4 年余效果可,后能正常工作生活,断药后出现兴奋话多、精力充沛、常因小事与妻子吵架,后未给予治疗,病情持续发展……家族史:阳性,其父亲、两个哥哥有精神病史;西医初步诊断为 ICD – 10F30 躁狂发作"。其 2015 年 4 月 16 日的病程记录中记载:"患者神志清、精神可,生命体征平稳,今日查房患者仍表现兴奋话多,说起话来滔滔不绝,要求要给自己刚认识的老伴通电话,称,我没病,是孩子不孝顺,把自己关在这……"2015 年 4 月 18 日的病程记录记载:"患者神志清、精神可,生命体征平稳,饮食睡眠可,二便正常,今日查房患者未出现其他不适感,不愿住院,要求想打个电话,未满足要求情绪稍有激动……"2015 年 4 月 22 日的病程记录记载:"患者意识清醒,自我定向力可,生命体征平稳,沟通交流起来话多,大多澄清自己无异常,说孩子不孝顺。近日查房患者频繁询问何时出院,对治疗护理检查尚合作,未述明显不适症状……"2015 年 4 月 18 日,被告精神专科医院对原告杜某进行了躁狂量的检查,检测结果表明原告杜某有明显躁狂症状。

　　原告认为,被告杜甲、杜乙、杜丙、杜丁强行将其送往精神病院,并且本人有高

　　① 参见济南市历下区人民法院(2015)历民初字第 1219 号民事判决书。

血压病史,而被告精神专科医院却停用治疗高血压的药物,造成原告杜某在出院后突发脑梗住院,给原告杜某的身心造成了巨大的伤害,也造成了严重的经济损失。原告认为,五被告的行为给原告杜某造成了巨大的伤害,故请求法院依法判令:被告向原告赔礼道歉;被告赔偿原告精神损害抚慰金、医疗费、交通费、护理费、住院伙食补助费、营养费等。经查,原告于2015年4月27日至2015年5月4日在山东中医药大学第二附属医院进行住院治疗,因此产生医疗费共计3970.75元。此外,原告提交2015年5月3日、2015年5月4日的出租车发票7张,主张其因住院治疗支出交通费50元。

被告精神专科医院辩称,原告所诉与事实不符,原告应当举证证明其诉讼请求与被告精神专科医院有关联性。被告精神专科医院是经过济南市卫生局批准设置的合法精神专科医疗机构,没有侵犯原告杜某的人身自由权。原告的诉讼请求与人身自由权纠纷并非同一法律关系。请求法院依法驳回原告的诉讼请求。

被告杜甲、杜乙、杜丙、杜丁辩称,作为晚辈,被告在与原告杜某发生争执中,始终处于不利的社会地位。原告因家庭原因情绪不稳定,鉴于原告的家族及本人都有精神病史,因此,被告要求被告精神专科医院上门治疗,在被告精神专科医院诊断后住院治疗,故被告并不存在侵权行为。由于被告与原告之间的亲属关系,被告愿意承担原告支出的合理的医疗费。

【争议焦点】

被告对原告所实施的行为是属于合理医疗,还是侵犯原告的人身自由权?

【裁判理由及结果】

法院认为,根据《中华人民共和国精神卫生法》(以下简称《精神卫生法》)第21条的规定,"家庭成员之间应当相互关爱,创造良好、和睦的家庭环境,提高精神障碍预防意识;发现家庭成员可能患有精神障碍的,应当帮助其及时就诊,照顾其生活,做好看护管理"。同时,根据该法第28条的规定,"除个人自行到医疗机构进行精神障碍诊断外,疑似精神障碍患者的近亲属可以将其送往医疗机构进行精神障碍诊断"。根据原告杜某在被告精神专科医院住院病历中"入院记录"的记载,可以证实原告杜某有精神病史。在此情况下,被告杜甲、杜乙、杜丙、杜丁作为原告杜某的子女,缺少精神病学方面的医学知识,在其发现原告杜某有精神异常的表现后,积极联系被告精神专科医院,将原告杜某送至该院进行治疗,并未侵犯原告杜某的人身自由。因此,对原告杜某以侵犯其人身自由权为由,要求被告杜甲、杜乙、杜丙、杜丁承担侵权责任的诉讼请求,法院不予支持。因庭审中被告杜甲、杜乙、杜丙、杜丁表示,基于其与原告杜某之间的亲属关系,其自愿承担杜某因就医所支出的合理医疗费,而根据原告杜某提交的山东中医药大学第二附属医院的住院费用发票可以证实,原告杜某因住院治疗支出医疗费 3970.75 元,故对原告杜某要求被告杜甲、杜乙、杜丙、杜丁支付该费用的诉讼请求,法院予以支持。

关于被告精神专科医院的行为,首先,根据《精神卫生法》第 30 条的规定:"精神障碍的住院治疗实行自愿原则。诊断结论、病情评估表明,就诊者为严重精神障碍患者并有下列情形之一的,应当对其实施住院治疗:(一)已经发生伤害自身的行为,或者有伤害自身的危险的;(二)已经发生危害他人安全的行为,或者有危害他人安全的危险的。"据此,因被告精神专科医院未提交证据证明原告杜某实施了危害自身、他人安全的行为,或有实施上述行为的危险,故原告杜某不属于法律规定的必须住院治疗的严重精神障碍患者。根据 2015 年 4 月 18 日、2015 年 4 月 22 日的病程记录的记载,可以证实原告杜某"意识清醒、自我定向力可""未出现其他不适感",且本人不愿住院治疗;此外,根据原告杜某及其儿子杜乙入院时签字的"非自愿入院同意书",亦可以证实原告杜某住院治疗并非自愿。因此,被告精神专科医院在原告杜某非自愿的情况下,将其收治入院,且在原告杜某提出出院请求时,未及时为其办理出院手续,违反了住院治疗的自愿原则。其次,根据《精神卫生法》第 46 条的规定:"医疗机构及其医务人员应当尊重住院精神障碍患者的通讯和会见探访者等权利。除在急性发病期或者为了避免妨碍治疗可以暂时性限制外,不得限制患者的通讯和会见探访者等权利。"而根据 2015 年 4 月 16 日、2015 年 4 月 18 日的病程记录,可以证实原告杜某在"神志清、精神可"的情况下要求与亲属通话,但被告精神专科医院均予以拒绝,其行为限制了原告杜某的通讯自由。综上,法院认为,被告精神专科医院在原告杜某非自愿的情况下,将其收治入院、留院治疗,并拒绝原告杜某与家属通电话的行为,违反了《精神卫生法》的有关规定,侵犯了原告杜某的人身自由权,理应承担相应的侵权责任。因此,对原告杜某要求被告精神专科医院赔礼道歉的诉讼请求,法院予以支持。

对原告杜某要求被告精神专科医院赔偿精神损害抚慰金的诉讼请求,根据《最高人民法院关于确定民事侵权精神损害赔偿责任若干问题的解释》第 8 条第 1 款的规定:"因侵权致人精神损害,但未造成严重后果,受害人请求赔偿精神损害的,一般不予支持,人民法院可以根据情形判令侵权人停止侵害、恢复名誉、消除影响、赔礼道歉。"因原告杜某未提交证据证明其因被告精神专科医院的侵权行为造成了严重的精神损害后果,故对原告杜某的该项诉讼请求法院不予支持。

对原告杜某要求被告精神专科医院赔偿其因在山东中医药大学第二附属医院治疗脑梗产生的医疗费、交通费、护理费、住院伙食补助费、营养费的诉讼请求,因原告杜某主张该项诉讼请求的依据为:其认为其在被告精神专科医院住院期间,被告精神专科医院未针对其原有的高血压进行治疗,导致其出现脑梗。对此,法院认为,首先,原告杜某未提交证据证明其出现的脑梗系被告精神专科医院的诊疗过错造成的;其次,即使被告精神专科医院对原告杜某的诊疗行为存在过错,致使其发生脑梗的损害后果,该损害后果也应当属于因诊疗行为导致的损害后果,而非限制人身自由权所造成的直接损害后果,原告杜某应通过医疗损害责任纠纷主张权利。综上,对原告杜某要求被告精神专科医院赔偿医疗费、交通费、护理费、住院伙食补助费、营养费的诉讼请求,法院不予支持。

综上所述,依照我国法律的有关规定,判决如下:

(1)被告杜甲、杜乙、杜丙、杜丁于本判决生效之日起 10 日内支付原告杜某医疗费 3970.75 元。

(2)被告济南中医精神专科医院于本判决生效之日起 10 日内以书面形式向原告杜某赔礼道歉。

(3)驳回原告杜某的其他诉讼请求。

【判例解析】

本案是一起典型的侵害自然人人身自由权的案件,我国《民法通则》中没有规定人身自由权,但是,在最高人民法院的许多司法解释和文件中都规定了人身自由权,在最高人民法院《民事案件案由规定》中,将"人身自由权纠纷"单独作为一类案由。在 2001 年 2 月 26 日《最高人民法院关于确定民事侵权精神损害赔偿责任若干问题的解释》中,明确将人身自由权规定为独立的人格权利。但是,比较遗憾的是,2009 年的《侵权责任法》只规定了婚姻自主权,而没有将人身自由权列举在内。可喜的是,《民法总则》第 109 条规定,自然人的人身自由、人格尊严受法律保护。明确将人身自由权利列为独立的人格权。

法律上的人身自由权包括两方面的含义:一方面是公法意义上的人身自由权,涵盖了公民的政治和社会权利;另一方面是私法意义上的人身自由权,主要包括民事主体从事民事活动的自由权,包括婚姻自主(自由)权、契约自由权、性自主权(贞操权)等。因为人身自由权涵盖的范围非常广泛,其中某些自由权已经被类型化而独立出来,如婚姻自主权,而性自主权(贞操权)虽无法律上的规定,但学术和实务上倾向于将其作为一种独立的人格权。随着越来越多的自由权被独立出来,一般意义的人身自由权就具有概括和兜底的意义。

本案所涉及的人身自由权属于就医自由权,涵盖在契约自由权的范围内。一般来讲,患者是否住院治疗完全由患者自主决定,任何人不得干涉和强迫。但是,考虑到一些疾病的特殊性,我国对于一些特殊疾病也规定了强制治疗的措施。例如,对高风险的传染病,就规定了强制隔离治疗的措施。关于精神疾病的治疗,我国《精神卫生法》作出了明确规定,根据该法第 21 条的规定:"家庭成员之间应当相互关爱,创造良好、和睦的家庭环境,提高精神障碍预防意识;发现家庭成员可能患有精神障碍的,应当帮助其及时就诊,照顾其生活,做好看护管理。"同时,根据该法第 28 条的规定:"除个人自行到医疗机构进行精神障碍诊断外,疑似精神障碍患者的近亲属可以将其送往医疗机构进行精神障碍诊断。"所以,被告杜甲、杜乙、杜丙、杜丁作为原告杜某的子女,将其送到医院诊断、治疗属于履行近亲属的法定义务,不构成侵权。

对于被告精神专科医院的行为,首先,根据《精神卫生法》第 30 条的规定:"精神障碍的住院治疗实行自愿原则。诊断结论、病情评估表明,就诊者为严重精神障碍患者并有下列情形之一的,应当对其实施住院治疗:(一)已经发生伤害自身的行为,或者有伤害自身的危险的;(二)已经发生危害他人安全的行为,或者有危害他人安全的危险的。"这就说明,只有在病情具有危害自己或他人安全的事实或危险时,才能对精神病人实施强制入院治疗。被告精神专科医院在患者不具备这些强制治疗的条件下,将原告收治入院,构成侵害原告的就医自由权。其次,根据《精神卫生法》第 46 条的规定:"医疗机构及其医务人员应当尊重住院精神障碍患者的通讯和会见探访者等权利。除在急性发病期或者为了避免妨碍治疗可以暂时性限制外,不得限制患者的通讯和会见探访者等权利。"所以,被告精神专科医院在原告精神比较稳定的情况下阻止与其亲属通话的行为构成了对其通讯自由权的侵害。

【思考题】

1. 人身自由权的主要内容包括哪些?
2. 人身自由权与婚姻自主权、贞操权是什么关系?

第十七章　贞操权

吴某某诉陈某某贞操权纠纷案 [①]

【案件事实】

原被告同在博罗县××博义路金莲娜饼厂工作,原告工资约为1000元。2012年9月23日晚上20:00左右,被告陈某某在博罗县××博义路金莲娜饼厂内,看见原告一人在宿舍内,即打开窗户并从窗户伸手将锁好的房门打开,进入原告的宿舍,不顾原告的反抗,强行与原告发生了性关系。案发后,原告于当晚报警,公安干警接报后即赶到现场将被告抓获归案。公诉机关以被告陈某某无视国家法律,违背妇女的意志,强行与妇女发生性关系,其行为已构成强奸罪向博罗县人民法院提起公诉。博罗县人民法院认为,被告人陈某某无视国家法律,违背妇女的意志,强行与妇女发生性关系,其行为已构成强奸罪。博罗县人民法院据此认为,公诉机关指控被告所犯的罪名成立,依照《中华人民共和国刑法》(以下简称《刑法》)有关规定,判决被告陈某某犯强奸罪,判处有期徒刑三年。此外,原告精神受此打击,无法外出工作,在家休息三个月,无任何收入。

原告认为,被告的侵权行为侵害的直接对象是原告的生命健康权和贞操权,又因原告系处女,受损害的结果更为严重,造成直接的后果是给原告造成终身精神痛苦和部分可得精神利益的丧失,由此导致原告社会评价的降低,原告精神受到打击,无法外出工作,在家休息三个月,无任何收入,对原告上述损失,被告应当承担赔偿责任。

被告陈某某辩称,对原告的诉讼请求、事实和理由没有异议。

【争议焦点】

被告陈某某侵害了原告吴某某的哪些权利?

【裁判理由及结果】

法院认为,本案是公民生命权、健康权、身体权纠纷,被告应根据有关法律规定承担相应的民事责任。根据《侵权责任法》第2条的规定,"侵害民事权益,应当依照本

[①]　参见广东省博罗县人民法院(2013)惠博法民一初字第247号民事判决书。

法承担侵权责任。本法所称民事权益,包括生命权、健康权、姓名权、名誉权、荣誉权、肖像权、隐私权、婚姻自主权、监护权、所有权、用益物权、担保物权、著作权、专利权、商标专用权、发现权、股权、继承权等人身、财产权益"。本案中被告强奸了原告,且被判处有期徒刑三年,被告的行为严重地侵害了原告的生命权、健康权、身体权等民事权益,使原告遭受了深深的精神痛苦,应当依法承担侵权赔偿责任。

综上所述,依照我国法律的有关规定,判决如下:

被告陈某某应在本判决发生法律效力之日起 10 日内,赔偿原告吴某某营养费 1000 元、误工费 2800 元、精神损害抚慰金 30 000 元,合计 33 800 元。

【判例解析】

我国现行法律幷没有将贞操权规定为具体人格权,但在学术上和司法实践中承认其作为一种独立的人格权。鉴于最高人民法院《民事案件案由规定》中没有将贞操权纠纷列为民事案件案由之一,在实践中,绝大多数法院将贞操权纠纷案件列入生命权、健康权、身体权纠纷中。所谓贞操权,是自然人(特别是女性)在法律和公序良俗的范围内,自主支配其性利益,并排除他人违背其意志发生性关系的权利。从贞操权的内容上看,其积极权能是在法律和公序良俗允许的前提下,自主决定是否从事性活动,何时、何地、跟何人发生性行为。其消极权能是排除任何人在违背其意志的情况下发生性行为。所以,笔者认为,贞操权不宜作过于狭窄的理解,其实质是一种性自主权,属于广义的人身自由权。从这个意义上讲,不仅女人享有,男人也享有,不仅处女享有,非处女也享有。但是,从实践和传统道德的上看,侵犯贞操权的对象主要是女性,而且处女被侵害后的后果比非处女更加严重,主要涉及内心纯洁感的丧失及自身社会评价的降低。在确定损害后果及赔偿时应考虑是否处女这一情节。

侵害贞操权的损害后果主要是精神伤害,但也可能引起财产上的损失,包括因强奸引起的身体创伤的治疗费用、怀孕后流产的费用、因精神极度痛苦无法工作的误工费用等等。所以,侵害贞操权的民事责任主要是支付一定数额的精神抚慰金,如果有直接经济损失的,也应予以赔偿。至于精神抚慰金的数额,应由法院结合强奸行为的情节、后果、主观恶性、行为人和受害人的经济状况等因素综合确定。本案中法院判决被告支付 3 万元精神抚慰金是比较合理的。

【思考题】

1. 什么是贞操权? 贞操权的内容包括哪些?

2. 你认为贞操权应否作为一种独立的具体人格权? 它跟健康权、身体权和人身自由权是何种关系?

第三篇
物权法

第十八章　物权总论

专题一　不动产登记的效力

1. 吴某与郑某所有权确认纠纷案 [1]

【案件事实】

2000 年 9 月 5 日,吴某(乙方,买方)与北京中海信房地产开发公司(以下简称中海信公司)签订了《北京市内销商品房预售契约》。主要内容为:乙方购买甲方的国英绿景公寓 1 层 A 号、1 层 B 号房屋,预售房价为每建筑平方米 12 000 元,总价款为 7 704 360 元。并同时约定了付款方式及贷款等内容。之后,吴某与中国农业银行北京市朝阳区支行签订了贷款合同,贷款期限从 2000 年 9 月 28 日起至 2020 年 9 月 27 日,共 20 年,月供43 040.37 元。2007 年 3 月 28 日,吴某取得上述房屋的产权证。

2001 年 10 月 31 日,吴某出具一份《授权委托书》,授权北京正凡物业管理有限公司(以下简称正凡物业公司)作为其购买的上述房屋的产权过户、产权转让及房屋出租等相关法律手续及收取费用的全权代表。2003 年 8 月 22 日,正凡物业公司与北京市燃气集团有限责任公司物资供应分公司就国英绿景公寓 1 层 A 号的出租事宜签订了《房屋租赁合同》。

2002 年 11 月 15 日,郑某(甲方)与吴某(乙方)签订了一份《协议书》,约定上述本案系争房屋系甲方的住房,但由于甲方尚未取得北京市户口,故使用乙方名义购房,而实际购房付款均为甲方付款。甲方对上述房产享有实际的产权和完全的使用权(包括收益权),乙方不得就该房产向甲方提出任何权利主张。2002 年 11 月 15 日,吴某依约定出具一份《授权委托书》,授权委托郑某负责出租、使用和管理吴某名下的本案系争房屋。

2007 年 6 月,郑某向法院起诉,请求法院确认上述本案系争房屋为郑某所有。

---

① 参见北京市高级人民法院(2008)高民终字第 862 号民事判决书。

吴某辩称,我国法律系以房屋所有权证作为房屋所有权人的认定标准,房屋登记在自己名下,自己即是房屋的所有权人。郑某不是本案适格的原告,双方所签订的协议违反法律规定,不能实际履行。请求人民法院驳回郑某的诉讼请求。

关于本案当事人提交的证据,郑某提交了其支付全部购房款发票的原件、中国农业银行北京月坛大厦支行的户名为吴某的储蓄存款存折原件和吴某的身份证原件,用于证明郑某支付购房款和支付月供的情况,同时郑某明确陈述了贷款银行及每月按揭还款数额。吴某提交了《北京市内销商品房预售契约补充合同》、房屋契税专用税收缴款书、正凡物业公司为吴某出具的证明及中海信公司的章程等证据,以证明吴某是诉争房屋买卖的买受人,交纳了房屋购房款和契税,并通过正凡物业公司收取租金偿还按揭贷款。郑某对上述证明事项不予认可,并为此提交了中海信公司出具的证明及营业执照、住宅维修资金收据原件及正凡物业公司为郑某出具的证明等证据,以证明郑某一直持有商品房买卖合同、维修基金收据等原件,房屋办理产权证时上述原件均由郑某提交,正凡物业公司收取的租金一直是交给郑某本人的。

此外,吴某在庭审中称是其支付房款和月供,但对其付款的地点、付款的数额、付款的时间均不能明确陈述,之后又称委托正凡物业公司替其还款,但均未提供充分证据予以证明。吴某对于郑某所持有的上述户名为吴某的中国农业银行的储蓄存款存折的开户日期的陈述也是错误的。吴某主张其一直持有郑某所持有的票据、证件的原件,只是在办理房屋产权证时将上述原件交给了中海信公司,郑某持有的原件是从中海信公司处获得的,但并未就此提供相应证据。

【争议焦点】

1. 郑某与吴某之间就借名买房所签订的协议书是否有效?
2. 本案系争房屋应当属于何人所有?

【裁判理由及结果】

一审法院认为,郑某与吴某于 2002 年 11 月 15 日签订的协议书系双方当事人的真实意思表示,不违反法律、行政法规的强制性规定,应属合法有效。吴某称该协议是无效的,缺乏依据。本案诉争的房屋,虽然吴某拥有产权证,但是并不能提供其对该房屋实际享有所有权的充分证据。根据双方所签订的协议及履行情况,可以明确,郑某系以吴某的名义购买的该房屋。从双方提交的付款情况的证据来看,郑某持有交付房款的发票原件,还持有储蓄存款存折的原件和吴某身份证的原件,并能够明确每月实际存款的数额等情况。吴某称是其支付了房款和月供,但未能提供任何证据证明其曾经交付过上述款项。因此,应认为是郑某实际支付了购房款及月供。房屋产权证书是登记机关颁发给权利人作为其享有权利的证明,具有证据资格,但并不能直接决定实体的法律关系的存在与否。房屋产权证书是权利的外在表现形式,只具有"推定的证据效力",与实际权利状况并不一定完全吻合。本案中,经实体审查,虽然该房屋的所有权证上显示所有权人为吴某,并且吴某也实际持有该房的所有权证书,但并没有证据证明其对该房屋拥有实体所有权。依据相应的证据,可以认定郑某是以吴某的名义购买的上述房屋,并实际支付了全部购房款,是该房屋的真正购买人,是该房屋的实际所有权人。故判决本案诉争房屋应确认为郑某所有。①

吴某不服提起上诉,二审法院认为,本案涉及两个法律关系:一是吴某作为买受人与中海信公司之间形成的房屋买卖法律关系,二是郑某依据协议书与吴某之间形成的委托购房法律关系。在房屋买卖法律关系中,吴某与中海信公司签订了房屋买卖合同,中海信公司依合同将诉争房屋的产权过户登记到吴某名下,吴某取得了该房屋在法律意义上的所有权。在委托购房法律关系中,郑某与吴某签订的协议书是双方的真实意思表示,双方确认郑某系以吴某的名义购买诉争房屋,购房款实际均为郑某支付,郑某对诉争房屋享有实际的产权和完全的使用权,吴某对该房屋不享有实际产权和使用权。换言之,郑某本应以自己名义购买诉争房屋,取得诉争房屋的所有权,但其以保留所有权的意思表示,依据协议书委托吴某购买诉争房屋,并对房屋享有法律上的所有权,而郑某自身则享有事实意义上的所有权。吴某主张双方签订的协议书无效,没有法律依据,法院不予采信。关于购房款和按揭贷款的支付问题,综合双方提交的证据来看,郑某持有购房款发票、维修基金收据、银行储蓄存款存折及吴某身份证等原件,并能准确说出每月按揭还款的地点和数额,而吴某主张其已将该部分原件交给中海信公司为办理产权证使用,郑某持有的原件系从中海信公司处获得,但未提交相应证据,且与协议书的约定相悖,故法院对该抗辩未予采信。

关于吴某辩称其已取得了诉争房屋的权属证书,双方签订的协议书不能对抗房屋权属证书效力的问题,法院认为,一般说来,同一物上的法律物权与事实物权应当是一致的,但在本案中,基于郑某保留物权的意思表示,使法律物权与事实物权这两种在常态下统一于该诉争房屋的权利在实际中发生了分离。依据《物权法》之规定,不动产物权经法律行为而取得、设定、丧失及变更,非经登记不生效力。现行民法从保护交易安全出发,注重权利的外观,把登记作为不动产物权的法定公示方式,赋予登记以公信力。但赋予登记以公信效力,仅是为保护因善意信赖登记而取得不动产权利的第三人所设,而在当事人之间,登记名义人尚不能仅主张登记

① 参见北京市第一中级人民法院(2007)一中民初字第6945号民事判决书。

之公信力以否认真实权利的存在,登记原因存在瑕疵,在第三人未取得不动产权利前,真正权利人仍得对登记名义人主张其真正权利之存在。换言之,在不涉及第三人利益的情况下,当事实物权与法律物权发生不一致时,法律注重客观事实,虽然事实物权人对不动产的支配缺少登记的公示形式,但只要有充分的证据证明事实物权人有合法的依据足以确定该不动产的最终归属,就应当保护该事实物权人的真实权利。

　　只是,由于法律物权直接体现了物权公示原则的要求,因此法律赋予法律物权以权利正确性推定的效力。换言之,法律物权人在行使权利时,无须举证证明其权利的正确性,而事实物权人欲取得法律的认可和保护,其就必须举证推翻法律物权的正确性推定,证明事实物权的正确性。本案中,吴某取得了诉争房屋的产权登记,可以推定其为权利人,但依据郑某提交的协议书、购房款发票等相关证据,可以确认吴某取得诉争房屋法律上的所有权系基于郑某的委托,吴某作为受托人负有将诉争房屋返还给郑某的义务,郑某才对该房屋享有事实上的所有权。依据前述事实物权人的真实权利优先保护的原则,郑某有权要求吴某注销其产权登记,并将诉争房屋的产权变更登记到郑某名下。故判决维持原判,依法确认本案诉争房屋为郑某所有。

【判例解析】

　　该案涉及对借名买房纠纷中房屋权属的认定问题。对于该案的处理,需要回答以下几个问题:

　　1. 郑某与吴某于 2002 年 11 月 15 日签订的协议书的性质与效力

　　关于该协议的性质,一审法院未予认定,二审法院认为系委托购房协议。我们认为,该协议虽然与委托协议极为接近,但并不能完全等同于委托协议。因为该协议的主要内容并非郑某委托吴某买房,而是约定以吴某的名义买房并为登记,但房屋的所有权、使用权均属于郑某。这实际是一种借名登记协议。所谓借名登记协议,即当事人间相互约定,一方(即借名人)以他方(即出名人)名义登记为特定财产的权利人,但仍保留特定财产之使用、收益及处分权限,他方同意担任特定财产权利登记名义人的法律行为。[①] 由于借名登记协议属于无名合同,并与委托合同极为类似,故可类推适用委托合同的规定。

　　就借名登记协议的效力而言,只要符合合同的生效要件,就应当认定其为有效。而在该案中,郑某之所以以吴某的名字购买房屋,是为了要规避限购政策,但

---

　　① 林诚二:"不动产物权变动登记之实与虚——以我国台湾地区借名登记契约之相关问题为说明",载《北方法学》2014 年第 1 期。

由于限购政策并非法律、法规,更非法律、行政法规的强行性规定,对其的规避不构成《合同法》第 52 条所称的"违反法律、行政法规的强行性规定"。故借名协议并不因此而无效。

2. 不动产登记的效力及其否定

在本案中,涉诉房屋已经登记在吴某的名下,但郑某请求确认自己是所有权人,那么,登记的效力能否被否定? 又应当如何被否定? 这涉及对不动产登记效力的理解。对此,《物权法》第 16 条规定,不动产登记簿,是确定物权归属和内容的依据。此条即对登记的权利正确性推定效力的肯定。即法律推定不动产登记簿上记载的不动产权属状况及权利限制事项与真实情况保持一致。这意味着登记并不能终局性地决定物权的归属,因为推定只是一种假定,而假定被推翻的可能性总是存在着。但同时也意味着在不动产权属纠纷诉讼中,法院应首先推定登记名义人为真实权利人,且不应再要求其对物权的产生要件及正确性予以证明;而对登记提出异议者则必须就登记的权利状态与真实权利状态不一致承担举证责任,在其举证不能或真伪不明时,法院应作出有利于登记名义人的判决。从两审法院判决书的内容来看,二审法院明确承认了登记的权利正确性推定效力,对此值得肯定。

3. 借名登记情形下房屋权属的界定

在登记的权利状态与真实的权利状态不一致时,真实权利人可以请求确认自己享有的真实物权,这一点已被《最高人民法院关于适用〈中华人民共和国物权法〉若干问题的解释(一)》(以下简称《物权法司法解释一》)所承认。该解释第 2 条规定,当事人有证据证明不动产登记簿的记载与真实权利状态不符、其为该不动产物权的真实权利人,请求确认其享有物权的,应予支持。

在本案中,两审法院均认定郑某所提交的证据能够证明其为涉诉房屋的实际出资人和使用人,二审法院还认为当事人之间所签订的协议也说明郑某具有保留所有权的意思,系事实上的所有权人,并认为上述事实足以证明郑某为真实所有权人从而作出房屋归郑某所有的判决。这一观点在理论上也存在争议。因为上述观点实际上是将实际出资及当事人之间的合意作为了真实物权的认定依据。而《物权法》第 9 条规定,不动产物权的设立、变更、转让和消灭,经依法登记,发生效力;未经登记,不发生效力,但法律另有规定的除外。据此,除非法律另有规定,登记是判断物权是否发生变动的依据。而目前的法律也并未将实际出资、当事人的合意作为物权的判定依据,故本案的判断结果实际上与《物权法》第 9 条的规定存在着冲突。事实上,在司法实践中,也有一些法院作出了与本案不同的裁判。例如,在郑某与李某等所有权确认纠纷案中,法院认为,由于诉争房屋尚未登记在借名人名下,其请求确认房屋归其所有缺乏法律依据,但其可以请求出名人协助办理转移登记手续。①我们认为这一裁判思路更值得肯定。即在借名登记的情形下,不能以实际出资及借名协议为依据确认借名人为真实物权人,但是,由于出名人与借名人之间存在借名协议,故借名人可依协议请求出名人办理转移登记手续。即使在借名协议中当事人对于办理转移登记未予以规定,也可类推适用委托合同的规定,允许借名人解除合同并以不当得利请求出名人返还房屋。

【思考题】

1. 如何理解不动产登记的效力?

2. 不动产名实不符情形下你认为应当如何认定该不动产的归属?

2. 重庆北部土地储备(土地拍卖)中心诉赵某房屋拆迁安置补偿合同纠纷案②

【案件事实】

2008年11月,被告赵某所有的本案诉争房屋被划入征收范围,并由原告重庆北部土地储备(土地拍卖)中心(以下简称北部土地中心)负责拆迁。2008年11月29日,赵某与公房管理处签订《房屋拆迁安置补偿协议书》,约定以产权调换的方式对涉案房屋进行补偿,赵某承诺于同年12月31日交付涉案房屋。但至本案诉讼时,赵某一直未交付该房屋。2009年6月15日,李某以涉案房屋系其借资购买为由诉至法院,请求确认房屋归其所有。法院作出民事调解书,确认涉案房屋归李某所有。而后,李某和赵某均未办理房屋转移登记,房屋仍由赵某居住使用。

北部土地中心以赵某未履行交房义务为由,提起诉讼,请求判令赵某立即将涉案房屋腾空并交付。赵某辩称涉案房屋已由法院调解书确认归李某所有,不同意搬离。李某称其不认可《房屋拆迁安置补偿协议书》。

【争议焦点】

1. 民事调解书能否直接发生物权变动的效力?

2. 房屋所有权人及第三人能否以调解书主张《房屋拆迁安置补偿协议书》无效?

---

① 参见广东省深圳市龙岗区人民法院(2013)深龙法民三初字第995号民事判决书。

② 参见重庆市江北区人民法院(2013)江法民初字第02923号民事判决书;重庆市第一中级人民法院(2015)谕一中法民终字第05172号民事判决书。

【裁判理由及结果】

一审法院认为,《房屋拆迁安置补偿协议书》系北部土地中心和赵某的真实意思表示,协议对双方的权利义务进行明确,应属有效协议。按照协议的约定及赵某的承诺,赵某应在 2008 年 12 月 31 日前将被拆迁房屋腾空并交付北部土地中心,但其一直未按约定履行交房义务,已构成违约,应承担继续履行的违约责任,故对北部土地中心要求赵某履行《房屋拆迁安置补偿协议书》,将涉案房屋腾空并交付于北部土地中心的诉讼请求,法院予以支持。虽然合同签订后法院制作的调解书将房屋确认归李某所有,但该调解书不具有直接发生物权变动的效力,故上述合同的效力不受影响。遂依《合同法》第 60 条、第 107 条的规定,判决赵某将涉案房屋腾空并交付于北部土地中心。

二审法院维持原判。

【判例解析】

本案主要涉及法院制作的民事调解书能否发生物权变动效力的问题。

《物权法》第 28 条规定,因人民法院、仲裁委员会的法律文书或者人民政府的征收决定等,导致物权设立、变更、转让或者消灭的,自法律文书或者人民政府的征收决定等生效时发生效力。其中规定了人民法院的法律文书可以直接发生物权变动的效力。但由于法律文书种类繁多,不可能所有的法律文书均可具有上述效力,故应对该条作限缩解释。一般认为,只有具有形成力的法律文书才具有直接发生物权变动的效力。形成力指的就是可以使得既存的法律关系发生消灭或变更的效力。形成性的法律文书一生效,形成力就当然发生。如果该形成力改变的是动产或不动产上物权的归属和内容,那么在具有此形成力的法律文书生效时,无须登记或交付,物权就发生了变动。故此,具有形成力的法律文书没有执行力,实际上也不需要被执行。①那么,何种法律文书具有形成效力?《物权法司法解释一》第 7 条规定,人民法院、仲裁委员会在分割共有不动产或者动产等案件中作出并依法生效的改变原有物权关系的判决书、裁决书、调解书,以及人民法院在执行程序中作出的拍卖成交裁定书、以物抵债裁定书,应当认定为物权法第二十八条所称导致物权设立、变更、转让或者消灭的人民法院、仲裁委员会的法律文书。该条虽然对《物权法》第 28 条中的"法律文书"的类型予以了严格的限制,然而,针对调解书能否直接发生物权变动的效力仍然值得商榷。调解书在本质是对当事人之间调解协议的司法确认,而依《物权法》第 9 条的规定,当事人之间的协议并不能直接发生物权变

---

① 程啸:"物权法第二十八条中'法律文书'的涵义与类型",《人民法院报》2010 年 11 月 10 日理论版。

动的效力,其仍需要完成公示,即使该调解书经过法院的确认也不例外。另外,由于调解书只能约束当事人,只能在当事人之间发生效力,不能对第三人产生不利影响,因此,其并不具有判决书那样的对世效力,就此而言,原则上其既不能解决权属问题,也无法直接发生物权变动的效力。

就本案而言,虽然法律的调解书将涉案房屋确认归第三人所有,但此种调解书实际上是只对当事人之间调解协议的确认,而并不具有直接发生物权变动的效力。赵某与北部土地中心所签订的《房屋拆迁补偿安置协议书》有效,其应当按合同的约定履行义务。

【思考题】

1. 不以登记为生效要件的不动产物权变动的情形有哪些?
2. 何种裁判文书能够直接发生物权变动的效力?

专题二　特殊动产的物权变动

卢某与伊某、刘某、赵某执行异议案①

【案件事实】

2012 年 5 月 18 日,刘某以 1 438 000 元的价款购买了本案涉诉车辆,登记在其妻子赵某名下,并办理了抵押贷款手续。2013 年 11 月 3 日,卢某与刘某签订一份《置换协议》,双方约定刘某用该车置换卢某所有的一辆车,《置换协议》于签署当日生效。后双方又补充约定待刘某还完贷款后配合卢某办理车辆过户手续。协议签订后,双方将互换车辆交付对方。2015 年 6 月,刘某还清涉诉车辆贷款后,办理了抵押权注销手续,但卢某与刘某一直未办理车辆过户手续。

由于刘某、赵某欠伊某债务未还,高新区法院于 2015 年 10 月 30 日作出民事判决,判决刘某、赵某偿还伊某借款本金 700 000 元、利息 52 500 元。此案立案前,伊某向高新区法院申请对刘某、赵某的财产进行诉前保全,高新区法院于 2015 年 9 月 14 日作出财产保全民事裁定书,同日,高新区法院依据此裁定对赵某名下的涉诉车辆予以查封。后该车作为执行标的被法院扣押。2015 年 12 月 23 日,卢某对

---

① 参见黑龙江省大庆高新技术产业开发区人民法院民事判决书(2016)黑 0691 民初 460 号民事判决书;黑龙江省大庆市中级人民法院(2016)黑 06 民终 2147 号民事判决书。

该车被扣押提出书面异议,请求解除对该车的扣押措施。高新区法院于 2016 年 1 月 15 日作出执行裁定书,驳回了卢某的异议。2016 年 2 月 5 日,卢某诉至高新区法院,请求判令立即停止对涉诉车辆的强制执行,并解除对该车辆的扣押;确认原告卢某与第三人刘某于 2013 年 11 月 3 日签订的《置换协议》合法有效,并确认该车的所有权归原告所有。

【争议焦点】

1. 当事人所签订的《置换协议》是否有效?
2. 涉诉车辆的所有权归何人所有?

【裁判理由及结果】

一审法院认为,卢某与刘某签订《置换协议》置换作为抵押物的涉诉车辆时虽然未通知抵押权人,但因刘某已按贷款合同约定按期清偿全部贷款,抵押登记现已注销,故本案不宜认定《置换协议》无效。卢某与刘某签订车辆《置换协议》后,刘某虽然向卢某交付了置换车辆,但根据《物权法》第 24 条的规定,船舶、航空器和机动车等物权的设立、变更、转让和消灭,未经登记,不得对抗善意第三人。因此,刘某与卢某之间置换涉诉车辆虽已交付但不能对抗善意第三人。因被告伊某在该车被查封、扣押直至卢某提出执行异议前对卢某与刘某之间的车辆置换行为并不知情,故其为善意第三人。又因卢某与刘某在签订《置换协议》、交付车辆及办理解除抵押登记后一直未办理车辆过户登记手续,故原告卢某与第三人刘某之间的车辆置换行为不能对抗善意第三人即被告伊某,对伊某不产生效力。同时,根据《最高人民法院关于人民法院办理执行异议和复议案件若干问题的规定》第 25 条的规定,对案外人针对已登记的机动车、船舶、航空器等特定动产提起的执行异议,法院应当按照相关管理部门的登记判断权利人。因本案所涉车辆登记在赵某名下,故本院查封扣押其车辆并无不当。故判决:原告卢某与第三人刘某签订的《置换协议》有效;驳回原告卢某其他诉讼请求。二审法院维持原判。

【判例解析】

本案涉及对于特殊动产物权变动规则的理解。

关于特殊动产的物权变动,《物权法》第 24 条作了明确的规定,船舶、航空器和机动车物权的设立、变更、转让和消灭,未经登记,不得对抗善意第三人。再结合《物权法》第 23 条的规定,可以认为,特殊动产的物权变动系以交付为生效要件,以登记为对抗要件。这里的问题在于如何理解"善意第三人"的范围,《物权法》第 24 条对此并未设明文。但在理论上,一般认为是指因信赖登记而与登记名义人进行交易并实际取得物权的人或对该特殊动产的支配具有正当利益的人。故特殊动产转让人的债权人并不包含在"第三人"的范围之内。这一点也得到了《物权法司法解释一》第 6 条的认可。①

在本案中,刘某已经就涉案车辆与卢某签订《置换协议》并交付,故依《物权法》第 23 条的规定,该车的所有权已经归卢某所有,但由于双方未办理转移登记手续,故依该法第 24 条的规定,该物权变动不能对抗善意第三人。伊某虽然在涉案车辆被查封、扣押直至卢某提出执行异议前对卢某与刘某之间的车辆置换行为并不知情,但其系转让人刘某的债权人,并非第 24 条所称的"第三人",故其不能援引该条否定卢某的所有权。这里有两点需要说明。其一,虽然《物权法司法解释一》第 22 条规定,该解释实施后新受理的一审案件适用该解释,而本案是在该解释生效前立案并不适用该解释,但并不意味着在该解释生效前《物权法》第 24 条中所规定的"第三人"就包含了转让人的债权人。因为由于该条并未对"第三人"的范围予以明确的规定,故需要对其予以解释。而正如前文所述,从立法目的及物权法理论出发,应当对该条中的"第三人"予以限缩解释,将转让人的债权人排除在外。其二,两审法院均适用了《最高人民法院关于人民法院办理执行异议和复议案件若干问题的规定》第 25 条第 2 项的规定,认为对于已登记的机动车、船舶、航空器等特定动产,应当按照相关管理部门的登记判断归属。②笔者认为此系对该条的误读。最高人民法院针对该解释第 25 条关于对执行标的的权属判断规则曾经指出:"案外人异议审查的主要目的,在于对案外人的实体权利异议成立与否迅速作出判断。由于仅有十五日的审查期间,客观上只能过滤掉一些明显成立或者不成立的案外人异议,而将实质审查的任务交给执行异议之诉承担。而且,案外人异议审查的结论并非终局结论,无论何种结果,当事人或者案外人不服的,皆可通过诉讼程序寻求救济。"③由此可见,上述解释第 25 条仅是出于便捷目的而对案外人异议程序中适用的形式审查标准的规定,其并非终局性确定权属的实质标准。而在执行异议之诉中,法院应依实体法的规定进行实质审查从而判定执行标的的真实权利归属。就此而言,本案两审法院以该条为依据认为涉案车辆为登记名义人所有是错误的。

---

① 该条规定,转让人转移船舶、航空器和机动车等所有权,受让人已经支付对价并取得占有,虽未经登记,但转让人的债权人主张其为《物权法》第 24 条所称的"善意第三人"的,不予支持,法律另有规定的除外。

② 该条规定,对案外人的异议,人民法院应当按照下列标准判断其是否系权利人:……(二)已登记的机动车、船舶、航空器等特定动产,按照相关管理部门的登记判断;未登记的特定动产和其他动产,按照实际占有情况判断。

③ "最高人民法院举办'关于人民法院办理执行异议和复议案件若干问题的规定'新闻发布会",最高人民法院网站,http://www.court.gov.cn/zixun－xiang qing－14404.html,访问日期:2018 年 5 月 15 日。

值得说明的是,上述结论系建立在当事人就涉案车辆所签订的《置换协议》有效的基础上的,而该协议是否有效也是双方当事人争议的一个焦点。在双方签订此协议时,该车尚为抵押财产。而《物权法》第 191 条规定,抵押期间,抵押人未经抵押权人同意,不得转让抵押财产,但受让人代为清偿债务消灭抵押权的除外。伊某据此认定《置换协议》无效。法院对此抗辩未予支持,我们认为是正确的。虽然上述法条规定抵押期间转让抵押物需经抵押权人的同意,但其目的在于保障抵押权人的利益,而并非一律强行禁止抵押物的转让。在本案中,抵押权人并未对涉案车辆的转让提出异议,且贷款已经还清,故不宜认定该协议无效。

【思考题】

1. 动产物权变动的公示方法及其效力是什么?
2. 如何理解《物权法》第 24 条中的"不得对抗善意第三人"?

第十九章　所有权

专题一　建筑物区分所有权

梅州市梅江区金骏花园业主委员会与梅州市梅江区金骏伟业房地产开发有限公司建筑物区分所有权纠纷案[①]

【案件事实】

金骏花园是梅州市梅江区金骏伟业房地产开发有限公司（以下简称金骏公司）在梅城江北开发的一个住宅小区，小区中央有一块公共绿地，沿绿地四周建有一带状环保停车场，规划了 37 个停车位，并有编号。环保停车场及各车位均未独立办理土地使用证。2010 年 2 月 4 日，金骏公司与熊某签订一份《车位租赁合同》，将第 21 号车位出租给熊某使用，期限为 60 年。梅州市梅江区金骏花园业委会（以下简称业委会）对此提出异议，认为环保停车场是占用公共道路、绿地建立，属全体业主共有，金骏公司无权处置。在与金骏公司沟通无效的情况下，业委会遂诉至法院，要求金骏公司腾退环保停车场内的 21 号车位给业委会，并申请追加熊某作为第三人参加诉讼，要求其配合腾退车位。

金骏公司辩称：涉案停车位是金骏公司经职能部门依法规划的车位，金骏公司是当然的权属人，依法有权以出售、附赠、出租等方式处分给业主使用，不存在侵害各业主合法权益的情况。这有国有土地使用证、车位规划图纸和金骏公司与各业主签订的《金骏花园商住楼买卖合同》等证据予以证实。其中第四条规定载明：内院物业产权属甲方所有，乙方无权干预甲方物业产权变动。并约定甲方办好房产证后本合同自动失效（上述中的甲方指金骏公司，乙方是指买方即业主）。同时认为业委会不具有诉讼主体资格。

[①] 参见广东省梅州市梅江区人民法院(2013)梅江法民二初字第 36 号民事判决书；广东省梅州市中级人民法院(2013)梅中法民一终字第 318 号民事判决书；广东省高级人民法院(2014)粤高法民一提字第 119 号民事判决书。

【争议焦点】

1. 涉案停车位的权属如何界定?
2. 业委会是否具有诉讼主体资格?

【裁判理由及结果】

梅江区人民法院一审认为:本案业委会已经政府部门备案登记,符合国务院《物业管理条例》相关规定,具备原告主体资格,有权代表金骏花园全体业主起诉金骏公司。双方的争议焦点是 21 号车位使用权归属问题。业委会诉请金骏公司及第三人腾退环保停车场内的 21 号车位,前提需证明该车位使用权属于金骏花园全体业主共有。从业委会提交的证据即金骏花园环保停车场的规划图看,该环保停车场是经过规划且通过政府职能部门审批的。根据《物权法》第 74 条第 2 款规定,"建筑区划内,规划用于停放汽车的车位、车库的归属,由当事人通过出售、附赠或者出租等方式约定"。本案环保停车场经过了规划,21 号车位已由金骏公司与第三人通过出租方式进行约定,使用权已有归属。业委会主张 21 号车位使用权为金骏花园全体业主所有的意见依据不足,不予支持。业委会认为本案车位使用权的归属应适用《物权法》第 74 条的第 3 款,即"占用业主共有的道路或者其他场地用于停放汽车的车位,属于业主共有"来确定,因环保停车场经过规划且已通过政府相关职能部门审批,并未占用金骏花园全体业主共有道路或其他场地,故该条款并不适用本案争议,业委会属适用法律错误。综上,业委会诉请依据不足,根据"谁主张、谁举证"的规则,应承担举证不能的不利后果。业委会作为金骏花园业主大会的执行机构,起诉金骏公司已经专有部分占建筑物总面积过半数的业主且占人数过半数的业主同意及授权,符合法定程序,应为有效。金骏公司质疑业委会提交的授权书业主签名真实性,但未提供证据证实,该异议不予采纳。综上,判决驳回业委会的诉讼请求。

业委会不服一审判决,向广东省梅州市中级人民法院提起上诉。二审维持了原判。

业委会不服二审判决,向广东省高级人民法院申请再审。再审期间,法院依法就涉案环保停车位所占的土地性质向梅州市城乡规划局、广东省住房和城乡建设厅、广东省国土资源厅等相关部门征求意见。梅州市城乡规划局函复称金骏花园环保停车场面积按 100% 计入绿地面积。广东省住房和城乡建设厅函复称金骏花园的环保停车场用途应属于该小区建筑区划内的绿地。广东省国土资源厅函复称:鉴于该小区的环保停车场是建立在绿地的基础上,其面积 100% 计入绿地面积,即在用地时按照规划功能属于绿地面积,依法应为全体业主共有。

再审法院认为,根据梅州市城乡规划局、广东省住房和城乡建设厅函复的内容,涉案环保停车场占用的是金骏花园小区公共绿地的面积,依照《物权法》第73条的规定,涉案环保停车场应属金骏花园小区全体业主共有。金骏公司将该车场内的21号车位擅自出租给第三人的行为,损害了金骏花园全体业主的合法权益,业委会诉请其腾退该车位有事实和法律依据,法院予以支持。关于涉案环保停车场经过规划审批与其权利归属的关系问题,规划职能仅决定用途和功能,涉案环保停车场经过规划审批一节并不能作为认定其属金骏公司所有的依据。关于金骏公司提供的《金骏花园商住楼买卖合同》能否作为认定涉案环保停车场归其所有的依据问题,从金骏公司提供的上述合同分析,首先,涉案环保停车场设在金骏花园建筑区划内,属金骏花园全体业主共有的绿地之上,不能独立取得产权证书,不能成为金骏花园院内具有独立产权的物业,可见该合同并无包含约定涉案环保停车场归金骏公司所有的内容,更何况双方同时约定在业主付清全部款项,金骏公司办好房产证后本合同自动失效。其次,根据《物权法》第70条的规定,业主对建筑物内的住宅、经营性用房等专有部分享有所有权,对专有部分以外的共有部分享有共有和共同管理的权利。因此,即使金骏公司与金骏花园业主在房屋买卖合同中有约定涉案环保停车场归金骏公司所有的条款,亦属于《合同法》第40条规定的"提供格式条款一方免除其责任、加重对方责任、排除对方主要权利"的情形,应认定为无效。综上所述,金骏公司称《金骏花园商住楼买卖合同》约定涉案环保停车场归其所有,并以此主张其拥有涉案环保停车场的所有权依据不足,法院不予采纳。而金骏公司在不具有涉案环保停车场所有权或使用权的情况下,通过出租方式约定涉案停车位的使用权是无权处分行为,应属无效。综上所述,再审法院撤销了一审、二审的判决,支持了业委会的再审申请,判决金骏公司腾退涉案车位给金骏花园业委会。

【判例解析】

本案涉及对业委会的诉讼主体资格及小区停车位权属认定规则的理解。

首先,关于业委会的诉讼主体资格问题。业委会是区分所有建筑物业主的自治组织,是业主大会的执行机构。依《物业管理条例》第15条的规定,其有权执行业主大会的决定事项并履行与业主共同事务有关的职责。据此,其可以根据业主共同或业主大会的决议,在授权范围内,以业委会的名义进行法律行为,可以代表业主团体进行诉讼活动。

其次,关于涉诉停车位的权属问题。由于停车位的权属是建筑物区分所有权制度的重要内容,《物权法》对此专门予以了规定,这主要体现在该法第74条第2款及第3款。其内容是:建筑区划内,规划用于停放汽车的车位、车库的归属,由当事人通过出售、附赠或者出租等方式约定。占用业主共有的道路或者其他场地用于停放汽车的车位,属于业主共有。由于涉诉停车位属于规划停车位且在房屋买卖合同中明确约定小区内的物权与产权归金骏公司,故一审、二审法院均认定涉诉停车位属于房地产公司金骏公司所有。然而,一审、二审法院忽略了一个事实,那就是,该涉诉环保停车场占用的是金骏花园小区公共绿地的面积,而《物权法》第73条规定,建筑区划内的道路,属于业主共有,但属于城镇公共道路的除外。建筑区划内的绿地,属于业主共有,但属于城镇公共绿地或者明示属于个人的除外。建筑区划内的其他公共场所、公用设施和物业服务用房,属于业主共有。据此,小区内的公共绿地属于业主共有部分。而依《物权法》第74条第3款的规定,占用业主共有部分用于停放汽车的车位,应当属于业主共有。金骏公司将该车场内的21号车位擅自出租给第三人的行为,损害了全体业主的合法权益,应属于无效。那么,本案能否适用《物权法》第74条第2款的规定?我们认为答案是否定的。其一,房屋买卖合同中并未明确约定涉案停车位的产权,故其产权应依法确定。其二,即使认为合同的第四条包含了将停车位的产权约定为开发商所有的内容,那么,由于该条款系格式条款排除了业主的主要权利,也应根据《合同法》第40条的规定而认定无效。其三,虽然该条款对规划停车位权属的界定,但并不能因此认为但凡规划的停车位均属于开发商所有,其权属仍然需要依据实体法的规定予以认定。综上所述,由于涉诉停车场及停车位系占用业主的共有部分所建,其产权应当归全体业主共有。

【思考题】

1. 什么是建筑物区分所有权?其与一般房屋所有权的区别是什么?
2. 依何种标准界定区分所有建筑物的共有部分?

专题二　善意取得制度

臧某诉连某排除妨害纠纷案[①]

【案件事实】

2008年8月,臧某购买上海市浦东新区××镇××路××弄××号×××室房屋并将其登记在自己名下,房屋由臧某及家人居住使用。2011年8月12日,案

---

① 参见上海市浦东新区人民法院(2013)浦民一(民)初字第36805号民事判决书;上海市第一中级人民法院(2014)沪一中民二(民)终字第433号民事判决书。案例载《最高人民法院公报》2015年第10期。

外人李某以臧某代理人身份与案外人谢某就系争房屋签订《上海市房地产买卖合同》,约定房地产转让价款为人民币(下同)800 000元,后系争房屋权利登记至谢某名下。2011年10月,连某与谢某就系争房屋签订买卖合同,约定房地产转让价款为1 100 000元,2012年4月5日,系争房屋权利核准登记至连某名下。2012年7月5日,连某起诉谢某要求其交付房屋,臧某作为第三人申请参与诉讼,后法院判决,确认以臧某名义与谢某就涉诉房屋订立的房屋买卖合同无效。驳回连某要求谢某交付系争房屋的诉请;驳回臧某要求确认连某与谢某就系争房屋签订的买卖合同无效的诉请。连某向法院提起诉讼,认为其已合法取得系争房屋所有权,现臧某仍居住在系争房屋中,严重侵犯了其作为物权人对物权正常权利的行使,故要求判令臧某立即迁出系争房屋。臧某辩称,系争房屋归其所有,其未出售系争房屋,连某与案外人谢某的买卖关系应属无效,故不同意连某的诉请。

【争议焦点】

1. 连某与案外人谢某之间就系争房屋所签订的买卖合同是否有效?
2. 臧某应否将房屋返还给连某?

【裁判理由及结果】

原审认为,本案中根据连某提供的证据,足以证明其系诉争房屋的合法产权人,依法享有占有、使用、收益和处分的权利,臧某现已非上述房屋的产权人,其已无权居住使用上述房屋,故连某要求臧某迁出系争房屋应予准许,但鉴于本案的实际情况,应给予臧某一定的时间另行解决居住问题。臧某辩称系争房屋属其所有、其并未出售系争房屋等意见,与事实不符,也于法无据,故不予采信。故判决臧某于判决生效之日起二个月内迁出系争房屋。

判决生效后,臧某不服提起上诉,称连某与案外人串通骗取系争房屋产权证,臧某对系争房屋享有所有权,请求二审法院依法改判驳回连某的原审诉请。

二审法院认为,虽然生效判决确认连某与案外人谢某就系争房屋签订的买卖合同有效,但同时亦确认谢某自始至终没有合法取得过系争房屋而客观上无法向连某履行交付系争房屋的义务,故连某应向谢某主张因无法交付系争房屋导致买卖合同无法继续履行的违约责任。连某虽然已取得系争房屋的产权证,但在其从未从出售方谢某处获得系争房屋实际控制权的情况下,其径行要求系争房屋实际占用人臧某迁出,故判决撤销一审法院的判决,驳回连某要求臧某迁出的诉法请求。

【判例解析】

本案虽系《最高人民法院公报》所载案例,但存在着较大的争议。本案涉及以下问题:

其一,连某是否取得系争房屋的所有权。对这一问题的回答需要厘清本案所涉及的法律关系。本案存在三个法律关系:一是李某未经授权以臧某代理人身份与谢某就系争房屋签订房屋买卖合同并将房屋过户到谢某的名下;二是谢某又与连某签订买卖合同,将房屋过户到连某的名下;三是房屋的原权利人臧某与连某之间的所有权法律关系。就第一个法律关系而言,虽然谢某已经取得房屋所有权,但该买卖合同因李某的无权代理被法院宣告无效后,在此基础上的物权变动也随之无效,房屋所有权仍然归属于臧某所有,谢某不再享有系争房屋的所有权。就第二个法律关系而言,在臧某与谢某的房屋买卖合同被确认无效后,谢某实际上并非房屋的所有权人,其将系争房屋转让给连某的行为属于无权处分。然而,由于房屋登记在谢某名下,该登记具有使第三人信赖的效力,连某作为"善意第三人",有善意取得该房屋所有权的可能性。关于善意取得,《物权法》第106条规定:"无处分权人将不动产或者动产转让给受让人的,所有权人有权追回;除法律另有规定外,符合下列情形的,受让人取得该不动产或者动产的所有权:(一)受让人受让该不动产或者动产时是善意的;(二)以合理的价格转让; (三)转让的不动产或者动产依照法律规定应当登记的已经登记,不需要登记的已经交付给受让人。受让人依照前款规定取得不动产或者动产的所有权的,原所有权人有权向无处分权人请求赔偿损失。"在本案中,该条中的后两个条件均已满足,而且在无证据表明连某在购买房屋时明知或应知谢某无权处分该房屋的情形下,应认为连某基于该条善意取得系争房屋的所有权。

其二,连某是否有权要求臧某返还房屋。善意取得的后果即"善意第三人"取得物权,而原权利人则丧失原有的物权。连某已经取得系争房屋的所有权,而所有权系绝对权,对世权,可以对抗所有的第三人,自然也包括原权利人。故连某有权要求臧某返还房屋,无论其是否事先占有该房屋均不构成对此项权利行使的障碍。如果一方面承认连某取得所有权,另一方面又不承认其享有请求原权利人返还房屋的权利,则善意取得制度势必形同虚设,其立法目的也将无从实现。

其三,原权利人臧某所遭受损害的救济。根据《物权法》第106条第2款的规定,臧某可以向无权处分人谢某请求赔偿损失。

【思考题】

1. 善意取得的构成要件和法律后果是什么?

2. 在适用善意取得制度时,如何判断第三人是否善意?

专题三　共有

孟某彭、孟某颖等与新乡市中心医院、李某确认合同效力纠纷案[①]

【案件事实】

李某与孟某系夫妻关系,两人婚生子女为孟某彭、孟某颖、孟某辉及孟某光。2003 年 12 月孟某去世。位于新乡市健康路上涉案房屋登记在孟某、李某名下。2014 年 11 月新乡市中心医院与李某签订房屋转让协议书,将该房以 5000 元/平方米的价格转让给新乡市中心医院。2014 年 11 月 19 日,新乡市中心医院将 559 750 元转至李某账户,但该房尚未过户到新乡市中心医院名下。2015 年 4 月 2 日,孟某彭、孟某颖、孟某辉以该房屋转让协议未经三人同意为由向法院提起诉讼,要求确认该协议无效。

新乡市中心医院辩称:首先,签订协议是李某真实意思表示,不存在欺骗;其次,案涉协议签订时李某称所涉房屋不存在纠纷,且李某是房屋的所有权人,一直在此居住,新乡市中心医院相信李某有处分权;再次,案涉协议签订虽未经其他共有人同意,但未违反法律强制性规定,不必然导致合同无效;最后,按照《合同法》第 49 条的规定,李某的行为符合表见代理的特征,其行为应属于表见代理的行为,案涉协议应为有效。

【争议焦点】

1. 本案是否构成善意取得或表见代理?
2. 李某是否有权处分涉诉房屋?
3. 新乡市中心医院与李某签订房屋转让协议书是否有效?

【裁判理由及结果】

一审法院认为:涉诉房屋的原所有权人为孟某、李某。孟某去世后,根据法律规定,夫妻在婚姻关系存续期间所得的共同所有的财产除有约定的以外,如果分割遗产,应当先将共同所有财产的一半分出为配偶所有,其余的为被继承人的遗产。

[①]　参见河南省新乡市中级人民法院(2016)豫 07 民终 2664 号民事判决书。

本案争议房屋的一半归李某所有,另一半为孟某的遗产,由孟某彭、孟某颖、孟某辉、孟某光、李某五人继承。遗产在分割前属于共同共有。处分共有的不动产或者动产应当经全体共同共有人同意。新乡市中心医院与李某之间的房屋转让协议书未经三原告同意,根据《合同法》第 51 条,该合同无效。遂根据《物权法》第 97 条,《合同法》第 51 条之规定,判决 2014 年 11 月新乡市中心医院与李某签订的房屋转让协议无效,李某返还新乡市中心医院房款 559 750 元。

新乡市中心医院不服提起上诉。

二审法院认为:关于新乡市中心医院主张的善意取得及表见代理的问题。首先,案涉房屋登记在孟某、李某名下,孟某去世后,其继承人也未对所涉房屋进行分割,新乡市中心医院应当知道李某无处分权,且案涉房屋也未办理房屋变更手续,新乡市中心医院主张善意取得无法律依据,法院不予支持。其次,新乡市中心医院对所涉房屋状况应为明知,且李某亦系以己方名义与新乡市中心医院签订协议,不符合表见代理特征,故对新乡市中心医院该项上诉主张,法院不予采纳。关于案涉协议的效力,《物权法》第 15 条规定,当事人之间订立有关设立、变更、转让和消灭不动产物权的合同,除法律另有规定或者合同另有约定外,自合同成立时生效;未办理物权登记的,不影响合同效力。《最高人民法院关于审理买卖合同纠纷案件适用法律问题的解释》第 3 条规定,当事人一方以出卖人在缔约时对标的物没有所有权或者处分权为由主张合同无效的,人民法院不予支持。上述法律及司法解释的规定区分了物权变动的原因与结果,出卖他人之物的合同是标的物物权发生变动的原因,物权能否发生则属于物权变动的结果,处分人有无权处分只应对标的物的物权能否发生变动产生影响,而不能决定合同是否有效。合同效力应取决于当事人的意思表示是否真实及是否满足法定的无效原因。孟某彭、孟某颖、孟某辉以李某无权处分案涉房屋为由主张案涉房屋买卖协议无效无法律依据。李某处分案涉房屋未取得其他共有人同意,新乡市中心医院不能取得案涉房屋所有权,可另案主张权利。综上,判决撤销原判,驳回孟某彭、孟某颖、孟某辉的诉讼请求。

【判例解析】

本案涉及以下几个问题:

其一,关于系争房所有权归属的界定。诚如一审判决书中所指出的那样,该房屋所有权人为孟某、李某,孟某去世后,该房一半属于李某,另一半则作为孟某的遗产由其法定继承人即李某及其子女所有,在遗产未分割前,其性质为共同共有。虽然该房屋仍然登记在孟某、李某的名下,但依《物权法》第 29 条的规定,因继承取得物权的,自继承开始时发生效力;据此,孟某、李某的子女在李某与新乡市中心医院签订合同时已经取得涉诉房屋的共有权。

其二,关于李某的行为是否构成表见代理。构成表见代理的前提条件是无权代理人的行为符合代理的表面特征,即其必须以被代理人的名义行为,而在本案中,李某系以自己的名义与新乡市中心医院签订合同,其行为并不构成表见代理。

其三,关于李某是否有权以自己的名义处分该房屋。由于该房系李某与其子女共同共有。依《物权法》第97条的规定,处分共同共有的不动产,除非当事人另有约定,应得全体共有人同意。本案中,李某未经其他共有人同意而擅自将涉诉房屋转让,应属无权处分。

其四,关于李某与新乡市中心医院所签房屋转让协议的效力。这个问题存在争议。《合同法》第51条规定,无处分权的人处分他人财产,经权利人追认或者无处分权的人订立合同后取得处分权的,该合同有效。据此,无权处分合同应为效力待定合同,需经权利人追认或无权处分人取得处分权后方为有效。而《最高人民法院关于审理买卖合同纠纷案件适用法律问题的解释》第3条规定,当事人一方以出卖人在缔约时对标的物没有所有权或者处分权为由主张合同无效的,人民法院不予支持。后者可以说是对买卖合同中无权处分行为效力的特别规定。据此,买卖合同并不因出卖人无权处分而无效。

其五,关于新乡市中心医院能否请求办理转移登记。涉诉房屋买卖合同虽然被认定为有效,但由于李某系无权处分,而其他共有权人不同意转让所有权,故该合同无法继续履行,新乡市中心医院不能请求办理该房屋的转移登记。

其六,关于新乡市中心医院是否构成善意取得。根据《物权法》第106条的规定,第三人自无权处分人那里善意取得不动产或动产的所有权需要满足以下条件:"(一)受让人受让该不动产或者动产时是善意的;(二)以合理的价格转让;(三)转让的不动产或者动产依照法律规定应当登记的已经登记,不需要登记的已经交付受让人。"在本案中,一方面,该房屋登记在李某和孟某两人名下,新乡市中心医院没有理由相信李某有处分权,不能认定其为"善意";另一方面,该房屋尚未办理转移登记。故新乡市中心医院不能基于善意取得制度取得该房屋的所有权。

【思考题】

1. 试分析按份共有与共同共有的区别。
2. 共有人处分共有物应当遵循何种规则?

专题四 相邻关系

屠某诉王某相邻通行权纠纷案①

【案件事实】

1966 年 3 月 17 日,原告屠某的父亲与滕某签订了一份房屋买卖契约,约定屠某的父亲向滕某购买坐落于余姚市泗门镇泗北村的房屋一套。在该买卖契约中注明:"出入行路有朝东厢见门,向南进入无阻,道地公用。"屠某的父亲去世后,该房屋归原告所有。原告的东邻为被告王某(原告朝东、向南通行需经过被告的院子)。1991 年 2 月 24 日,原告与被告签订协议书一份,该协议书约定,因屋前有徐某两间房屋,如徐某房屋出卖,应由屠某归买,但归买后要拆除,双方出入行路各人朝南过东。1991 年后,原告的户籍已经不在余姚市泗门镇泗北村。1997 年 3 月份,被告购买了徐某的房子,并于 2000 年在该房屋的后墙处打起了围墙。2009 年 10 月,原、被告双方发生纠纷,被告从自己的院子内用障碍物将原告原向东出行的门堵住。该纠纷经泗北村、泗门镇有关组织多次调解无果。原告遂向法院起诉,称其父亲生前购买该争议房时的契约中明确约定,出入行路有朝东厢见门向南进入无阻,道地公用,故原告既享有东大门出入行路的权利,又享有道地公共使用的权利。被告打围墙强占原告土地公共使用权,又用砖、柴堵住原告东门,违约购买徐某房屋,给原告居住带来不便,权利长期受侵。为此,请求法院判令:被告排除原告东大门口的障碍物,确保原告出入行路通畅;被告拆除围墙,被告围墙内土地供原、被告共同使用。

另查明:原告屠某的父亲 1966 年向滕某购买房屋时,西面是一条水沟,向西无法出行。后因泗北村的规划和发展,该房屋西面的水沟现已填上,并成为了泗北村内的公共道路。1999 年,泗北村村民委员会将原告的出行路线调整为向西、向南出入。原告宅基地的西南方向现在也已经安装了大门,出了该大门就是村里的街道。

【争议焦点】

原告能否依买卖合同的约定行使通行权?

---

① 参见《最高人民法院公报》2013 年第 3 期(总第 197 期)。

【裁判理由及结果】

一审法院认为:本案涉诉房屋的相关权利人,包括滕某、本案原告屠某及屠某的父亲,在一定条件下,可以向东、向南出行,并非是基于对向东、向南土地的宅基地使用权或者集体建设用地使用权,而是基于民事法律规范的基本原理之一——相邻关系。在本案中,由于滕某出卖给屠某的父亲房屋时,该房屋的西面是一条水沟,该房屋的权利人向西无法出行,根据当时的情况只能向东、向南出行,因此,其东邻的有关权利人就应当允许其向东出行。即使原告的父亲与滕某当时签订的买卖合同中没有载明上述有关通行的条款,原告的父亲根据相邻关系之原理,不仅可以,而且只能向东、向南出行并使用公共道地。但是,这并不意味着原告的父亲及原告就取得了向东、向南出行所必须使用的土地的宅基地使用权或者集体建设用地使用权。事实上,对于农村每一户宅基地使用权人,作为排他使用的空间只能是相关使用权证中确定的四址范围内的土地。对于该宅基地范围之外的出行路线,应当是遵从当地有关组织的道路规划和统一安排。有关的组织,根据当地的社会发展及客观现实,也有权适时作出相应的调整,相关的权利人也有义务遵守调整后的道路规划和出行安排。本案中,随着泗北村的发展变化,原告房屋西面的水沟现在已经填平,泗北村村民委员会也已经于 1999 年将原告的出行路线调整为向西、向南出行,原告宅基地的西南方向现在也已经安装了大门,出了该大门就是村里的街道。因此,原告现在从自己的西南方向大门出入,不仅符合村里的规划和安排,也有利于自己的使用和生活。从相邻关系的角度考虑,由于前所述及的原告现在已经拥有了方便的出行线路,因此,原告现在从被告的宅基地内通过不仅不是必需的,而且对于原、被告双方的使用和生活都是不利的,也是不方便的。综上,浙江省余姚市人民法院依据《物权法》第 84 条的规定,驳回原告屠某的诉讼请求。

屠某不服一审判决,向浙江省宁波市中级人民法院提起上诉。二审维持原判。

【判例解析】

本案涉及对相邻关系的理解。

所谓相邻关系,是指两个或两个以上的相互毗邻的不动产所有人或使用人,在行使对自己不动产的占有、使用、收益、处分等权益时,相互之间应当给予便利或者接受限制而发生的权利、义务关系。换言之,如果一方行使权利在客观上必须对相邻的不动产产生影响,相邻的不动产权利人必须承担最低限度的"容忍"义务。就其实质而言,实际上是法律对所有权或使用权的限制或扩张。相邻关系有多种类型,如相邻通行关系,相邻用水、排水关系,相邻防除关系,相邻通风、采光、日照关系等。而对于相邻通行关系,《物权法》第 87 条规定,不动产权利人对相邻权利人

因通行等必须利用其土地的,应当提供必要的便利。本案所涉及的即此种相邻关系。对于本案的处理,有以下几点需要注意:

其一,在本案中,虽然屠某与滕某在买卖合同中对买方的通行权予以了约定,但实际上,即使未予约定,屠某也享有此项权利,因为对相邻土地的通行权系基于相邻关系而产生的权利,而并非基于约定而产生的。

其二,既然相邻通行权系法定权利,那么屠某是否能够享有此项权利应根据事实情况,本着"有利生产、方便生活、团结互助、公平合理的原则"(《物权法》第84条)予以认定。屠某的父亲在与滕某订立买卖合同时,依当时的情况其的确享有通行权,但由于时间的推移和村建设的发展,双方当事人房屋的出入通道和四周的道路发生了明显的变化,从方便生活、公平合理的角度来看,已不再符合相邻通行关系的要件,屠某不再享有原有的通行权。故第三人可以拒绝屠某的通行要求。

【思考题】

1. 什么是相邻关系?
2. 处理相邻关系的原则是什么?

第二十章 用益物权

专题一 土地承包经营权

李某祥诉李某梅继承权纠纷案①

【案件事实】

被告李某梅与原告李某祥系姐弟关系。农村土地实行第一轮家庭承包经营时,原、被告及其父李某、其母周某共同生活。当时,李某家庭取得了6.68亩土地的承包经营权。此后李某梅、李某祥相继结婚并各自组建家庭。至1995年农村土地实行第二轮家庭承包经营时,当地农村集体经济组织对李某家庭原有6.68亩土地的承包经营权进行了重新划分,李某祥家庭取得了1.8亩土地的承包经营权,李某梅家庭取得了3.34亩土地的承包经营权,李某家庭取得了1.54亩土地的承包经营权,三个家庭均取得了相应的承包经营权证书。1998年2月,李某将其承包的1.54亩土地流转给本村村民芮经营,流转协议由李某梅代签。2004年11月3日和2005年4月4日,李某、周某夫妇相继去世。此后,李某家庭原承包的1.54亩土地的流转收益被李某梅占有。

原告李某祥诉请判令原告对其父母承包的1.54亩土地享有继承权,判令被告向原告交付该部分土地。被告李某梅辩称:讼争土地应全部由被告承包经营。理由为:

(1)原告李某祥系非农业户口,不应享有农村土地的承包经营权。

(2)原、被告的父母去世的时间均已超过两年,原告的起诉已过诉讼时效。

(3)被告家庭人口比原告多,父母因此将讼争土地交给被告耕种。

(4)原告对父母所尽赡养义务较少,而被告对父母所尽赡养义务较多,应该多享有诉争土地承包权的继承份额。

【争议焦点】

以家庭承包方式取得的农村土地承包经营权是否可以继承?

---

① 参见《最高人民法院公报》2009年第12期,总第158期,第37~39页。

【裁判理由及结果】

南京市江宁区人民法院一审认为:根据《中华人民共和国农村土地承包法》(以下简称《农村土地承包法》)第 15 条的规定,家庭承包方式的农村土地承包经营权,其承包方是本集体经济组织的农户,其本质特征是以本集体经济组织内部的农户家庭为单位实行农村土地承包经营。因此,这种形式的农村土地承包经营权只能属于农户家庭,而不可能属于某一个家庭成员。根据《继承法》第 3 条的规定,遗产是公民死亡时遗留的个人合法财产。农村土地承包经营权不属于个人财产,故不发生继承问题。当承包农地的农户家庭中的一人或几人死亡,承包经营仍然是以户为单位,承包地仍由该农户的其他家庭成员继续承包经营;当承包经营农户家庭的成员全部死亡,由于承包经营权的取得是以集体成员权为基础的,该土地承包经营权归于消灭,农地应收归农村集体经济组织另行分配,不能由该农户家庭成员的继承人继续承包经营。否则,对集体经济组织其他成员的权益造成损害,对农地的社会保障功能产生消极影响。

本案中,讼争耕地的承包经营权属于李某家庭,系家庭承包方式的承包。虽然李某、周某夫妇系原告李某祥和被告李某梅的父母,但李某祥、李某梅均已在婚后组成了各自的家庭。农村土地实行第二轮家庭承包经营时,李某家庭、李某祥家庭、李某梅家庭均各自取得了土地承包经营权及相应的土地承包经营权证书,至此,李某祥、李某梅已不属于诉争土地承包户的成员,而是各自独立的三个土地承包户。李某夫妇均已去世,该承包户已无继续承包人,李某夫妇去世后遗留的 1.54 亩土地的承包经营权应由该土地的发包人予以收回,由当地农村集体经济组织另行分配,不能由李某夫妇的继承人继续承包,更不能将讼争农地的承包权作为李某夫妇的遗产处理。据此,南京市江宁区人民法院依照《民事诉讼法》第 64 条第 1 款和《农村土地承包法》第 9 条、第 15 条、第 31 条、第 50 条之规定,判决驳回原告李某祥的全部诉讼请求。

【判例解析】

本案涉及家庭承包方式取得的土地承包经营权能否继承的问题。

所谓土地承包经营权,是《物权法》规定的用益物权的一种。依《物权法》第 125 条的规定,其是指土地承包经营权人依法对其承包经营的耕地、林地、草地等享有占有、使用和收益的权利。根据《农村土地承包法》第 3 条第 2 款的规定,我国的农村土地承包经营权分为家庭承包和以其他方式承包两种类型。前者是以集体经济组织内部的家庭为单位取得的承包经营权,其主要目的在于为农村集体经济组织的每一位成员提供基本的生活保障。后者则是以招标、拍卖、公开协商等方式对不宜采取家庭承包方式的荒山、荒沟、荒丘、荒滩等农村土地享有的承包经营权。这两种土地承包经营权能否继承,法律规定有所不同。对于后者,依《农村土地承包法》第50条的规定,其可以作为遗产被继承人继承。而对于前者,则依该法第31条的规定,只有林地的承包经营权可以继承,至于其他土地,继承人只能继承承包人的承包收益。而且自法律层面分析,原则上经家庭承包方式取得的承包经营权也不具有可以继承的基础。《农村土地承包法》第15条的规定,家庭承包方式的农村土地承包经营权,其承包方是本集体经济组织的农户。据此,此种方式取得的土地承包经营权的主体是本集体经济组织内部的农户家庭,而并非个人。土地承包经营权并不属于个人财产,故并非遗产,不发生继承问题。

那么,当承包农地的农户家庭中的一人或几人死亡时,土地承包经营权的主体是否会发生变化?这需要具体问题具体分析。首先,如果该承包经营户中仍有其他符合承包资格的家庭成员存在,则该土地由这些家庭成员继续承包;其次,如果该承包经营户已经不复存在,如原有的家庭成员已经分户并被分配承包土地,或者家庭成员全部死亡,或者其他家庭成员均丧失了集体经济组织成员资格等,则由于承包经营权的取得是以集体成员权为基础的,该土地承包经营权归于消灭,农地应收归农村集体经济组织另行分配。本案法院正是基于上述理解作了如上判决。

值得注意的是,目前我国农村地区正在推进农村土地所有权,承包权,经营权三权分置的土地产权改革,有关土地承包经营权的继承问题有望进一步明确和完善。

【思考题】

1. 什么是土地承包经营权?
2. 如何理解土地承包经营权的可流转性及其限制?

专题二　建设用地使用权

曹某、张某与张某君、闫某房屋买卖合同纠纷案 ①

【案件事实】

位于博兴县博城五路349号的涉诉房屋原产权人系刘某涛、刘某园。因刘某涛、刘某园欠张某君、闫某借款及利息共计207 000元不能按期偿还,2013年年初,

---

① 参见山东省博兴县人民法院(2014)博民初字第310号民事判决书;山东省滨州市中级人民法院(2015)滨中民一终字第18号民事判决书。

双方签订证明一份,内容为刘某涛、刘某园自愿将涉诉房屋以 280 000 元价格卖于张某君、闫某。张某君、闫某补齐借款与房款的差价后,于 2013 年 2 月办理了房产过户登记手续,但未办理土地使用权变更登记手续。

2014 年 1 月,曹某、张某与张某君、闫某签订买卖合同,购买上述涉诉房产,并于 2014 年 1 月 20 日办理房屋产权登记手续。曹某、张某请求刘某涛、刘某园予以协助变更土地使用权变更登记手续时,遭到拒绝。刘某涛、刘某园认为,其与曹某、张某没有合同关系,与张某君、闫某所签订的房屋买卖合同并未涉及土地使用的转让,故没有义务办理土地使用权转移登记。曹某、张某遂将张某君、闫某诉至法院,刘某涛、刘某园作为第三人参加诉讼。

【争议焦点】

1. 在房屋买卖中,地产和房产能否分割交易?
2. 涉案房屋的土地使用权归属问题。

【裁判理由及结果】

一审法院认为,基于房产与地产不可分离的自然属性,我国立法采用"房地一体"原则。《物权法》第 147 条规定,建筑物、构筑物及其附属设施转让、互换、出资或者赠与的,该建筑物、构筑物及其附属设施占用范围内的建设用地使用权一并处分。在本案中,被告张某君、闫某与第三人刘某涛、刘某园间的房屋买卖合同,以及原告曹某、张某与被告张某君、闫某间的房屋买卖合同均系有效合同。且涉诉房屋已经登记在原告曹某、张某名下。故原告取得涉诉房屋的所有权,根据现行《物权法》"地随房走"的相关规定,涉案房产的土地使用权人为原告曹某、张某。故判决原告曹某、张某与被告张某君、闫某签订的房产买卖合同合法有效;涉诉土地使用权由原告曹某、张某享有。

第三人刘某涛、刘某园不服提起上诉。二审维持原判。

【判例解析】

本案主要涉及建设用地使用权和地上建筑物的关系问题。

所谓建设用地使用权,依《物权法》第 135 条的规定,是指依法在国家所有的土地上建造建筑物、构筑物及其附属设施的权利。对于建造在国有土地上的房屋而言,其所有权人事实上拥有两项权利,即房屋所有权和房屋占用范围内的建设用地使用权。至于这两项权利的关系,鉴于二者在物理上的不可分割性,《物权法》第 146 条规定,建设用地使用权转让、互换、出资或者赠与的,附着于该土地上的建筑物、构筑物及其附属设施一并处分。第 147 条规定,建筑物、构筑物及其附属设施转让、互换、出资或者赠与的,该建筑物、构筑物及其附属设施占用范围内的建设用地使用权一并处分。此即"房随地走,地随房走"的规则,意味着房地不能单独予以处分。至于在当事人未一并处分的应当如何处理,我们认为应当类推适用《物权法》第 182 条第 1 款和第 2 款的规定,即视为一并处分。①故在本案中,虽然张某君、闫某与刘某涛、刘某园间的房屋买卖合同仅涉及房屋,但依《物权法》第 147 条的规定,该房占用范围内的建设用地使用权也应视为一并处分。故虽然涉诉建设用地使用权仍然登记在刘某涛、刘某园名下,也应当认为其依法律的规定已经由张某君、闫某享有;同理,曹某、张某与张某君、闫某间的房屋买卖合同中也应包含转让房屋占用范围内的建设用地使用权的内容,在已经办理房屋转移登记,张某君、闫某已经取得房屋所有权的情形下,应当认为其一并取得了房屋占用范围内的建设用地使用权。

【思考题】

1. 什么是建设用地使用权? 其通常以何种方式取得?
2. 如何理解建设用地使用权和地上建筑物之间的关系?

专题三　宅基地使用权

马某诉李某房屋买卖合同无效案②

【案件事实】

马某原系北京市通州区宋庄镇辛店村农民,于 1998 年转为居民。李某系城市居民。2002 年 7 月 1 日,马某与李某签订《买卖房协议书》,将其所有的位于宋庄镇辛店村宅基地上的诉争房屋及院落以 45 000 元的价格卖与李某。落款处除有买卖双方签字,还有中证人康某及代笔人郭某签字,并加盖北京市通州区宋庄镇辛店村民委员会印章。同日,北京市通州区宋庄镇辛店村民委员会在诉争房屋所在院落之《集体土地建设用地使用证》变更记事一栏中记载"马某于 2002 年 7 月 1 日将上房五间、厢房三间出售给李某使用"。

---

① 《物权法》第 182 条第 1 款规定,以建筑物抵押的,该建筑物占用范围内的建设用地使用权一并抵押。以建设用地使用权抵押的,该土地上的建筑物一并抵押。第 2 款规定,抵押人未依照前款规定一并抵押的,未抵押的财产视为一并抵押。

② 参见北京市通州区人民法院(2007)通民初字第 103 号民事判决书;北京市第二中级人民法院民事判决书(2007)二中民终字第 13692 号民事判决书。

该契约签订后,李某支付给马某房款 45 000 元,马某将房屋及《集体土地建设用地使用证》交付李某。李某入住后对原有房屋进行装修,并于 2003 年 10 月经村民委员会批准新建西厢房三间。

2006 年 12 月,马某起诉至法院,称因李某不属于通州区宋庄镇辛店村农民,其无权使用辛店村宅基地,故请求确认马某与李某所签房屋买卖协议无效,李某返还房屋,马某同意按有关部门评估的房屋现值退还李某购房价款。

李某辩称:双方签订的房屋买卖协议是合法有效的。马某亦为居民户口,其亦无权使用通州区宋庄镇辛店村的宅基地,无权要求退还房屋,且马某的起诉超过了诉讼时效。故不同意马某的诉讼请求。

【争议焦点】

非本集体经济组织成员签订的购买农村房屋的合同是否有效?

【裁判理由及结果】

一审法院认为,违反法律、行政法规强制性规定的合同无效。李某系城市居民,依法不得买卖农村集体经济组织成员的住房。马某要求认定买卖合同无效的诉讼请求,理由正当,证据充分,应予支持。合同无效后,因该合同取得的财产,应当予以返还。马某应依照房产的现值对李某进行补偿,房产的现值应当以评估值为准。李某应当把该房产及其上因新建及装修产生的添附返还给马某,由出卖人将原房及添附部分的价值折价补偿买受人。判决后,李某不服提出上诉,坚持认为其与马某所签房屋买卖合同有效,并据此请求撤销原判,驳回马某的诉讼请求。

二审法院认为,宅基地使用权是农村集体经济组织成员享有的权利,与享有者特定的身份相联系,非本集体经济组织成员无权取得或变相取得。马某与李某所签之《买卖房协议书》的买卖标的物不仅是房屋,还包含相应的宅基地使用权。李某并非通州区宋庄镇辛店村村民,且诉争院落的《集体土地建设用地使用证》至今未由原土地登记机关依法变更登记至李某名下。故判决维持原判,驳回了上诉人李某关于合同有效的上诉请求。但同时考虑到出卖人在出卖时即明知其所出卖的房屋及宅基地属禁止流转范围,出卖多年后又以违法出售房屋为由主张合同无效,故出卖人应对合同无效承担主要责任。对于买受人信赖利益损失的赔偿,应当全面考虑出卖人因土地升值或拆迁、补偿所获利益,以及买受人因房屋现值和原买卖价格的差异造成损失两方面因素予以确定。但鉴于李某在原审法院审理期间未就其损失提出明确的反诉主张,在二审程序中,不宜就损失赔偿问题一并处理,李某可就赔偿问题另行主张(注:在随后李某提起的诉讼中,李某获赔 18 万元)。

【判例解析】

本案主要涉及以下问题:

其一,城市居民购买农村房屋的买卖合同的效力。关于农村房屋的转让,目前我国立法并未予以明确的禁止。《中华人民共和国土地管理法》(以下简称《土地管理法》)第62条第4款规定:"农村村民出卖、出租住房后,再申请宅基地的,不予批准。"该规定表明法律并未禁止农民出租、出卖住房,而是在农村村民出卖住宅以后,使其丧失再申请宅基地的权利。然而,农村房屋的转让也同时涉及房屋所占范围内的宅基地使用权的转让。所谓宅基地使用权,依《土地管理法》第62条及《物权法》第152条的规定,其是指农村村民依法对集体所有的土地占有、使用,并依利用该土地建造住宅及其附属设施的权利。依《物权法》第153条的规定,宅基地使用权的转让应适用土地管理法等法律和国家有关规定。《土地管理法》第43条规定,任何单位和个人进行建设,需要使用土地的,必须依法申请使用国有土地;但是,兴办乡镇企业和村民建设住宅经依法批准使用本集体经济组织农民集体所有的土地的,或者乡(镇)村公共设施和公益事业建设经依法批准使用农民集体所有的土地的除外。该条虽然未明确禁止城镇居民使用农村的宅基地,但从解释而言,应当认为除非依法经过批准,此种行为应当在法律禁止的范围之内。此外,2004年11月国土资源部《关于加强农村宅基地管理的意见》规定,严禁城镇居民在农村购置宅基地,严禁为城镇居民在农村购买和违法建造的住宅发放土地使用证。之所以现行法律和政策对于将宅基地使用权转让给非本集体经济组织成员多有限制,主要是由于此项权利与权利主体的集体经济组织成员的身份具有紧密的联系。在本案中,买卖合同所涉及的标的物为农村宅基地上的房屋,购房人为城镇居民,由于房屋的买卖涉及宅基地使用权的转让,故两审法院均以该买卖合同违反了法律、法规的强行性规定为由将其确认为无效合同。

其二,关于合同被确认无效后的后果。根据《合同法》第58条的规定,合同被确认无效后,产生返还原物,以及有过错方赔偿对方损失的法律后果。在本案中,购房人李某首先应当将其购买的房屋返还给出卖方。但值得注意的是,李某购买该房后自行出资对房屋及院落进行了新建及装修。对于此部分是否应当返还应适用添附制度予以解决。所谓添附,即不同所有人的物结合成新物,从而需要对新物的所有权归属予以界定的制度。依添附理论,当动产添附于不动产之上时,新物归不动产所有人,但不动产所有人应对给对方一定的补偿。故李某应将房屋及添附物一并返还给出卖人,并由出卖人将添附部分的价值折价补偿买受人。其次,由于出卖人在出卖时即明知其所出卖的房屋及宅基地属禁止流转范围,出卖多年后又以违法出售房屋为由主张合同无效,故出卖人应对合同无效承担主要责任。其应当对买受人因此所遭受的信赖利益损失承担赔偿责任。

需要指出的是,限制宅基地使用权的转让固然有利于发挥土地对于农民的社会保障功能,但从另一个角度而言,也造成了对农民财产权利的忽略,宅基地使用权作为一项用益物权或一项财产权的价值并未能充分予以体现。值得注意的是,随着农村土地流转制度改革的深入,宅基地使用权的流转问题也酝酿着进一步的突破。2015 年国务院办公厅印发《深化农村改革综合性实施方案》,开展宅基地制度改革试点,并确立了改革的基本思路包括探索宅基地有偿使用制度和自愿有偿退出机制,探索农民住房财产权抵押、担保、转让的有效途径。国务院于 2015 年发布《关于开展农村承包土地的经营权和农民住房财产权抵押贷款试点的指导意见》,中国人民银行、银监会等于 2016 年先后发布《农村承包土地的经营权抵押贷款试点暂行办法》《农民住房财产权抵押贷款试点暂行办法》及《农村集体经营性建设用地使用权抵押贷款管理暂行办法》,在试点地区予以适用。2018 年的"中央一号文件"更是明确提出,要探索宅基地所有权、资格权、使用权"三权分置",适度放活宅基地和农民房屋使用权。这些都明确释放出国家将充分重视农村宅基地使用权的财产价值的信号,关于对其流转的限制或将逐渐解除。而在同前的司法实践中,也有的法院将本案所涉及的此类合同认定为有效。

【思考题】

1. 什么是宅基地使用权?
2. 目前我国立法对于宅基地使用权的规定有何不足? 如何完善?

专题四　地役权

刘某、陈某、余某等人与黄某、张某、唐某等人地役权、相邻通行纠纷案①

【案件事实】

2010 年 11 月 10 日,被告雷某等三人为甲方与第三人受让方李某为乙方签订了《厂房土地使用转让协议》,其中第 4 条规定,该宗土地前面通道出口以南平路 128 号户主雷某的现有房屋通道作为永久性进出口,作为通道。通道的产权仍归甲方,使用权甲、乙双方共同所有,甲、乙双方不得以任何理由改变通道的性质。李

---

① 参见湖南省永州市中级人民法院(2015)永中法民二终字第 61 号民事判决书。

某为此向雷某三人支付了补偿金。后李某又将该宗地非法转让给 11 名原告中的黄某、张某、唐某、唐某海、熊某、杨某做建设用地。案外人廖某亦将自己的工业用地非法转让给 11 名原告中的刘某、陈某、余某、曹某、厉某做建设用地(其需经南平路 128 号房屋相邻通道的南面铁栏大门出入南平路)。经政府处理后,2013 年 1 月 11 日,由蓝山县人民政府给上述 11 名原告的住宅用地登记并发证。2014 年清明节过后,三被告将 11 名原告进出通道的北面用铁皮围住,通道南面大门非正常上锁,致使 11 名原告不能从此诉争通道出入南平路,11 名原告认为侵害了其合法权益,遂诉至法院。

【争议焦点】

　　1. 本案 11 名原告对诉争通道是否享有通行地役权?

　　2. 当事人签订地役权合同后,需役地转让是否合法?

【裁判理由及结果】

　　一审法院认为,在三被告与李某所签《厂房土地使用转让协议》中,当事人约定在诉争通道为李某有偿设立了通行地役权,当李某将其建设土地使用权转让给黄某、张某等 6 名原告后,地役权也随之转让,故上述 6 名原告取得地役权的资格。而刘某等另外 5 名原告所享有的建设用地使用权系受让于廖某,他们并没有与被告签订合同约定通行地役权,故这 5 名原告不享有地役权。而上述 6 名原告因当事人之间的地役权合同而享有地役权,虽然未办理登记,但并不影响地役权的效力。三被告将设有通行地役权的通道用铁皮围住,与在有相邻通行权的南面大门实行非正常上锁的行为违反合同约定,也与法律相悖。故判决三被告于本判决生效之日起 3 日内,将蓝山县塔峰镇南平路 128 号负有地役权的北面通道上的铁皮围栏拆除恢复原通行状况,不得妨害黄某、张某等 6 名原告行使通行地役权的权利;同时判决被告将蓝山县塔峰镇南平路 128 号房屋相邻通道的南面铁栏大门恢复原通行状况,排除黄某、张某等 6 原告行使相邻通行权的妨害。

　　二审维持原判。

【判例解析】

　　本案涉及对地役权的理解。

　　所谓地役权,依《物权法》第 156 条的规定,是为了提高自己不动产的效益而依约定使用他人不动产的权利。其中自己的不动产称为需役地,他人的不动产称为供役地。在本案中,当事人签订协议在诉争通道为李某有偿设立了通行权,这实际上是双方当事人对通行地役权的约定。虽然其未办登记,但依《物权法》第 158 条的规定,地役权自地役权合同生效时设立;未经登记只是不得对抗"抗善意第三人"。故李某在合同生效时即取得了对诉争通道的通行地役权。

李某取得地役权后,将其建设用地使用权转让给了黄某、张某等6名原告,则依《物权法》第164条的规定,虽然雷某等未与上述6名原告签订有偿通行地役权合同,但由于地役权具有从属性,其随着建设用地的转移而一并转移,故上述6名原告在受让建设用地使用权同时也取得了通行地役权。①而对于另外5名原告而言,其受让的土地并非原雷某等三人享有使用权的土地,无论是他们还是转让人廖某均未与被告设定过地役权,故这5名原告并不享有通行地役权。另外,由于这5名原告尚有其他通道可供出入,并非必须利用通往南平路的通道,故其亦不能依据相邻通行权取得该诉争通道的使用权。

地役权作为用益物权的一种,权利人享有一定程度的对供役地的支配权,当黄某、张某等六人的支配权受到妨害时,其有权请求排除妨害,故雷某等三人在诉争通道上用铁皮围住的行为违反了合同约定,侵害了原告的地役权。原告有权请求排除妨害。

这里值得注意的是,当事人在地役权合同中约定的是"永久期限的地役权",但并不意味着原告所取得的地役权的期限是无限的。《物权法》第161条规定,当事人约定的地役权的期限不得超过其所依附的土地承包经营权、建设用地使用权等用益物权的剩余期限。故在当事人约定永久地役权时,应当认为其最长期限不得超过供役地和需役权地人各自用益物权的剩余期限。

【思考题】

1. 什么是地役权? 其有何特征?
2. 地役权和相邻权有何区别?

---

① 《物权法》第164条规定,地役权不得单独转让。土地承包经营权、建设用地使用权等转让的,地役权一并转让,但合同另有约定的除外。

第二十一章　担保物权

专题一　抵押权

1. 中国建设银行股份有限公司满洲里分行与满洲里中欧化工有限公司、北京伊尔库科贸有限公司信用证纠纷案[①]

【案件事实】

满洲里中欧化工有限公司(以下简称中欧公司)是中国建设银行股份有限公司满洲里分行(以下简称满洲里建行)的授信企业,双方于2008年7月15日签署了一份《贸易融资额度合同》。自2008年7月17日起,满洲里建行开始为中欧公司开具信用证。截止到2009年3月10日,满洲里建行对外支付了全部承兑信用证款11 781 974.65美元。其后中欧公司和其他担保单位应满洲里建行的要求偿还了大部分信用证欠款,尚余两笔信用证垫款1 256 082.65美元没有偿还,该两笔信用证垫款本金折算人民币为8 585 827.35元,垫款利息折算人民币为103 147.01元。

2008年10月6日,北京伊尔库科贸有限公司(以下简称伊尔库公司)为担保中欧公司履行上述《贸易融资额度合同》,与满洲里建行签署了《最高额抵押合同》,将其位于北京市海淀区首体南路22号的一套房产及其占用范围土地和位于北京市东城区东直门的另一套房产及其占用范围土地抵押给了满洲里建行,承诺为中欧公司在2008年7月18日至2009年7月16日期间根据《贸易融资额度合同》开立信用证等贸易融资提供最高额抵押担保。合同第三条约定:"双方应于本合同签订后7个工作日内到相应的登记部门办理抵押登记手续。"合同第十条违约责任(三)约定:"如果因甲方(伊尔库公司)原因导致抵押权未有效设立,或者导致抵押财产价值减少,或者导致乙方(满洲里建行)未及时或者未充分实现抵押权,且甲方(伊尔库公司)与债务人不是同一人,乙方(满洲里建行)有权要求甲方在本合同约定的担保范围内对担保的债务与债务人承担连带责任。"该《最高额抵押合同》签订后抵押的房产和土地未办理抵押登记。

---

① 参见最高人民法院民事判决书(2009)民二终字第112号民事判决书。

2009年3月16日,满洲里建行向内蒙古自治区高级人民法院提起诉讼,请求:中欧公司清偿满洲里建行为其垫付的两笔信用证本金人民币8 585 827.35元及垫款利息人民币103 147.01元;伊尔库公司以其抵押财产在其担保的范围内承担担保责任。

【争议焦点】

1. 本案中的最高额抵押权是否设立?
2. 本案中的最高额抵押合同是否生效,伊尔库公司是否应当承担担保责任?

【裁判理由及结果】

一审法院认为,因中欧公司对满洲里建行诉称的欠款事实及欠款数额予以认可,对满洲里建行向中欧公司主张清偿欠款及利息的请求应予支持。关于伊尔库公司的担保责任,因满洲里建行与伊尔库公司订立抵押合同后对抵押物房产及土地没有办理抵押物登记,根据《担保法》第41条"当事人以本法第四十二条规定的财产抵押的,应当办理抵押物登记,抵押合同自登记之日起生效"的规定,抵押合同未生效。因满洲里建行主张的抵押权尚未设定,伊尔库公司不应承担担保责任。①

满洲里建行不服一审判决,向最高人民法院提起上诉。

最高人民法院认为,首先,伊尔库公司于2008年10月6日与满洲里建行签署的《最高额抵押合同》,系在《物权法》2007年10月1日施行之后,根据《物权法》第178条"担保法与本法的规定不一致的,适用本法"之规定,本案应适用《物权法》的规定。由于《担保法》第41条"当事人以本法第四十二条规定的财产抵押的,应当办理抵押物登记,抵押合同自登记之日起生效"的规定与《物权法》第15条"当事人之间订立有关设立、变更、转让和消灭不动产物权的合同,除法律另有规定或者合同另有约定外,自合同成立时生效;未办理物权登记的,不影响合同效力"的规定相冲突,故一审法院适用《担保法》第41条处理本案不当。

其次,本案中的《最高额抵押合同》是双方当事人真实意思表示,且不违反国家法律和行政法规的禁止性规定,虽然满洲里建行与伊尔库公司订立合同后未对抵押房产及土地办理抵押物登记,但根据《物权法》第15条的规定,物权变动的原因行为独立于物权变动的结果行为,未办理抵押物登记不影响合同的效力,该抵押合同属有效合同。根据《合同法》第44条关于"依法成立的合同,自成立时生效"之规定,该合同于成立时生效。满洲里建行关于《最高额抵押合同》应自成立时生效的上诉理由,应予以支持。《最高额抵押合同》生效后即对合同双

---

① 参见内蒙古自治区高级人民法院(2008)内民二初字第17号民事判决书。

方产生约束力,满洲里建行关于《最高额抵押合同》中的约定有效的上诉理由,亦应予以支持。

最后,从双方《最高额抵押合同》第3条的约定可见,办理抵押登记手续的主要义务应由抵押人伊尔库公司承担,由于伊尔库公司未办理抵押登记手续,导致抵押权未有效设立,按照合同第十条违约责任(三)的约定,并根据《合同法》第107条"当事人一方不履行合同义务或者履行合同义务不符合约定的,应当承担继续履行、采取补救措施或者赔偿损失等违约责任"的规定,伊尔库公司应承担违约责任,即在按合同约定的担保范围内对担保的债务与债务人承担连带责任。

【判例解析】

本案涉及以下问题:

其一,关于本案的法律适用,有关抵押权和最高额抵押权的规定在《担保法》及《物权法》中均有所体现,在二者存在冲突时,适用哪个法律对判决结果及当事人的利害关系甚大。在这一点上我们同意最高人民法院的观点,即认为应当适用《物权法》。一方面,该合同系在《物权法》实施后签订,有关抵押权及抵押合同的效力问题应当适用《物权法》;另一方面,《物权法》第178条明确规定,"担保法与本法的规定不一致的,适用本法"。故本案应当适用《物权法》。而一审法院仍然依据《担保法》的规定处理本案纠纷,法律适用显属不当。

其二,最高额抵押权是否设立。在本案中,伊尔库公司与满洲里建行所签订的是最高额抵押合同,约定设立最高额抵押权。最高额抵押权是抵押权的一种。所谓最高额抵押权,依《物权法》第203条的规定,其系指为担保债务的履行,债务人或者第三人对一定期间内将要连续发生的债权提供担保财产,债务人不履行到期债务或者发生当事人约定的实现抵押权的情形,抵押权人有权在最高债权额限度内就该担保财产优先受偿。在最高额抵押权的客体系不动产时,其与一般抵押权一样,均需要登记方能设立(《物权法》第187条)。在本案中,当事人虽然签订了最高额抵押权合同,但并未办理抵押权登记,故银行并未取得最高额抵押权。

其三,未办理抵押权登记,最高额抵押合同是否有效。《物权法》第15条规定,当事人之间订立有关设立、变更、转让和消灭不动产物权的合同,除法律另有规定或者合同另有约定外,自合同成立时生效;未办理物权登记的,不影响合同效力。而《物权法》第187条仅规定不动产抵押权自办理登记时设立,并未像《担保法》第41条那样规定抵押合同自登记时生效。这意味着登记仅是抵押权的生效要件,而并非抵押合同的生效要件。本案的最高额抵押合同并不因未办理抵押权登记而无效。

其四,伊尔库公司应当承担何种责任。依当事人所签订的《最高额抵押合同》,抵押人伊尔库公司有义务办理抵押登记手续,若因其原因导致抵押权未有效设立,应承担违约责任。而该合同对承担违约责任的方式予以了明确的约定,即在合同约定的担保范围内对担保的债务与债务人承担连带责任。由于该约定合法有效,所以伊尔库公司应依该约定承担责任。

【思考题】

1. 什么是最高额抵押权? 其有何特征?

2. 如何理解抵押合同生效与抵押权设立之间的关系?

2. 中国农业银行股份有限公司哈尔滨道外支行与哈尔滨中财房地产开发有限公司金融借款合同纠纷案①

【案件事实】

2003 年 7 月 29 日,中国农业银行股份有限公司哈尔滨道外支行(以下简称农行道外支行)与哈尔滨中财房地产开发有限公司(以下简称中财开发公司)签订《借款合同》,约定:中财开发公司向农行道外支行借款 1600 万元,用于中财雅典城工程,担保方式为抵押。同日,双方签订《抵押合同》,约定:中财开发公司以其开发的总建筑面积为9161.55平方米的在建房屋提供抵押担保,并办理房屋在建工程权属证明。合同签订后,农行道外支行依约向中财开发公司发放 1600 万元借款。借款到期后,中财开发公司没有还款。后农行道外支行向房产交易中心出具了一份《关于允许抵押人继续售房的函》,内容为:"我行与中财开发公司签订的抵押合同,抵押人中财开发公司所提供的抵押房产在抵押期间可以出售,可以办理产权手续,售房时中财开发公司另行与我行签署他项权注销证明与售房资金专储证明,明确资金流向,如不签署,出现问题由中财开发公司负责"。中财开发公司据此函陆续将抵押合同所涉的 35 套房产出卖,其中 10 套已办理产权手续,其他 25 套房产没有办理产权手续。截至 2012 年 10 月 20 日,中财开发公司尚欠农行道外支行借款本金 1600 万元,借款利息7 098 476.49元。

2013 年 11 月 18 日,农行道外支行向法院提起诉讼,请求判令:中财房地产公司立即偿还借款本金 1600 万元,借款利息 7 098 476.49 元;如不能偿还贷款本息,农行道外支行用拍卖、变卖案涉 35 套抵押房产所得价款优先受偿。中财开发公司辩称抵押权已经消灭。

---

① 参见哈尔滨市中级人民法院(2013)哈民四商初字第 37 号民事判决书;黑龙江省高级人民法院(2015)黑高商终字第 00197 号民事判决书;最高人民法院(2016)最高法民申 887 号民事裁定书。

【争议焦点】

抵押权人同意抵押人处分抵押物,抵押权是否消灭?

【裁判理由及结果】

一审法院认为:虽然双方签订借款抵押合同后办理了抵押登记手续,但在合同履行过程中,农行道外支行向房产交易中心出具了《关于允许抵押人继续售房的函》,明确表示中财开发公司在抵押期间对抵押房产可以出售并办理产权手续,双方另行签署他项权注销证明,中财开发公司根据农行道外支行出具的函,已将抵押的房产全部销售,农行道外支行抵押权已经消灭。故对农行道外支行要求行使抵押权的诉讼请求不予支持,仅对请求中财开发公司偿还本金及利息的诉讼请求予以了支持。

农行道外支行不服一审判决提起上诉。二审维持原判。农行道外支行又向最高法院申请再审。最高法院认为:双方争议的焦点是抵押权人同意抵押人销售抵押房产的情况下,能否认定抵押权消灭。

首先,《物权法》第177条规定,债权人放弃担保物权的,担保物权消灭。对于债权人同意抵押人转让抵押物的情况下,能否认定抵押权已经消灭,结合《物权法》第191条"抵押期间,抵押人经抵押权人同意转让抵押财产的,应当将转让所得的价款向抵押权人提前清偿债务或者提存"之规定,可以作出这样的理解,该条确立了"抵押权人同意方可转让"的基本原则,如果抵押权人同意转让抵押物的情况,则不应由受让人代为清偿债务,在抵押物的交换价值实现之日即丧失了物上追及力,抵押权的效力仅及于转让价金。本案中,农行道外支行向房产交易中心出具了《关于允许抵押人继续售房的函》,同意转让抵押物,应视为放弃抵押权,此时农行道外支行对于在建房屋已不再享有抵押权,其只能对买受人支付的购房款行使价金代位权,而不能再追及于物上抵押权。至于农行道外支行因无法行使价金代位权而造成的损失,系农行道外支行与中财开发公司的债权债务关系,当事人应当另行主张。

其次,《物权法》第170条规定,担保物权人在债务人不履行到期债务或者发生当事人约定的实现担保物权的情形,依法享有就担保财产优先受偿的权利,但法律另有规定的除外。从该条规定来看,担保物权的法律效力主要体现在享有优先受偿权。抵押权作为担保物权,其优先的内容在于抵押物的价值,而非取得抵押物的所有权。在抵押物已经转让的情况下,作为购买人取得的是抵押物的所有权,特别是在购房人已经支付对价,并且是善意的情况下,如果再将抵押权的负担转移给购房人,显然不利于保护购房者的所有权。基于上述分析,原判决对于农行道外支行要求实现抵押权的诉讼请求未予支持,认定事实清楚,适用法律正确。裁定驳回农行道外支行的再审申请。

【判例解析】

本案涉及如何理解抵押权人同意抵押人转让抵押物的法律后果问题。

关于抵押物的转让，《物权法》第191条第1款规定，抵押期间，抵押人经抵押权人同意转让抵押财产的，应当将转让所得的价款向抵押权人提前清偿债务或者提存。转让的价款超过债权数额的部分归抵押人所有，不足部分由债务人清偿。对于该条，有以下几种不同的理解。一种观点认为，该条意味着一旦抵押权人同意转让抵押物，抵押权即消灭，抵押权人取得对转让价金的优先受偿权。另一种观点则认为，抵押权人同意转让抵押物并不意味其放弃了相应的抵押权，抵押权人仍可基于抵押权的追及力行使抵押权[①]；还有一种观点认为，只有在抵押权人与抵押人约定将抵押物转让与抵押权消灭关联在一起的情况下，抵押权才因抵押权人同意抵押物转让而消灭，单纯同意转让并不产生抵押权消灭的后果[②]。从本案的裁判情况来看，一审、二审及再审法院显然都赞同第一种观点。

我们认为第一种观点尚有不妥。该观点认为只要抵押权人同意转让抵押物，其即取得了对转让价金的物上代位权，其债权即可实现。但问题在于，价金的优先受偿权是没有保障的权利，如果抵押人不将转让价款用于提前清偿债务，或者转让价金明显低于抵押物的价值，则将会为债权人实现债权留下不确定因素。换言之，抵押权人对抵押物转让的同意使其丧失了有保障的抵押权，而获得了没有保障的价金优先受偿权，这对于债权人和抵押权人而言难谓公平。更何况，物上代位权成立的前提是抵押物的毁损、灭失，而在抵押物存在的情况下，抵押权继续存在于抵押物之上，并无物上代位之必要。在转让抵押物的情形，抵押物本身并未毁损、灭失，于此情形适用物上代位有违法理。第二种观点虽然符合法理且有利于债权人利益的保护，但其忽略了当事人的意思自治，也忽略了立法者欲平衡债权人与受让人利益的意图。相比之下，我们认为第三种观点更为合理。即将这里的"同意"解释为不仅是对抵押人转让抵押物的同意，而且也包含对抵押人提前清偿债务，并消灭抵押权的同意。这样，既保护了债权人的利益，又避免了使受让人遭受抵押物被追及的风险，在结果上较为妥当。

据此，在本案中，农行道外支行在《关于允许抵押人继续售房的函》中仅同意抵押人在抵押期间可以转让抵押房屋，但并未同意消灭抵押权，而是约定对抵押权消灭事项另行约定，这说明当事人并未达成消灭抵押权的合意，不应认为抵押权已

---

① 丁龙："抵押权人是否同意转让抵押物的法律意义"，http://blog.sina.com.cn/s/blog_8d8e10ab01015tl3.html，访问日期：2018年5月14日。

② 王洪亮："不动产抵押物转让规则新解"，载《财经法学》2015年第2期。

经消灭。那么,本案中 35 名受让人能否主张其不知情而对抗银行的抵押权?对此我们持反对态度。一方面,抵押权成立在先,所有权在后,前权优先于后权;另一方面,由于抵押权已经登记,如果受让人购买房屋时尽到谨慎注意义务查阅登记,则其对其上存在抵押权的事实就会知晓进而对其购房行为再斟酌。因此,很难认定这 35 名业主系善意购买人。但为维护抵押物受让人的利益,受让人亦可在抵押权人向其主张抵押权时代为清偿主债务而取得抵押物所有权。

本案还有一个需要思考的问题,若在本案中,抵押人未经抵押权人的同意而将房屋转让给第三人,则该买卖合同是否有效?《物权法》第191条第2款规定,抵押期间,抵押人未经抵押权人同意,不得转让抵押财产,但受让人代为清偿债务消灭抵押权的除外。对于该条中的"不得转让",我们认为其只是对受让人取得抵押物所有权的限制,而并非对转让合同的禁止。因此,即使未经抵押权人同意,抵押物转让合同的效力也并非因此而无效。在抵押人因未履行消灭抵押权的义务而无法履行转让合同时,应向受让人承担违约责任。

【思考题】

1. 什么是抵押权,其有何特性?
2. 如何理解抵押权的设立及消灭规则?
3. 抵押权设立期间,抵押物的转让对抵押权有何影响?

专题二　质权

彭某明与彭某文、李某动产质权纠纷案[①]

【案件事实】

2011 年 4 月 20 日,彭某文首付 25 万元,以彭某明的名义购买奥迪 Q5 小车一辆。彭某文与彭某明约定:"以彭某明的房产在银行进行抵押,银行按揭贷款的月供由彭某文负责,车辆行驶证以彭某明的名字办理,按揭贷款月供结清后,由彭某明将车辆过户到彭某文名下。如彭某文拖欠银行按揭贷款,彭某明有权处理车辆。"2011 年 12 月 14 日,彭某明用上述车辆抵押向案外人徐某借款 20 万元,期限

---

① 参见湖南省邵阳市中级人民法院(2013)邵中民一终字第 420 号民事判决书。

为 1 个月。因彭某明到期不能还款,应彭某文要求,李某向彭某文提供 20 万元借款,从车行赎回车辆。在赎回前的 2012 年 3 月 26 日,彭某文与李某签订质押协议书,该协议书约定,彭某文同意李某使用质押车辆,如果彭某文一直负责对该车月供,彭某文只要支付李某所付的 20 万元加利息(按月息 1.2%),可随时赎回该车。如果彭某文断供银行按揭贷款三个月以上,彭某文不能再赎回该车,以后月供由李某负责,该车就归李某所有,月供结清后(李某可以按原月供也可选择一次性付清),彭某文无条件将该车过户给李某。后来彭某文没有按照协议书的约定偿还李某欠款,也没有按月支付银行按揭借款,李某按协议书偿还彭某文拖欠的全部按揭银行贷款本息共计 203 359.75 元。李某请求彭某文、彭某明履行该车的过户手续。

【争议焦点】

彭某文与李某所签质押协议是否有效? 李某是否有权依质押协议请求彭某明履行该车的过户手续?

【裁判理由及结果】

一审法院认为.本案属动产质权纠纷。根据彭某文与彭某明签订的购车协议,虽然涉诉车辆是以彭某明名义购买的,但购车款的首付 25 万元是由彭某文支付的,银行按揭贷款的月供亦由彭某文负责,且银行按揭贷款结清后,该车应过户到彭某文名下,所以该车的实际所有权人应认定为彭某文,根据《物权法》第 39 条的规定,彭某文有权对该车进行适当处分。为赎回彭某明抵押在车行的涉诉车辆,彭某文与李某于 2012 年 3 月 26 日签订车辆质押协议,该协议系当事人真实意思表示,不违背相关法律规定,应确认为有效协议,双方依照协议的约定享有权利并承担相应义务。彭某文收到李某提供的 20 万元借款后,没有如期偿还借款,又没有依约交纳车辆银行按揭借款的月供,已构成违约。现车辆的银行按揭借款已由李某结清,车辆的实际价值与李某所拥有的债权相当,且彭某文明确表示同意将该车折价抵偿给李某。据此,法院判决李某与彭某文签订的质押协议有效,彭某文、彭某明应于判决生效 5 日内将车辆过户给李某。

彭某明不服提起上诉,称该车登记车主是彭某明,彭某文只有过户请求权,不是车主,李某不能直接要求彭某明过户。且《担保法》规定,出质人和质权人在合同中不得约定在债务履行期届满质权人未受清偿时,质物的所有权转移为质权人所有。彭某文与李某签订的质押协议违反了上述规定,应当认定无效。故请求撤销原判。

二审法院同意一审法院对涉诉车辆所有权实际归属于彭某文的认定。针对彭某明的上诉理由,二审法院认为,彭某文与李某签订的质押协议中约定"如果彭某文断供银行按揭贷款三个月以上,彭某文不能再赎回该车,以后月供由李某负责,该车就归李某所有……"该条款违反了《担保法》第 66 条之规定无效,但并不影响该协议的其他内容,该协议其他部分系双方真实意思表示,且已实际履行,应当认定有效。债务期限届满后,由于彭某明、彭某文均未归还李某的借款,李某有权对该车辆行使质权以实现其债权。但彭某文在一审庭审后、二审开庭过程中明确表示,该车价值与债务相当,愿意以车折价抵债。依《物权法》第219条的规定,双方达成折价协议,且该车现有价值与其担保的债务基本相当,应予支持。故驳回上诉,维持原判。

【判例解析】

本案案情虽简单,但涉及的法律关系较为复杂。其主要涉及以下法律关系:

一是彭某明与卖方就系争机动车产生的买卖合同关系。依《物权法》第23条及第24条的规定,该车的所有权自交付时起转移给彭某明。[①]对于这一法律关系,虽然判决书中并未予以说明,但从该车系以彭某明的名义购买这一事实中可以推知这一法律关系的存在。需要注意的是,即使该车实际交付给彭某文使用,也并不意味着彭某文就是法律意义上的"交付受领人",因为其并非买卖合同的当事人,无权以自己的名义受领车辆的交付。

二是彭某文与彭某明的借名买车关系,即双方约定由彭某文出资,以彭某明的名义购买汽车,车辆的实际所有权人为彭某文,彭某明负有附条件办理过户手续的义务。对于这一法律关系,彭某文与彭某明显然在所有权的归属上产生了争议,前者认为自己系实际出资人,且与彭某明之间存在借名协议,故自己是系争车辆的实际所有权人;而后者则认为自己作为登记车主,系车辆的所有权人。两审法院均对前者的主张予以了支持,即认为实际出资人才是实际所有权人。

三是彭某文与李某的质押借款关系。所谓质押,依《物权法》第208条的规定,其系为担保债务的履行,债务人或者第三人将其动产出质给债权人占有,于债务人不履行到期债务或者发生当事人约定的实现质权的情形,债权人有权就该动产优先受偿的一种担保方式。在本案中,彭某文与李某签订质押协议,约定由李某使用质押车辆,如果实现质权的条件成就时,该车就归李某所有。虽然系争车辆已依约定交付李某使用,符合《物权法》第212条关于质权设立条件的规定,但是,关于该质押协议的效力有以下几个问题需要厘清。其一,该车的登记车主为彭某明,彭某文是否有权以自己的名义将车辆出质。对此,我们认为答案是肯定的,一方面,彭某文虽然并非该车辆的法律上的所有权人,但依其与彭某明的借名协议,其有权使用并处分该车辆,故其以该车设立质押并非无权处分;另一方面,作为第三人李某,由于彭某文实际占有、使用该车,其有权相信车辆的所有权人为彭某文,故质押合同并不因彭某文非系

[①] 《物权法》第23条规定,动产物权的设立和转让,自交付时发生效力,但法律另有规定的除外。

《物权法》第24条规定,船舶、航空器和机动车等物权的设立、变更、转让和消灭,未经登记,不得对抗善意第三人。

争议车辆法律上的所有权人而无效。其二,该协议约定在彭某文违约停止该车的月供时,该车归李某所有。但《物权法》第211条规定,质权人在债务履行期届满前,不得与出质人约定债务人不履行到期债务时质押财产归债权人所有。故上述条款因违反了《物权法》的上述禁止性规定而无效。又依《合同法》第56条的规定,合同部分无效,不影响其他部分效力的,其他部分仍然有效。故该条款的无效并不导致质押合同的无效。其三,该协议实际上约定在彭某文断供银行按揭贷款三个月以上时(而并非彭某文到期不履行债务时),李某即可行使质权。这一约定也并不违反法律的规定。因为根据《物权法》第208条的规定,质权实现的情形可以是债务人不履行到期债务也可以是发生当事人约定的实现质权的情形。

四是彭某文与李某达成的以车抵债协议。虽然法律禁止在质押合同中约定不能还债时,质物归质权人所有,但并不禁止在质权实现时当事人达成以物抵债的协议。《物权法》第219条第2款即对此予以了明确的肯认。该条规定,债务人不履行到期债务或者发生当事人约定的实现质权的情形,质权人可以与出质人协议以质押财产折价,也可以就拍卖、变卖质押财产所得的价款优先受偿。只不过,于此情形应履行清算程序,对抵押物的价值予以评估。在本案中,两审法院均认为系争车辆的价值与李某所付出款项基本相当,该协议有效。故李某有权要求彭某文履行协议办理过户手续。又因为车辆登记在彭某明名下,而彭某明依约定有义务协助彭某文办理过户手续,故彭某明有义务协助办理系争车辆的过户手续。

【思考题】

1. 动产质权的设立要件是什么?
2. 权利质权的客体及其设立要件是什么?

专题三　留置权

上海知全物流有限公司诉上海达畅物流有限公司留置权纠纷案①

【案件事实】

2008年3月5日,上海知全物流有限公司(以下简称知全公司)与上海达畅物流有限公司(以下称达畅公司)签订运输合同,约定由达畅公司委托知全公司运输

---

① 上海市第一中级人民法院(2011)沪一中民四(商)终字第1341号民事判决书。

货物,当月运费在次月的 15 日前对账、隔月的 15 日前付清,达畅公司不按约支付运费的,知全公司有权扣留货物。合同另对运费、违约责任等作了约定。2009 年 4 月,经双方对账,确认截至 2009 年 4 月 16 日,达畅公司共欠知全公司运费人民币 977 927.00 元。2009 年 4 月 17 日,达畅公司又委托知全公司运输钢板,因达畅公司未按约支付上述运费,知全公司将该批货物留置。2009 年 5 月 8 日,知全公司向上海市金山区人民法院提起诉讼,要求达畅公司支付尚欠运费及利息。2009 年 6 月 22 日,法院判令达畅公司于判决生效日起 10 日内支付知全公司运费977 927.00 元并承担逾期利息,案件受理费 11 789.50 元由达畅公司负担。知全公司认为该判决漏判知全公司对留置的货物享有留置权,故向上海市第一中级人民法院提起上诉。2009 年 11 月 2 日,二审法院以知全公司的上诉请求超出原审诉请范围为由驳回上诉、维持原判。

知全公司遂起诉请求法院判令知全公司对达畅公司委托运输的 355.22 吨货物享有留置权,并就留置货物在 1 013 792.85 元范围内优先受偿。此外,经查明,达畅公司委托知全公司运输并被留置的 355.22 吨货物属案外人江阴市亿海金属材料有限公司等所有。

【争议焦点】

知全公司对达畅公司委托其运输的钢材是否享有留置权?

【裁判理由及结果】

一审法院认为,根据法律的规定,当事人行使留置权必须符合法定的条件。首先,债权人留置的动产须为债务人所有的动产。尽管知全公司对达畅公司享有的到期债权已经生效判决书确认,但根据本案查明的事实,知全公司占有并留置的系争货物并非债务人即达畅公司的财产,其实际所有人为案外人江阴市亿海金属材料有限公司等。知全公司称其与达畅公司间签订的货物运输合同约定了受托货物所有权均为达畅公司所有,故知全公司占有系争货物属合法取得且善意,应当认为,鉴于合同具有相对性,而所有权具有对世性,知全公司、达畅公司间协议约定的货物所有权权属状况的效力并不能及于合同之外的第三人,更不能对抗真正的货物所有权人,所有权并不能因非原所有权人之间的约定而发生实际变更。且知全公司已经向实际所有人江阴市亿海金属材料有限公司等交付了部分货物,故知全公司扣留系争钢材缺乏合法前提。其次,债权人留置的动产须与债权属于同一法律关系。知全公司要求行使留置权对应的债权系知全公司、达畅公司间截止到 2009 年 4 月 16 日尚欠运费及利息,而知全公司占有所留置的钢材系依据知全公司、达畅公司间针对系争钢材的委托运输关系,即知全公司留置的财产显然与其主张的债权并非同一法律关系。最后,虽然《物权法》第231条规定,企业之间留置并不需要满足同一法律关系,但如企业之间的留置不以债务人对其财产享有所有权为必要条件的话,则所有权人所可能遭受的风险无限放大,不利于诚信商业体系的建立,即商事留置权中留置的动产须为债务人所有的动产。综上,知全公司要求就留置的财产行使留置权的诉请缺乏合法前提,难以支持。

知全公司不服提起上诉,称留置权的产生不仅在于维护债权人与债务人之间的公平,而且也维护交易安全。只要留置权人确信所留置的动产属于债务人,至于标的物是否为债务人所有,债权人无必要,也不可能审查。根据债务人动产占有的公信力,债权人对其善意取得的不属于债务人所有的物享有留置权。本案中,知全公司完全有理由相信货物为达畅公司所有,即使货物非达畅公司所有,也应享有留置权。①

二审法院同意一审法院的裁判结果及理由,同时认为,一般而言,动产的留置不得与债权人所承担的义务相抵触,即债权人以运费未支付而在中途留置货物的,则为法律不允许。本案中,知全公司在接受达畅公司委托运输钢板后,其负有将钢板运到目的地的义务,不能因达畅公司之前拖欠运费而留置该钢板,且知全公司对所要留置的钢板未付出过相应的对价。因此,在知全公司已明知达畅公司无处分涉案钢板的情况下,知全公司不应享有留置权。故判决驳回上诉,维持原判。

【判例解析】

本案涉及对留置权行使条件的理解。

所谓留置权,依《物权法》第230条的规定,是指在债务人不履行到期债务时,债权人可以留置已经合法占有的债务人的动产,并有权就该动产优先受偿的权利。此项权利的成立及行使需要满足以下几个要件。

1. 积极要件

其一,须债权人已经实际合法占有债务人的动产。债务人所有的动产之上固然可以成立留置权,但第三人的动产之上可否成立留置权则不无疑问。我们认为,虽然《物权法》第230条表述为"债务人的动产",但这并不意味着第三人所有的动产就不可以留置。如根据《合同法》第315条的规定,托运人或者收货人不支付运费、保管费以及其他运输费用的,承运人对相应的运输货物享有留置权,除非当事人另有约定。这里并未强调货物一定为托运人或收货人所有。而在留置物并非债务人所有的情形下,根据《物权法》第106条第3款及《最高人民法院关于适用〈中华人民共和国担保法〉若干问题的解释》第108条的规定,在留置权人对留置的动

---

① 上海市金山区人民法院(2009)金民二(商)初字第1585号民事判决书。

产并非债务人所有这一事实并不知情且无重大过失,且其与被留置人存在着有偿交易关系并已经对留置物予以占有的情形下,即可善意取得留置权。①

其二,债权与该动产属于同一法律关系,但企业之间留置的除外。这是《物权法》第 231 条的明确规定。所谓"同一法律关系",是指留置的动产必须是某一法律关系的标的物或因该法律关系而占有的标的物,而债权亦系因该法律关系产生。其目的在于防范债权人留置与债权无关的财产,以免损害交易安全和其他债权人的利益。企业之间留置的之所以不需要强调"同一法律关系",主要是因为企业之间相互交易频繁,如果必须证明每次交易所发生的债权与所占有的标的物属于同一法律关系,较为烦琐而且成本较高,有悖交易迅捷和交易安全原则。

其三,债权已届清偿期。此为留置权与其他担保物权的不同之处。即其在成立时即需要满足债权已届清偿期这一要件。

2. 消极要件

《物权法》第 232 条规定,法律规定或者当事人约定不得留置的动产,不得留置。其中法律规定不得留置的动产,主要指以下几种情形。其一,债权人通过侵权行为或其他不法原因而占有的动产。其二,动产的留置,与债权人承担的义务相抵触。《最高人民法院关于适用〈中华人民共和国担保法〉若干问题的解释》第 111 条规定,债权人行使留置权与其承担的义务相抵触的,人民法院不予支持。所谓与债权人承担的义务相抵触,是指债权人若留置其所占有的动产,就与其所承担的义务本旨相违背。例如,承揽人因定作人未按约定预先支付报酬,留置定作人交付的材料,拒绝完成工作成果;或承运人因托运人未付运费而留置其货物,不为运送等。然而,承运人将货物运送至目的地后则可以主张留置权,因为其义务已经履行。②其三,动产的留置违反了公序良俗原则。

具体到本案而言:在积极要件方面,知全公司已经合法占有达畅公司的货物,且债务已届清偿期,这两个要件均已满足,但法院认为尚有几个要件未能满足,故知全公司不能行使留置权。对此作如下分析。

首先,关于知全公司所留置的并非债务人达畅公司所有的动产。这一点已经为法院所查明,但知全公司对此并不知情,且根据《合同法》的规定,承运人留置的动产并不要求一定属于托运人所有。故货物并不属于达畅公司所有这一点并不构成知全公司行使留置权的阻碍。

---

① 崔建远:《物权:规范与学说》,清华大学出版社 2011 年版,第 946~947 页。需要说明的是,由于《物权法》第 106 条第 3 款规定的是"当事人善意取得其他物权人,参照前两款的规定",而并非完全对应《物权法》第 1 款所规定的善意取得的构成要件,故可以根据他物权的具体情况,个别变通相关要件。

② 谢在全:《民法物权论》(下册)(修订五版),中国政法大学出版社 2011 年版,第 1077 页。

其次,关于知全公司留置的货物与其债权并不属于同一法律关系。在本案中,知全公司要求行使留置权对应的债权系知全公司、达畅公司间截止到 2009 年 4 月 16 日尚欠运费及利息,而知全公司占有所留置的钢材系依据知全公司、达畅公司间针对系争钢材的委托运输关系,即知全公司留置的财产显然与其主张的债权并非同一法律关系;但根据《物权法》的规定,企业之间留置的并不要求满足"同一法律关系"这一要件,故这一点也不构成知全公司行使留置权的障碍。

最后,关于知全公司行使留置权与其合同义务相抵触。二审法院认为,知全公司在接受达畅公司委托运输钢板后,其负有将钢板运到目的地的义务,不能因达畅公司之前拖欠运费而留置该钢板。由于判决书对于这一事实介绍得不是很清楚,我们无从判断知全公司是否已经将留置的货物运送到目的地,如果在运送至目的地后而留置,则并未违反其运送的义务;如果在运送之前而留置,则因与合同义务相抵触,知全公司不能行使留置权。

【思考题】

1. 简述留置权旳行使条件。
2. 简述留置权、质权、抵押权竞合时的处理规则。

第二十二章　占有

周某诉李某占有物返还纠纷案①

【案件事实】

2007年3月30日，原告周某与遵义市天晨利房地产开发有限公司（以下简称天晨利房开公司）签订了《商品房买卖合同》，周某购买天晨利房开公司开发的遵义市汇川区宁波路中央大厦的房屋一套。合同于签订当日办理了商品房预售合同备案登记，周某以预购房屋向中国建设银行遵义市红花岗区支行作抵押，并办理了预购商品房贷款抵押登记手续。2010年6月，周某办理了交房手续并领取了房屋钥匙，但一直未办理房屋所有权登记，周某对房屋一直未装修入住，仅在房屋内堆放了少量杂物。2016年3月19日，周某准备入住该房屋时，发现房屋由被告李某居住。周某遂向法院提起诉讼，主张李某返还房屋并赔偿租金损失2.4万元。

李某陈述，其系于2015年4月21日向孙某购买的此房，当时天晨利房开公司法定代表人王某也在场，王某声明该房未一房二卖，购房合法，并在合同上加盖了公司印章。房屋价格为17万元，系一次性支付。之所以便宜，是因为孙某说她开始购买的房屋被王某卖给别人了，就换成了此套房子。买房时李某未在房屋登记机关查询房屋权属情况，但从该栋楼别的住户那里了解房屋都没有办理产权登记。其于购房次日就在该房居住。

【争议焦点】

周某占有房屋但未办理房屋登记，该房被一房二卖后，其是否有权请求后买人返还房屋并赔偿损失？

【裁判理由及结果】

法院认为，首先，原告周某所购诉争房屋虽未办理房屋所有权登记，但已办理了商品房预售合同备案登记，取得了对诉争房屋的物权期待性权利，应受法律保护。《物权法》第20条第1款规定："预告登记后，未经预告登记的权利人同意，处

---

① 参见贵州省遵义市汇川区人民法院（2016）黔0303民初1744号民事判决书。

分该不动产的,不发生物权效力。"《物权法司法解释一》第 4 条规定:"未经预告登记的权利人同意,转移不动产所有权,或者设定建设用地使用权、地役权、抵押权等其他物权的,应当依照《物权法》第 20 条第 1 款的规定,认定其不发生物权效力。"即使被告李某陈述及举证属实,天晨利房开公司及孙某未经预告登记权利人周某的同意,处分诉争房屋也不发生物权效力。

其次,原告周某于 2010 年办理交房手续并取得房屋钥匙后,即依法取得该房屋的合法占有。《物权法》第 245 条第 1 款规定:"占有的不动产或者动产被侵占的,占有人有权请求返还原物;对妨害占有的行为,占有人有权请求排除妨害或者消除危险;因侵占或者妨害造成损害的,占有人有权请求损害赔偿。"由于天晨利房开公司及孙某处分该房屋不产生物权效力,李某占用该房无合法依据,应当将该房屋返还周某。李某主张其为善意,但转让价格 17 万元明显不合理,且在交易前未查询不动产权属登记情况,具有明显的过失。不仅不受善意取得制度的保护,作为恶意的占有人还应当赔偿周某因丧失占有而带来的损失,禁止其因违法行为不当获利;同时由于李某系恶意占有,其对争议房屋打水泥清光支付的费用无权请求补偿,而且因此给房屋造成的损害,周某可另案主张赔偿。至于租金损失,由于周某未申请房屋租金损失评估,周某已交首付款 85 707 元,通常情况下租金不会低于其所贷款每月应支付的本息,参考其每月归还贷款本息为 738～841 元,月租金应当不低于 800 元,遂按月租金 800 元计算,2015 年 4 月 22 日至 2016 年 4 月 22 日占用期间的损失为 9600 元。

【判例解析】

本案涉及对合法占有人权益保护问题。

在本案中,虽然原告尚未取得房屋所有权,但其作为合法占有人的利益应当得到法律的保护。

首先,周某对房屋的占有具有合法依据,而李某的占有则存在重大过失。虽然周某尚未办理房屋转移登记,但依《物权法》第 15 条的规定,未办理物权登记的,并不影响合同的效力,故其与天晨利房开公司签订的房屋买卖合同合法有效。周某在该合同的基础上办理了商品房预售合同备案登记及预购商品房抵押登记,并办理了房屋交房手续,其对房屋的占有属于合法占有。而从判决书所认定的事实来看,李某在签订合同时存在重大过失,再加上其对房屋的占有并没有正式的入房手续,故不应认定其对房屋的占有为合法占有。而由于李某既非善意,也未办理登记,故不能依《物权法》第 106 条的规定主张善意取得。

其次,从合同的成立时间及占有时间来看,周某所签订的买卖合同及对房屋的占有均早于李某。虽然周某尚未取得房屋所有权,但基于诚信原则和公平原则,其作为房屋先占有人的利益应当得到保护。

综上,周某应当被认定为涉诉房屋的合法占有人。其有权依《物权法》第245条第1款的规定,请求被告返还房屋并赔偿损失。就损害赔偿而言,周某所主张的系租金损失,该损失应当是已经确定发生的损失,应由周某予以举证,若其不能证明,则此项诉讼请求不能予以支持。然而,由于李某无权占有使用涉诉房屋对周某而言也构成了不当得利,故周某可以请求李某返还不当得利,而此项不当得利一般认为系"相当于租金的利益",故周某可依不当得利制度主张租金的返还。

最后值得说明是,法院在判决书中将商品房预售合同备案登记等同于预告登记,并认为其具有债权保护的效力。我们认为尚待商榷。所谓商品房预售合同备案登记,根据《城市房地产管理法》第45条第2款的规定,其系商品房预售人按照国家有关规定将预售合同报县级以上人民政府房地产管理部门和土地管理部门登记备案的一种登记。该法并未对此种登记的性质和效力予以明确的规定,就其目的而言,主要在于对房地产开发经营企业的商品房预售行为进行行政管理,而并非赋予合同当事人以优先和对抗效力,其与《物权法》中规定的预告登记有着明显的区别,故不能认为商品房预售合同备案登记具有预告登记的效力。

【思考题】

1. 什么是占有?为什么要保护占有?
2. 简述占有的效力及其保护方法。

第四篇

债权法

第二十三章　合同的订立

来某诉北京四通利方信息技术有限公司服务合同纠纷案 ①

【案件事实】

原告诉称:2001 年 4 月 22 日,我通过互联网在北京四通利方信息技术有限公司(以下简称四通利方公司)所属的新浪网上注册为会员,并根据该网站的承诺,使用网站提供的 50 兆容量的"免费邮箱"服务。该免费邮箱并没有真正的免费,用户发送和接收的电子邮件,均带有网站的商业广告。2001 年 8 月 2 日,新浪网通知所有用户,于 9 月 16 日零时将"免费邮箱"的容量从 50 兆缩减至 5 兆。新浪网不顾其承诺和信誉,在未经会员同意的情况下,擅自变更电子邮箱服务,压缩"免费邮箱"的容量,构成了违约。请求判令被告继续履行承诺提供 50 兆容量"免费邮箱"的服务。

原告提交的主要证据是:①网址为 http://members. sina. cn/scgi/olduser. fcg 的会员资料网页页面;②《新浪网北京站服务条款》;③收件人为〈××××@ sina. com〉的新浪会员注册成功确认邮件;④收件人为〈××××@ sina. com〉,主题为"恭喜您申请的新浪免费电子邮箱正式开通"的电子邮件;⑤网址为 http://mail. sina. com. cn 的网页页面。

被告辩称:我公司所属新浪网是根据服务条款向用户提供信息服务的。用户在新浪网注册会员身份时,新浪网全面展示了网站信息服务条款的内容。用户只有点击了"同意"键,表明接受服务条款的全部内容后,方能完成会员的注册,并使用"免费邮箱"服务。"免费邮箱"的电子邮件信息服务是完全免费的,不需要用户承担其他义务。由于网站的服务条款明确规定,网站有权在必要时调整服务合同条款,并随时更改和中断服务。所以,我公司调整"免费邮箱"容量不构成违约,不同意原告的诉讼请求。

被告提交的主要证据是:①新浪网会员注册步骤第三步页面;②《新浪网北京站服务条款》;③《新浪网免费电子邮件服务使用协议》。

---

① 参见北京市海淀区人民法院(2001)海民初字第 11606 号民事判决书。

北京市海淀区人民法院经审理查明：2001 年 4 月 22 日，原告来某通过互联网向被告四通利方公司所属新浪网申请会员注册登记，并选择了新浪网向会员提供的"免费邮箱"服务。新浪网在提供这项服务时承诺"免费邮箱"的容量为 50 兆，不收取信息服务费。原告来某在注册的当天，即收到新浪网关于会员注册成功和 50 兆"免费邮箱"开通确认的邮件，在使用"免费邮箱"的过程中，《新浪网》也从没有收取过电子邮件信息服务的费用。《新浪网》的日常信息服务还包括大量的商业信息，用户在浏览网站各类信息或者处理个人信息时，有关页面中经常附加有商业广告信息的提示，但是否阅读广告的具体内容由用户自己选择。同年 8 月 2 日和 9 月 13 日，《新浪网》在网站页面上向所有"免费邮箱"用户发出通知，声明将从 9 月 16 日起对"免费邮箱"的容量进行调整，只提供 5 兆容量的"免费邮箱"服务，仍不收取电子邮件信息服务的费用。9 月 16 日，《新浪网》统一将会员用户的"免费邮箱"的容量从 50 兆压缩为 5 兆。

另查，被告四通利方公司所属新浪网在网上接纳会员用户申请注册程序中，专门设立了一个向申请人展示网站的服务条款并要求申请人确认的步骤，申请人必须点击"我同意"的标识，表示同意网站的服务条款内容后，方可继续进行会员的注册登记。被告四通利方公司的《新浪网北京站服务条款》共计 15 条，内容包括电子服务的所有权人和运作者身份、服务内容的介绍、服务条款的变动与修订、用户应遵循的守则、网站的通告提示、告知义务等。其中"确认和接纳"一项中规定："新浪网提供的服务将完全按照其发布的章程、服务条款和操作规则严格执行。用户必须完全同意所有的服务条款并完成注册程序，才能成为《新浪网》的正式用户"。"服务条款的修改和服务修订"一项中规定："新浪网有权在必要时修改服务条款，新浪网服务条款一旦发生变动，将会在重要页面上提示修改内容。如果不同意所改动的内容，用户可以主动取消所获得的网络服务。如果用户继续享用网络服务，则视为接受服务条款的变动。新浪网保留随时修改或中断服务的权利，不需对用户或第三方负责。"此外，会员用户使用"免费邮箱"时，还要在网上确认新浪网的《免费电子邮箱服务使用协议》，该协议与《新浪网北京站服务条款》的内容基本一致。

【争议焦点】

新浪网是否有权修改免费服务条款？

【裁判理由及结果】

北京市海淀区人民法院认为，《合同法》第 10 条第 1 款规定："当事人订立合同，有书面形式、口头形式和其他形式。"第 11 条规定："书面形式是指合同书、信件和数据电文(包括电报、电传、传真、电子数据交换和电子邮件)等可以有形地表现所载内容的形式。"新浪网是以《新浪网北京站服务条款》为承诺,向会员提供信息服务的。该服务条款确定了网站向用户提供信息服务的权利和义务,实际上是一种电子数据文本形式的信息服务合同。根据网站的程序设计,服务条款的具体内容在网站的页面中已经向用户做了全面展示。会员申请注册时,对条款的具体权利和义务内容可以表示同意,并继续进行申请注册的下一个步骤;也可以表示不同意,并放弃申请注册的操作。按照会员申请注册步骤,申请人只有在单击"我同意"即表示确认服务条款的内容后,方可能最终完成会员的注册登记。原告来某是按照这样的程序完成会员注册的,应认定他在注册登记过程中注意到了网站的特别提示,并对网站服务条款的全部内容有所了解。他在注册登记时自愿点击了"我同意"的标识,是表示确认网站服务条款内容的行为,即对遵守被告四通利方公司新浪网服务条款的要约表示同意。双方的信息服务合同关系,在原告来某完成注册申请后即告成立。对于新浪网的《免费电子邮箱服务使用协议》,原告虽然表示在注册时没有见过,但由于《免费电子邮箱服务使用协议》与《新浪网北京站服务条款》的内容基本一致,不影响双方有关信息服务权利和义务的约定。

原告来某是自愿选择使用"免费邮箱"信息服务的。这项服务是《新浪网》无偿向用户提供的个人网络邮件信息服务项目,用户除承诺遵守网站的服务条款外,不需要支付费用就可以利用这项服务发送或者接收电子邮件,也不需要承担其他义务。被告四通利方公司所属新浪网以"免费邮箱"的形式向用户提供无偿信息服务,是网站经营网络信息服务的权利。由于"免费邮箱"服务是网站单方面向用户无偿提供的,网站在提供该项服务时,出于维护自身权益的需要,有权对如何提供这项服务予以说明或者保留,并要求使用"免费邮箱"的用户遵守,也可以在不违反法律的强制性规定的情况下,根据约定或者声明,对这项服务进行合理的变更。在原告注册使用新浪网的"免费邮箱"后,被告履行了承诺,提供了无偿电子邮箱信息服务,但是没有根据认为,被告单方面提供的无偿电子邮件信息服务,是法律规定或者双方约定的义务。作为被告的权利,这项服务是可以进行变更的,只要被告对这项服务的变更是合理的,不违反与用户的事先约定,不损害用户的有偿服务,不违反法律的强制性规定和社会公共利益,就应该是合法的。至于新浪网的商业信息服务,是与其他信息服务一并向用户提供的。用户进入网站后,是否注册使用"免费邮箱"处理个人信息,都会浏览到附加在页面中的商业广告信息。在向用户提供有关信息服务的同时,一并提供其他商业信息服务,甚至在每个页面上都附加一定数量的商业信息,这是商业网站的主要特点之一。这些广告信息只是提示用户注意浏览,并不是要求用户必须阅读其内容或者参与其活动。新浪网作为商业性网站,如何在网页中展示商业信息,是由其自身的经营方式决定的;是否认可新浪网提供的商业信息服务的方式,用户也有权自由选择。新浪网承诺向用户提供的"免费邮箱"服务,是指不收取电子邮箱的信息服务费用,其他方面的信息服务是网站按其经营惯例进行的,与"免费邮箱"服务项目本身无关。根据新浪网和原告来某依照服务条款约定的信息服务内容,网站是否在用户个人信息网页中附加商业广告信息服务,与用户使用"免费邮箱"服务不构成对应的权利义务关系。被告在提供电子邮件免费服务时,没有对原告来某进行欺骗或者隐瞒,也没有加重原告来某的义务和责任,不影响双方合同约定的有关信息服务权利和义务的效力。被告四通利方公司所属新浪网在不违反法律或者行政法规的禁止性规定情况下,根据服务条款的规定,变更免费信息服务的内容,并履行了提示义务,不构成违约。原告来某如果认为新浪网"免费邮箱"容量被压缩后难以满足其当初注册申请使用时的初衷,可自行决定停止使用。

综上,北京市海淀区人民法院判决驳回原告来某要求四通利方公司继续履行提供 50 兆容量免费电子邮箱服务的诉讼请求。

一审宣判后,来某不服,向北京市第一中级人民法院提出上诉。理由是:一审法院事实认定错误,《新浪网北京站服务条款》系格式条款合同,应属无效。要求撤销原判,由四通利方公司恢复原有的 50 兆容量的电子邮箱服务。

北京市第一中级人民法院经审理,确认一审判决认定的事实属实。

北京市第一中级人民法院根据《合同法》第 39 条、第 40 条以及第 52 条、第 53 条规定认为,被告四通利方公司所属新浪网在网站页面上向用户展示的网站服务条款内容,符合预先拟定并可重复使用的特征,应属于格式条款合同。在网络信息服务中,网站与用户都是通过网络联系沟通的。网站采用电子文本的格式条款合同方式,供用户选择并确定双方有关信息服务的权利义务关系,不违反法律的规定。对于当事人双方订立的格式条款合同,只要合同的约定内容不违反法律的禁止性规定,应视为有效。《新浪网北京站服务条款》作为双方确认的信息服务合同,对双方当事人的权利和义务作了具体的约定,该服务条款虽然属于格式条款,但上诉人在诉讼中不能说明其存在违反法律规定,侵害国家、集体或其他人的合法权益,损害社会公共利益或者免除义务人的法律责任,加重权利人的责任,排除权利人的主要权利等法律禁止的内容,服务条款对双方当事人应具有法律上的约束力。

"免费邮箱"电子邮件服务是四通利方公司所属新浪网自愿单方面无偿提供的一项服务,应认定四通利方公司有权根据服务条款对此进行合理的变更。新浪网在将"免费邮箱"由原 50 兆容量调整为 5 兆前,已事先在网站的重要页面上作出声明,履行了服务条款中的说明和提示义务,其行为应该是合法有效的,不构成违约。来某要求撤销原判,由四通利方公司恢复原有的 50 兆容量的电子邮箱服务的上诉请求,不予支持。

据此,北京市第一中级人民法院判决驳回上诉,维持原判。

【判例解析】

现代社会交流、工作、生活等活动的途径、范围和频率已不再局限于传统方式,而是以科技为平台展开,互联网技术中的邮箱服务早已成为重要通信方式。原告来某与被告北京四通利方信息技术有限公司服务合同纠纷案,折射出现代科技时代市场经济条件下中国国民民事权利意识的提升,同时也反映出中国合同法法治水平的进步。一审、二审处理这一案件实体法根据的关键要素是对格式条款的理解。

格式条款是当事人为了重复使用而预先拟定,并在订立合同时未与对方协商的条款。在三足鼎立的合同法时代,理论上所使用的多是格式合同概念,而在统一合同法时代,合同法明文规定了格式条款。格式条款合同指包含格式条款的合同,由于该合同中的全部条款未必均为格式条款,因此,不宜直接称为格式合同。标准合同与格式条款合同不同,标准合同又可以称为示范合同,是指根据法规和惯例而确定的用于对合同制订起示范作用的文件。在日常生活中,格式条款随处可见,从电信、邮政、公共运输、商品房买卖、家庭装修、物业服务,到金融、保险、教育、培训、中介服务、网上交易、公共服务行业、商场、超市,存在着大量的格式条款。表达形式或者是店堂告示,或者是统一印刷于一定文件上的说明,或者是存在于合同书中的具体条款。

在合同法实践中,识别一项合同条款本身是否是格式条款,可以从以下因素量考:是否具有预先拟定性? 是否具有不可协商性? 是否具有反复适用性? 预先拟定性是指单方事先拟定,经常是基于交易便利、节约成本、方便管理等方面的考虑。[1]不可协商性指格式条款被一方预先拟定后,交易相对方无权再就该条款进行协商,没有讨价还价的余地,要么全部接受,要么全部拒绝。反复适用性指格式条款一般反复使用于内容相同、性质一致的同类交易活动,普遍适用于一切想要订立此类合同的当事人,这是从格式条款的使用目的来考虑的。

由于格式条款的单方拟定性,因此,最容易出现的问题是霸王条款。为保障合同权利义务的对等与公平,《合同法》从订立程序、效力说明、解释规则等方面对格式条款进行了规范。

【思考题】

1. 试述格式条款的效力规范。
2. 试述格式条款的解释规则。
3. 试述格式条款与合同自由的关系。

---

[1] 尹忠显主编:《新合同法审判实务研究》,人民法院出版社2006年版,第56页。

第二十四章 合同的效力

尚某与王某某、鱼某某确认合同无效纠纷案①

【案件事实】

2012年9月8日被告王某某、鱼某某(乙方)与长武县永德宏商贸有限责任公司(甲方)签订了炫彩购物街租赁合同,合同期限为2012年8月28日至2013年8月27日。合同中第10条规定,有下列情形之一的,甲方有权解除合同:"(1)……(2)……(3)乙方随意停止营业或擅自将本合同权利义务转让给第三者,或私自与第三者合作经营该专柜,以及参与其他有损甲方权益的事宜……"2013年3月,被告鱼某某向社会张贴广告转让其租赁的商铺。2013年3月19日尚某与鱼某某、王某某双方协商达成转让鱼某某、王某某在炫彩购物街"相思鸟"专柜的协议,并且原告向二被告支付定金500元。原告拟写了转让协议,同年3月20日双方签订转让协议,转让内容包括租赁费、装修费、模体折价及必要物品。约定转让总金额为34 500元。签订协议之日,原告支付二被告转让费24 000元,并约定余下10 000元,在交付商铺时给付。2013年4月20日二被告按约定将商铺交与原告,次日,原告开始经营服装生意。在原告持续经营十三天后,将货物全部自行搬出商铺。原告遂以永德宏商贸有限责任公司规定不得随意转让为由找二被告解除合同未果,并拒付余下的10 000元。② 原、被告在签订转让协议时均未征得永德宏商贸有限责任公司同意,但在诉讼中,永德宏商贸有限责任公司对原、被告之间的转让行为明确表示默许认可,永德宏商贸有限责任公司在原告经营期间也未进行阻挡,并按其他商户予以同等管理和服务。原告以转让协议未经永德宏商贸有限责任公司同意为由请求确认该协议无效,并退还原告所交转让费用24 500元、承担原告误工费4500元、购进货物往返差费1500元,商品造成的积压损失2400元。

被告王某某、鱼某某辩称,对于该转让协议,长武县永德宏商贸有限责任公司

---

① 参见陕西省长武县人民法院(2013)长民初字第00286号民事判决书;陕西省咸阳市中级人民法院(2013)咸民终字第01006号;陕西省咸阳市中级人民法院(2013)咸中民监字第00011号民事裁定书。

② 案情简介引自贾和平:"效力待定合同经过权利人的追认合同有效",咸阳法院网,http:11sxxyzy. chinacourt. org/article/detail/2014/09/id/1451466.5html,访问日期:2018年5月14日。

持默许态度,该转让协议合法有效。原告在转让后进行了十几天的经营,在没有任何人阻挡的情况下搬出,已构成违约。原告诉请退还转让费等请求不能成立,由于原告未按合同履行,反诉要求原告给付欠下的10 000元,并按协议承担违约金。

【争议焦点】

原被告双方所签订的关于转让被告在长武县永德宏商贸有限责任公司炫彩购物街"相思鸟"柜台的协议是否有效?如果有效是何方违约?

【裁判理由及结果】

一审法院认为,合同是当事人之间设立、变更、终止民事关系的协议。依法成立的合同,受法律保护。本案中,原、被告在未征得永德宏商贸有限责任公司同意的情况下,签订了转让协议,违反了永德宏商贸有限责任公司与鱼某某的租赁合同中不得私自转让的约定,也违反了《合同法》第88条当事人一方经对方同意,可以将自己在合同中的权利和义务一并转让给第三人的规定,《合同法》第88条属任意性规范,虽然双方转让时未取得永德宏商贸有限责任公司同意,但由于双方的转让行为未违反法律的强制性规定,所以并不必然导致转让合同无效,该转让合同属效力待定的合同。效力待定的合同虽欠缺法律关于合同的生效要件,但经过权利人的追认可以生效,在追认之前,合同的效力处于待定状态。诉讼中权利人永德宏商贸有限责任公司对原、被告转让行为进行了追认,明确表示默认许可,因此,原、被告之间签订的转让协议有效。

本案原、被告在协议签订后,本应正确履行各自的权利和义务,但原告在接收商铺经营13天后,在无他人的干涉下私自搬出商铺,拒付余下的10 000元,并要求解除协议、退还转让费,违反了法律的规定,属违约行为。因此,原告诉讼要求确认合同无效的诉请应予以驳回。对原告要求赔偿的其他请求一节,因其在庭审中明确表示仅要求二被告退还已给付的24 500元,对其他事项不再要求,对此本院予以认同。对二被告要求原告给付余下的10 000元转让费并按转让协议承担违约金的反诉请求,因原告在履行合同过程中未按转让协议给付二被告余下的转让费10 000元,存在违约,因此,对二被告的反诉请求应予部分支持,对要求原告按照协议承担3倍转让费的违约金的请求因明显超过其实际损失,因此,对要求承担违约金的数额应予以合理调整。遂依据相关法之规定,判决:①驳回原告尚某对被告鱼某某、王某某的诉讼请求;②原告尚某给付被告鱼某某、王某某转让费10 000元;③原告尚某支付被告鱼某某、王某某违约金500元。

宣判后,尚某不服,提起上诉请求依法撤销原审判决,认定转让协议无效,二被上诉人返还上诉人已缴的租赁费24 500元。

二审法院判决驳回上诉,维持原判。判决生效后,尚某仍不服,又提出申请再审,再审法院裁定驳回其再审申请。

【判例解析】

本案涉及对无效合同及效力待定合同的理解。

所谓无效合同,是指成立后因不符合合同的生效要件而自始、当然、确定无效的合同。根据《合同法》第52条的规定,有下列情形之一的,合同无效:①一方以欺诈、胁迫的手段订立合同,损害国家利益;②恶意串通,损害国家、集体或者第三人利益;③以合法形式掩盖非法目的;④损害社会公共利益;⑤违反法律、行政法规的强制性规定。在本案中,显然并不存在上述情形,故不应认定合同无效。

本案所涉合同实际上属于效力待定合同。在本案中,鱼某某二人与永德宏商贸有限责任公司签订炫彩购物街租赁合同后,将该合同所涉及的商铺转让给尚某,这在法律上称为合同权利义务的转让,依《合同法》第88条的规定,当事人一方经对方同意,可以将自己在合同中的权利和义务一并转让给第三人。这在解释上可以认为转让合同权利义务的合同为效力待定的合同,在经过合同相对人同意时即为有效。而且,鱼某某二人与永德宏商贸有限责任公司签订了炫彩购物街租赁合同,合同中明确约定鱼某某二人不得擅自将合同权利义务转让给第三人。这一内容与《合同法》第88条的规定并无二致,且该转让协议也无《合同法》第52条所规定的合同无效的情形,故该协议的效力可认定为效力待定。效力待定的合同须经有追认权的当事人的追认始生效力。在该案中,虽然鱼某某二人与尚某签订协议时未经永德宏商贸有限责任公司的同意,但该公司并未对双方的转让行为及上诉人的经营行为进行干涉,对尚某的经营行为未进行阻挡,并按其他商户予以同等管理和服务,这说明公司以行为对鱼某二人的转让行为予以追认,该转让协议应认为有效。

在认定转让协议有效的情形下,根据《合同法》第60条和第107条的规定,当事人应当按照合同约定全面履行自己的义务,不得擅自变更或者解除合同。当事人一方不履行合同义务或者履行合同不符合约定的,应当承担继续履行、采取补救措施或者赔偿损失等违约责任。据此,尚某应按协议履行义务,其无权要求鱼某某二人返还已给付的转让费24 500元。其所主张的损失,乃其自行终止经营所造成,与鱼某某二人无关,故对其赔偿损失的诉讼请求,也不应予以支持。

【思考题】

1. 试述合同成立与合同生效的区别。
2. 试述无效合同、可撤销合同以及效力待定合同的区别。

第二十五章 合同的履行

专题一 合同履行的原则

刘某诉中国移动通信集团江苏有限公司
徐州分公司电信服务合同纠纷案 ①

【案件事实】

2009 年 11 月 24 日,原告刘某在被告中国移动通信集团江苏有限公司徐州分公司(以下简称移动徐州分公司)营业厅申请办理"神州行标准卡",手机号码为 1590520×××,付费方式为预付费。原告当场预付话费 50 元,并参与移动徐州分公司充 50 元送 50 元的活动。在业务受理单所附《中国移动通信客户入网服务协议》中,双方对各自的权利和义务进行了约定,其中第四项特殊情况的承担中的第 1 条为,在下列情况下,乙方有权暂停或限制甲方的移动通信服务,由此给甲方造成的损失,乙方不承担责任:①甲方银行账户被查封、冻结或余额不足等非乙方原因造成的结算时扣划不成功的;②甲方预付费使用完毕而未及时补交款项(包括预付费账户余额不足以扣划下一笔预付费用)的。

2010 年 7 月 5 日,原告在中国移动官方网站网上营业厅通过银联卡网上充值 50 元。2010 年 11 月 7 日,原告在使用该手机号码时发现该手机号码已被停机,原告到被告的营业厅查询,得知被告于 2010 年 10 月 23 日因话费有效期到期而暂停移动通信服务,此时账户余额为 11.70 元。原告认为被告单方终止服务构成合同违约,遂诉至法院。②

【争议焦点】

1. 经营者在格式合同中未明确规定对某项商品或服务的限制条件,且未能证明在订立合同时已将该限制条件明确告知消费者并获得消费者同意的,该限制条件对消费者是否产生效力?

---

① 参见徐州市泉山区人民法院(2011)泉商初字第 240 号民事判决书。
② 案件事实引自最高人民法院审判委员会通过 2016 年 6 月 30 日发布的指导案例 64 号。

2. 电信服务企业在订立合同时未向消费者告知某项服务设定了有效期限限制,在合同履行中又以该项服务超过有效期限为由限制或停止对消费者服务的,是否构成违约?

【裁判理由及结果】

法院认为:电信用户的知情权是电信用户在接受电信服务时的一项基本权利,用户在办理电信业务时,电信业务的经营者必须向其明确说明该电信业务的内容,包括业务功能、费用收取办法及交费时间、障碍申告等。如果用户在不知悉该电信业务的真实情况下进行消费,就会剥夺用户对电信业务的选择权,达不到真正追求的电信消费目的。依据《合同法》第 39 条的规定,电信业务的经营者作为提供电信服务合同格式条款的一方,应当遵循公平原则确定与电信用户的权利和义务内容,权利和义务的内容必须符合维护电信用户和电信业务经营者的合法权益、促进电信业的健康发展的立法目的,须有效告知对方注意免除或者限制其责任的条款并向其释明。业务受理单、入网服务协议是电信服务合同的主要内容,确定了原被告双方的权利义务内容,入网服务协议第四项约定有权暂停或限制移动通信服务的情形,第五项约定有权解除协议、收回号码、终止提供服务的情形,均没有因有效期到期而中止、解除、终止合同的约定。而话费有效期限制直接影响到原告手机号码的正常使用,一旦有效期到期,将导致停机、号码被收回的后果,因此,被告对此负有明确如实告知的义务,且在订立电信服务合同之前就应如实告知原告。如果在订立合同之前未告知,即使在缴费阶段告知,亦剥夺了当事人的选择权,有违公平和诚实信用原则。被告主张“通过单联发票、宣传册和短信的方式向原告告知了有效期”,但未能提供有效的证据予以证明。综上,本案被告既未在电信服务合同中约定有效期内容,亦未提供有效证据证实已将有效期限制明确告知原告,被告暂停服务、收回号码的行为构成违约,应当承担继续履行等违约责任,故对原告主张“取消被告对原告的话费有效期的限制,继续履行合同”的诉讼请求依法予以支持。法院判决:被告中国移动通信集团江苏有限公司徐州分公司于本判决生效之日起十日内取消对原告刘超捷的手机号码为 1590520×××× 的话费有效期的限制,恢复该号码的移动通信服务。

【判例解析】

手机是当代人进行交流沟通的主要工具,手机被停服务会带来巨大不便甚至财产损失。本案案情并不复杂,但涉及合同履行原则相关知识。合同履行是指债务人全面、适当完成其合同义务,债权人合同债权得以完全实现。合同履行是合同法律效力的主要内容,是整个合同法的核心。合同履行以合同成立为前提,依据和动力在于合同的法律效力。合同履行是一个过程,其中包括执行合同义务的准备、具体合同义务的执行、义务执行的善后等。在这一过程中,具体合同义务的执行是合同履行的核心内容,传统意义上的合同履行,指的就是这一阶段的合同履行。然而,为执行合同义务,所做的准备和义务执行完毕后的善后义务,虽然不是合同规定的义务,但因其与第二阶段意义上的合同履行具有密切联系,也应是合同履行的内容。这也是现代合同法发展的趋势。为保障合同效力实现,维护当事人合同利益和市场流转秩序,目前合同法设计了合同履行原则、合同履行规则、合同履行抗辩权、合同履行保全等具体法律制度。合同实践多元复杂、情势常变,因此,合同履行原则就发挥着兜底作用或演化为底线规则。移动徐州分公司在本案中发生违约,主要是违背了合同履行原则中所包含的法律义务。

《合同法》第60条第1款规定:"当事人应当按照约定全面履行自己的义务。"这一规定,确立了全面履行原则。它要求当事人按合同约定的标的及其质量、数量,合同约定的履行期限、履行地点、适当的履行方式,全面完成合同义务。《合同法》第60条第2款规定:"当事人应当遵循诚实信用原则,根据合同的性质、目的和交易习惯履行通知、协助、保密等义务。"这是诚信原则在履行阶段的具体要求,它是协商履行原则①。什么是"交易习惯"?《最高人民法院关于适用〈中华人民共和国合同法〉若干问题的解释(二)》(以下简称《合同法解释(二)》)第7条规定:"下列情形,不违反法律、行政法规强制性规定的,人民法院可以认定为合同法所称'交易习惯':(一)在交易行为当地或者某一领域、某一行业通常采用并为交易对方订立合同时所知道或者应当知道的做法;(二)当事人双方经常使用的习惯做法。对于交易习惯,由提出主张的一方当事人承担举证责任。"此外,《合同法解释(二)》第26条规定:"合同成立以后客观情况发生了当事人在订立合同时无法预见的、非不可抗力造成的不属于商业风险的重大变化,继续履行合同对于一方当事人明显不公平或者不能实现合同目的,当事人请求人民法院变更或者解除合同的,人民法院应当根据公平原则,并结合案件的实际情况确定是否变更或者解除。"这个履行原则是合同法公平原则在履行阶段的体现,一般称为情势变更原则。所谓情势变更,是指合同有效成立后,因不可归责于双方当事人的原因发生情势变更,致使合同基础动摇或丧失,若继续维持合同原有效力,显失公平,允许变更合同内容或者解除合同的法律制度。本案不存在情势变更的情形,违背了《合同法》第60条第2款的规定,构成违约,同时符合继续履行救济方式的构成要件,因此应当继续履行。

---

① 柴振国、何秉群等:《合同法研究》,警官教育出版社1999年版,第153页。

【思考题】

1. 什么是合同的履行?
2. 合同的履行需要遵循何种原则?

专题二　债权人撤销权

丹东通宇建筑工程公司与丹东客来多购物广场有限公司、
丹东市金源房地产开发有限公司债权人撤销权纠纷案 ①

【案件事实】

2000 年 4 月 18 日,丹东通宇建筑工程公司(以下简称通宇公司)与丹东市金源房地产开发有限公司(以下简称金源公司)签订建设工程施工合同,由通宇公司承包金源公司开发的金源综合楼,通宇公司依约进行了施工。2006 年 5 月 7 日,通宇公司与金源公司共同签署了一份工程款支付明细表,确认金源公司应支付通宇公司工程款为 16 846 516 元。2006 年 10 月 13 日,丹东市仲裁委员会作出丹仲裁字(2006)第 80 号裁决书,裁决金源公司自裁决书作出之日起 10 日内给付通宇公司款项共计人民币 16 846 516 元,并承担仲裁费 63 720 元。

2002 年 1 月 20 日,通宇公司与金源公司签订《补充合同协议书》约定,结算时,金源公司商品房收入不足以结算工程款,差额部分又不能及时结清时,金源公司以金源小区一、二层大市场门市房面积抵顶,价格参照该地段回迁户门市房价格,以每平方米 5500 元为准。

2002 年 1 月 23 日,辽宁客来多公司向金源公司出具《垫付款证明》,其内容为:我司于 2000 年 2 月至 2001 年 12 月向贵司共支付 21 笔,金额为 1683 万元,转成我司在丹东新成立公司"丹东客来多购物广场有限公司(以下简称丹东客来多公司)"购房款。2010 年 7 月 9 日,辽宁客来多公司向辽宁省高级人民法院出具《垫付款说明》,其内容为:我司于 2000 年 2 月至 2001 年 12 月向金源公司共支付 21 笔,金额为 1683 万元,实为丹东客来多公司购房款。

2002 年 1 月 31 日,金源公司与丹东客来多公司签订《关于商业用房转让协

---

① 参见最高人民法院(2013)民抗字第 48 号民事判决书。

议》,约定将金源公司所有的位于丹东市振兴区五经街51号的1~2层商业用房转让给丹东客来多公司,建筑面积8417.2平方米,双方协商价格为每平方米2000元,合计16 834 400元。同时约定房款待过户手续完毕后付清,过户费用由丹东客来多公司承担,未尽事宜由双方协商解决。该协议落款处有金源公司法定代表人许某、丹东客来多公司法定代表人王某签字并加盖有两公司的公章。

2002年2月5日,丹东客来多公司取得上述房屋的房屋所有权证书。2002年2月22日,丹东信达房地产估价有限责任公司对该处房屋进行市场价格评估,结论为每平方米5200元。

2006年10月31日,通宇公司以金源公司与丹东客来多公司非法转让诉争房产对其已造成损害为由,诉至法院,要求撤销上述转让行为。

此外,丹东仲裁委员会丹仲裁字(2006)第80号裁决书审理查明:通宇公司承建金源公司金源综合楼工程总造价为31 376 516元;通宇公司为金源公司垫付占道费27万元、银行利息43万元、抵顶工程款商品房销售税金168万元;2000年9月,金源公司因开发建设需要向通宇公司借款人民币200万元,并承诺于2000年12月底前偿还,后未能按期偿还,金源公司遂于2000年12月31日就上述200万元借款向通宇公司补签借据一份,2006年5月6日,双方确认截止当日止,上述200万元借款的利息为127万元。自2000年4月至仲裁时,金源公司陆续以货币方式给付通宇公司工程款980万元、以56套商品房抵顶工程款1038万元,两项合计人民币2018万元。2006年5月7日,双方签订工程款支付明细表,共同认定:①金源综合楼工程结算金额31 376 516元;②金源公司欠通宇公司借款本息327万元;③通宇公司垫付抵顶工程款的56套商品房销售税金168万元;④通宇公司为金源公司垫付占道费、贷款利息合计70万元;⑤金源公司已支付工程款(包括抵顶商品房)2018万元。根据上述五项,金源公司应支付通宇公司的欠款总数为16 846 516元,双方均在此工程款支付明细表上签章。对上述仲裁裁决书所查明的债权总额,丹东客来多公司除对工程款31 376 516元予以认可外,对其余565万元均认为系金源公司与通宇公司虚构的债权而不予认可。通宇公司、金源公司均称上述债权系真实的,但认可其中168万元商品房销售税金和27万元占道费尚未向有关部门实际缴纳,金源公司同时确认自仲裁裁决后未向通宇公司还款。

【争议焦点】

本案争议的主要问题是:第一,丹东客来多公司是否无偿取得诉争房产? 第二,通宇公司对金源公司的债权尚有多少未获清偿? 并是否可以据以行使撤销权?

【裁判理由及结果】

该案经一审、二审、三次再审。

1. 一审裁判

丹东市振兴区人民法院一审认为,金源公司为逃避债务,将诉争房产无偿转让给丹东客来多公司,致使金源公司不能偿还应负债务,严重损害了通宇公司的利益,通宇公司要求撤销上述无偿转让财产行为的请求合法,应予支持。因为金源公司没有证据证明其已经将转让行为告知通宇公司或进行公示,也没有证据证明通宇公司在金源公司转让财产一年内知道或者应当知道该情形,故丹东客来多公司关于通宇公司行使撤销权已经超过一年而不应予以保护的主张不予支持。丹东市振兴区人民法院依照《合同法》第74条、第75条之规定,判决撤销被告丹东市金源房地产开发有限公司与第三人丹东客来多购物广场有限公司无偿转让丹东市振兴区五经街51号1~2层建筑面积为8417.2平方米商业用房的行为。①

2. 二审裁判

丹东客来多公司不服一审判决,提出上诉。

丹东市中级人民法院二审认为,金源公司欠付通宇公司工程款的事实及数额,双方没有争议,已经生效的仲裁裁决确认,因金源公司无财产可供执行,通宇公司要求撤销金源公司无偿向丹东客来多公司转让财产的行为,一审判决撤销该转让行为正确。丹东客来多公司主张诉争房产系有偿转让,且依法办理了过户登记手续。但金源公司当庭承认是无偿转让,没有支付价款,丹东客来多公司一审中没有提交有偿转让的证据,二审中提供的是付款凭证的复印件,没有提供原件,也没有其他证据相互印证,故不能认定其真实性。判决驳回上诉,维持原判。②

3. 第一次再审裁判

二审判决后,辽宁省人民检察院对本案提出抗诉,丹东市中级人民法院对本案进行了再审。

丹东市中级人民法院再审认为,根据相关事实应认定丹东客来多公司系无偿受让该处房产。在金源公司将诉争房产无偿转让给丹东客来多公司后,金源公司已无财产可供偿还债务,对通宇公司行使债权造成损害,通宇公司起诉请求行使撤销权符合法律规定,其行使范围以通宇公司对金源公司享有的债权16 846 516元为限。鉴于通宇公司与金源公司已经约定按每平方米5500元的价格用房产抵顶工程款,据此计算,抵顶3063平方米商业用房即可实现通宇公司对金源公司享有的债权,因此,应当确认金源公司和丹东客来多公司之间转让房产的行为部分无效。遂判决:以丹东通宇建筑工程公司享有对丹东市金源房地产开发有限公司债权

---

① 参见辽宁省丹东市振兴区人民法院(2007)兴民三初字第47号民事判决书。

② 参见辽宁省丹东市中级人民法院(2007)丹民三终字第75号民事判决书。

16 846 516元为限,确认丹东市金源房地产开发有限公司与丹东客来多购物广场有限公司转让丹东市振兴区五经街51号1~2层建筑面积为8417.2平方米商业用房中3063平方米(按丹东通宇建筑工程公司与丹东市金源房地产开发有限公司协议的每平方米5500元计算)的行为无效。①

4. 第二次再审裁判

丹东客来多公司不服,向辽宁省高级人民法院申请再审,辽宁省高级人民法院裁定提审本案。

辽宁省高级人民法院再审认为,企业被吊销营业执照,但其作为民事主体的资格并未被剥夺,仍可以自己的名义进行诉讼活动。通宇公司被吊销营业执照后,其真实的公章在丹东边境管委会封存,其起诉使用的公章虽非封存公章,但通宇公司代表人当庭表示承认起诉行为,且丹东边境管委会也为通宇公司补盖了公章,因此,通宇公司作为本案的诉讼主体适格,丹东客来多公司提出的通宇公司不具有诉讼主体资格的主张不能成立。

丹东客来多公司支付1683万元购房款的证据充分,一是这些款项有付款凭证证明,并且多数通过银行转账形成,还有银行票据为凭,也经过多次质证,可以排除相关矛盾点和怀疑。二是辽宁客来多公司出具的《情况说明》,进一步证明了1683万元资金的来源和用途,与有关转款票据共同起到了相互证明的效力。三是上述证据与此后辽宁客来多公司出具的《垫付款证明》《垫付款说明》以及辽宁客来多公司法定代表人王某出具的证言相一致,加之丹东客来多公司提交的票据都是原始账面票据,能够证实辽宁客来多公司为丹东客来多公司购买房产向金源公司支付1683万元垫付款的事实,并进而证明丹东客来多公司取得诉争房产时支付了对价。原审判决认定丹东客来多公司取得诉争房产为无偿受让,系认定事实错误。同时,从主观上看,没有证据证明丹东客来多公司具有恶意,本案在主观要件方面不构成行使撤销权的条件,对丹东客来多公司提出的本案不具有行使撤销权条件的理由予以采信。综上,辽宁省高级人民法院作出(2009)辽审民提字第81号民事判决,撤销原判决并驳回丹东通宇建筑工程公司的诉讼请求。②

5. 第三次再审裁判

辽宁省高级人民法院再审判决后,通宇公司不服,申请再审,再审法院驳回通宇公司的再审申请。最高人民检察院抗诉认为,辽宁省高级人民法院再审判决认定事实和适用法律均有错误。

---

① 参见辽宁省丹东市中级人民法院(2008)丹审民终再字第15号民事判决书。

② 参见辽宁省高级人民法院(2009)辽审民提字第81号民事判决书。

最高人民法院认为,债权人行使撤销权,应当以真实、合法的债权为前提,并需符合《中华人民共和国合同法》规定的撤销权行使条件。债权人依法行使撤销权,对债务人和受让财产的第三人而言,均造成不利后果,特别是受让财产的第三人并非债权债务关系的当事人,通过撤销权的方式使其承受不利后果,实则是在法定条件下对合同相对性原则的突破,因此,除债务人可以对债权人的债权及撤销权的行使提出相应抗辩外,作为第三人的受让人,同样可以对债权人的债权及撤销权的行使提出异议,并在异议成立的范围内相应对抗债权人行使撤销权。在此认识的基础上,最高人民法院认为:

第一,关于丹东客来多公司是否无偿受让诉争房产问题。

本案中,丹东客来多公司并未直接向金源公司支付购房款,并辩称是以辽宁客来多公司此前的付款折抵购房款,这种付款方式本身不违反法律规定,辽宁客来多公司也确实向金源公司支付了1683万元款项,目前各方就此争议的是该笔款项是否确实转为丹东客来多公司的购房款。从目前查明的事实来看,虽然辽宁客来多公司和丹东客来多公司均称此次付款已经转为丹东客来多公司的购房款,但丹东客来多公司作为付款人至今仍未持有金源公司开具的购房款收据,而辽宁客来多公司却仍然持有金源公司此前为其开具的付款收据原件,并未将其退回金源公司。辽宁客来多公司虽于2002年1月23日出具《垫付款证明》,表示将上述款项转为丹东客来多公司的购房款,但在此后金源公司与丹东客来多公司签订的转让协议上,却并未体现这一重要事实,反而约定"房款待过户手续完毕后付清",且在该协议上签字的丹东客来多公司法定代表人王某,同时也是辽宁客来多公司的法定代表人。以上事实与金源公司在本案诉讼中所称金源公司并未实际收取购房款、亦未向丹东客来多公司出具收据、向相关管理部门提交的收据仅为办理过户手续所用的说法可以相互印证。综上,在辽宁客来多公司持有相关付款收据而丹东客来多公司未取得购房款收据的情况下,丹东客来多公司仅以辽宁客来多公司出具的《情况说明》等证据证明该笔款项用途已变更为丹东客来多公司的购房款,依据不足,应认定丹东客来多公司未实际支付该处房产的购房款,构成无偿取得。辽宁省高级人民法院再审判决仅考虑到辽宁客来多公司付款行为的真实性,未结合本案交易过程认定其是否产生转为购房款的法律后果,认定事实和适用法律均有不当,本院予以纠正。

第二,关于通宇公司行使撤销权的债权基础。

通宇公司与金源公司之间的债权数额虽经生效的仲裁裁决确认,但丹东客来多公司并未参加仲裁,该仲裁裁决的结果亦不当然约束丹东客来多公司,故丹东客来多公司以通宇公司部分债权是虚假的、对已经受偿的行为重复主张等理由对通宇公司债权提出异议,在丹东客来多公司能够提出充分证据的情况下,可以相应抗辩通宇公司作为行使撤销权基础的债权。

就丹东客来多公司所提各项异议,经双方充分举证,分别认定如下。

(1)丹东客来多公司对通宇公司应收取的工程款3137余万元不持异议,对其余债权均持异议,本院分别认定如下。

首先,通宇公司和金源公司对 200 万元借据及借款行为的真实性均予认可,在此情况下,他们的财务账目对此未作记载,不是否定债权真实性的合理理由。该借据的出借人虽表述为"丹东通宇建筑工程公司周某",但各方均认可周某承包本案工程,丹东客来多公司还坚持认为周某以自己名义收取工程款的行为同样应视为通宇公司的收款行为,因此,在本笔出借款项的行为中,丹东客来多公司再以周某与通宇公司的出借行为应加以区别对待作为抗辩理由,要求认定相关借款不能作为行使撤销权的依据,本院不予支持。

其次,金源公司于 2006 年 5 月 6 日分别出具欠据和工程外欠款据,确认欠付通宇公司税款 168 万元、占道费 27 万元和垫付银行利息 43 万元,此日期晚于金源公司转让诉争房产给丹东客来多公司的 2002 年 1 月 31 日,且金源公司和通宇公司均认可税款和占道费均未向有关部门实际缴纳。因此,金源公司与丹东客来多公司之间转让房产的行为对通宇公司上述债权的实现没有影响,上述债权也不能作为通宇公司行使本案撤销权的有效依据。

(2)关于金源公司以货币方式向通宇公司支付工程款数额问题。

本案中,丹东客来多公司提供金源公司以货币方式向通宇公司支付工程款的单据等证据,均系原件,合计金额16 407 049.77元,通宇公司和金源公司对上述证据进行了质证。金源公司对丹东客来多公司持有上述证据的正当性提出异议,但上述证据所对抗的是通宇公司的债权,丹东客来多公司就此举证,不仅有利于自己,而且有利于金源公司,因此,金源公司对此提出的异议不予支持。对上述付款数额,通宇公司认可其中6 303 297.5元,对剩余的款项提出异议,本院根据通宇公司的异议理由,分别评判如下:

首先,通宇公司已经出具专用收款收据,收据上注明转账,款项合计6 780 758元(但没有相应的银行转账凭证)。对此,本院认为,由于上述款项的收付发生在金源公司和通宇公司之间,在通宇公司确认收款收据真实性的情况下,丹东客来多公司所提供的专用收款收据等证据已经足以对抗通宇公司就相应部分主张撤销权。通宇公司在质证中还称,其中部分收款收据是就金源公司以房屋抵顶的债权所开具的,但是通宇公司这一主张在上述收款收据上并无记载,并可据以对二者加以区分,因此,该项主张缺乏事实依据,本院亦不予采信。

其次，通宇公司辩称，该公司另行承接了涉案小区1～2层装修、改造，故2001年8月至11月通宇公司所收取的工程款864 952元为此项装修款，该项改造的材料款251 141.2元由金源公司支付给供货商，另有228 000元不能确认是支付的本案工程款还是上述装修工程款，以上款项合计1 344 093.2元，均不应计算为本案工程款。对此本院认为，通宇公司没有提供其与金源公司就上述装修工程进行核算和在本案现有3000余万元工程款之外双方另有其他工程款需要支付的证据，因此，对通宇公司的这一主张，本院不予采信。

再次，通宇公司主张两笔款项是金源公司将房屋抵顶给通宇公司后，通宇公司将房屋另行出售后的售房款，不应重复计算。经查，其中第一笔2001年6月5日的9万元收款收据上记载为"刘某某房款"，通宇公司还提交了金源公司与刘某某的商品房订购合同等证据，该合同所涉及的房屋在金源公司抵顶给通宇公司房屋的范围内，但对于第二笔2000年12月4日的9万元收据所对应的款项，没有证据显示与金源公司抵顶工程款的房屋存在关联，且该收据上明确记载"上款系：工程款"，故通宇公司就第一笔提出的异议成立，就第二笔提出的异议不成立。

又次，通宇公司主张有两笔款项是金源公司在抵顶给通宇公司的房屋上申请了按揭贷款，该按揭贷款不应重复计算为工程款。经查，其中第一笔2001年6月7日的284 800元收款收据上记载为"按揭贷款转出"，第二笔2003年4月22日至23日的三张合计212 400元的支票存根上用途一栏均记载为"按揭款"。对此本院认为，按照通宇公司和金源公司在本院再审中的陈述，本案中办理按揭贷款的房屋，既有抵顶给通宇公司的，也有由金源公司自己保留的，因此，以房屋向银行按揭取得的贷款，既可能如丹东客来多公司所称是金源公司以自己房屋抵押后支付的工程款，也可能如通宇公司所称是其以抵债房屋抵押变现所得款项。因此，就上述款项是否为金源公司以货币方式支付的工程款，双方所称均有一定的合理性，但考虑到撤销权的行使应当以确实、充分的债权为依据，故在金源公司和通宇公司均未于上述款项收付凭证上指明系以抵顶工程款的房屋向银行按揭所得贷款的情况下，本院作出不利于债权人通宇公司的认定，对通宇公司提出的此项异议不予支持。

最后，通宇公司还主张，下列三项1 301 701.07元款项与通宇公司无关，经本院审查，通宇公司就此提出的异议成立。

第一，2003年1月金源公司向丹东某某混凝土产业有限公司（以下简称混凝土公司）支付混凝土货款27万元，丹东客来多公司主张上述付款的主要证据中包括混凝土公司出具的《情况说明》和该公司开具给金源公司的正式发票。在《情况说明》上载明，2000年金源公司与混凝土公司签订商品混凝土供需合同，工程结束时，金源公司欠付混凝土货款24万余元，混凝土公司遂向人民法院提起诉讼，2003

年 1 月 10 日,金源公司将欠付混凝土货款及诉讼费用合计 27 万元交付混凝土公司。结合上述证据所载内容,本院认为该笔款项属于混凝土公司与金源公司之间发生的债权债务关系,不应作为通宇公司收取的工程款。

第二,2001 年至 2002 年间发生的 13 笔合计 909 189.57 元款项,丹东客来多公司主张上述付款的主要证据是金源公司的内部账目和相关转账支票存根等,没有通宇公司或周显全收取上述款项作为工程款的收据,在部分款项下,还有史某、刘某等人收取款项的收据和丹东某某门业承做防盗门的合同、收据等,综合上述证据,本院认为上述 13 笔款项不能确认为通宇公司收取的工程款。

第三,2003 年 1 月支付某某线缆集团丹东销售处电线、电缆款 122 511.5 元,丹东客来多公司主张上述付款的证据包括金源公司欠付此笔款项的欠据和清偿此笔款项后的内部报销单等,上述证据中均明确记载该款用于支付某某线缆集团丹东销售处电线、电缆款,因此,该笔款项不应作为通宇公司收取的工程款。

综上,对丹东客来多公司就金源公司向通宇公司以货币方式清偿的工程款问题所提异议,本院认定其中 15 015 348.7 元可以对抗通宇公司行使撤销权。

(3)关于金源公司以房屋抵顶通宇公司工程款的问题。

金源公司与通宇公司签订了两份以房抵债协议,涉及 46 套房屋,金源公司和通宇公司对上述协议的真实性及相关房屋面积等均无异议,但辩称其中部分未实际履行,还有一部分房屋在抵顶之前已经办理贷款,不应按照协议载明的金额计算。本院认为,丹东客来多公司提供的这两份协议,已经可以证明通宇公司接受 46 套房屋抵债,并足以对抗通宇公司在相应范围内行使撤销权,至于通宇公司所提出的抵顶房屋此前已经负担贷款一节,在抵债协议上并未显示相关房屋存在此项情节,因此,通宇公司关于部分房屋没有实际用于抵顶或者抵顶价值低于抵债协议确定的价格的抗辩,不能推翻通宇公司基于以房抵债协议方式所作的明确的不利自认,本院均不予支持,上述房屋所抵偿工程款的数额,应依抵债协议各自所载明的单价及相关房屋面积等确定,合计为 14 477 529 元。

对于丹东客来多公司目前不能确定指明用于抵债的 10 套房屋,虽然通宇公司辩称仲裁裁决中所称的 56 套房屋抵顶 1038 万元工程款,是指通宇公司承担了 56 套房屋的税款,而非实际接受 56 套房屋的抵顶,但从仲裁裁决、笔录及通宇公司与金源公司签订的工程款支付明细表来看,就 56 套房屋抵顶工程款一节,并无通宇公司所称上述内容。上述仲裁笔录、裁决和明细表是在通宇公司和金源公司共同参加的情况下作出的,通宇公司和金源公司应对其中所记载内容的真实性、准确性自行负责,并应承担相应不利后果。丹东客来多公司据此提出实际抵顶房屋应按 56 套计算,并可相应对抗通宇公司行使撤销权的主张成立。在通宇公司和金源公司不能指明上述 10 套抵顶房屋具体房号及其抵顶价款的情况下,丹东客来多公司主张按照前述抵债协议中单套最低面积计算抵顶数额,并相应对抗通宇公司行使撤销权,要求合理,应予支持。经查,上述两份以房抵债协议中单套房屋最小面积为106.32平方米,该套房屋折抵金额231 777.6元,亦为单套最低金额,故该项金额应按此计算,10套合计为2 317 776元。

第三,关于通宇公司行使撤销权是否符合法定条件问题。

丹东客来多公司主张通宇公司行使撤销权距离丹东客来多公司取得诉争房产已经超过一年的法定期限,但撤销权的行使不仅仅以受让人无偿或低价取得财产为条件,原审判决关于通宇公司行使撤销权未超过法定期限的理由和结论并无不当。丹东客来多公司还提出金源公司在诉争房产转让后还有其他财产,但金源公司确认自仲裁裁决后未向通宇公司清偿债务,丹东客来多公司虽持有金源公司账目,但未提供证据证明金源公司尚有其他财产可供清偿,故对丹东客来多公司上述意见本院亦不予支持。

综上,本案中通宇公司能够据以向丹东客来多公司和金源公司主张撤销权的有效债权为2 835 862.3元,可以确认金源公司和丹东客来多公司之间转让房产的行为部分无效,根据金源公司与通宇公司签订的协议,可撤销的具体面积为516平方米。原审判决认定事实、适用法律均有不当,应予纠正,最高人民检察院抗诉意见成立,遂判决如下:撤销辽宁省高级人民法院(2009)辽审民提字第81号民事判决,判决以丹东通宇建筑工程公司对丹东市金源房地产开发有限公司享有的债权2 835 862.3元为限,撤销丹东市金源房地产开发有限公司与丹东客来多购物广场有限公司无偿转让丹东市振兴区五经街51号1~2层建筑面积516平方米的商业用房的行为。①(判决书的内容有删节)

【判例解析】

合同法中的撤销权是债的保全措施的一种。所谓债的保全,是指法律为防止因债务人财产不当减少而给债权人债权带来的危险,赋予债权人依据一定程序和方法,实施一定行为以保全债务人的财产完备,最大限度地保障债权实现的法律制度。合同保全制度涉及第三人,它使合同不仅在合同当事人之间生效,也约束并干涉第三人的行为。它是对合同关系相对性的突破。根据债的相对性理论,合同权利、义务关系仅发生在当事人之间,债权人要实现自己的债权,只能向债务人请求依约履行。从债务人的方面来讲,债的关系一经设定,债务人所有的财产即用来保障对方债权的实现。债务人责任财产的变化,对债权能否实现关系重大。因此,债务人责任财产如果因债务人与第三人间非正当行为而发生减少、影响债权实现时,债权人就有必要以法

---

① 参见最高人民法院(2013)民抗字第48号民事判决书。

律手段进行干预。这种干预就是法律赋予债权人的债的保全制度。债的保全制度既体现了诚实信用原则对合同履行阶段的要求,又能有效避免实践中对合同之债的恶意规避。我国《合同法》规定了债权人代位权制度和债权人撤销权制度。

撤销权源于古罗马法的"废罢诉权"。它是指债权人为维护本身的合法权益得请求法院撤销债务人处分财产的行为。我国《合同法》第 74 条规定:"因债务人放弃其到期债权或者无偿转让财产,对债权人造成损害的,债权人可以请求人民法院撤销债务人的行为。债务人以明显不合理的低价转让财产,对债权人造成损害,并且受让人知道该情形的,债权人也可以请求人民法院撤销债务人的行为。撤销权的行使范围以债权人的债权为限。债权人行使撤销权的必要费用,由债务人负担。"《合同法》第 75 条又规定:"撤销权自债权人知道或者应当知道撤销事由之日起一年内行使。自债务人的行为发生之日起五年内没有行使撤销权的,该撤销权消灭。"因此,撤销权的行使是有适用条件的,并非没有限制。债权人行使撤销权,应当具备以下条件:①债权人须以自己的名义行使撤销权;②债权人对债务人存在有效债权;③债务人实施了减少财产的处分行为;④债务人的处分行为有害于债权人债权的实现。其中债务人减少财产的处分行为有:①放弃到期债权,对债权人造成损害;②无偿转让财产,对债权人造成损害;③以明显不合理的低价转让财产,对债权人造成损害,并且受让人知道该情形。其中第三种处分行为不但要求有客观上对债权人造成损害的事实,还要求有受让人知道的主观要件。这其中最关键的要素,是债务人的处分行为是否有害于债权人债权的实现。

根据最高人民法院关于适用《中华人民共和国合同法》若干问题的解释(一) 第 23 条、第 24 条、第 25 条、第 26 条的规定,撤销权诉讼由被告住所地人民法院管辖。在诉讼中,债权人为原告,债务人为被告,受益人或者受让人为诉讼上的第三人。债权人提起撤销权诉讼,请求人民法院撤销债务人放弃债权或转让财产的行为,人民法院应当就债权人主张的部分进行审理,依法撤销的,该行为自始无效。两个或者两个以上债权人以同一债务人为被告,就同一标的提起撤销权诉讼的,人民法院可以合并审理。债权人行使撤销权所支付的律师代理费、差旅费等必要费用,由债务人负担;第三人有过错的,应当适当分担。撤销权的行使范围以债权人的债权为限。一旦人民法院确认债权人的撤销权成立,债务人的处分行为即归于无效。债务人的处分行为无效的法律后果则是双方返还,即受益人应当返还从债务人获得的财产。因此,撤销权行使的目的是恢复债务人的责任财产,债权人就撤销权行使的结果并无优先受偿权利。本案处理符合合同法及其司法解释的相关规定。

【思考题】

1. 试述债权人撤销权的成立要件及其效力。
2. 试述债权人代位权的要件及其效力。

第二十六章　合同的担保

温州银行股份有限公司宁波分行诉
浙江创菱电器有限公司等金融借款合同纠纷案①

【案件事实】

2010年9月10日,浙江省温州银行股份有限公司宁波分行(以下简称温州银行)与婷微电子公司、岑某分别签订了编号为温银9022010年高保字01003号、01004号的最高额保证合同,约定婷微电子公司、岑某自愿为创菱电器公司在2010年9月10日至2011年10月18日期间发生的余额不超过1100万元的债务本金及利息、罚息等提供连带责任保证担保。

2011年10月12日,温州银行与岑某、三好塑模公司分别签署了编号为温银9022011年高保字00808号、00809号的最高额保证合同,岑某、三好塑模公司自愿为创菱电器公司在2010年9月10日至2011年10月18日期间发生的余额不超过550万元的债务本金及利息、罚息等提供连带责任保证担保。

2011年10月14日,温州银行与浙江创菱电器有限公司(以下简称创菱电器公司)签署了编号为温银9022011企贷字00542号的借款合同,约定温州银行向创菱电器公司发放贷款500万元,到期日为2012年10月13日,并列明担保合同编号分别为温银9022011年高保字00808号、00809号。贷款发放后,创菱电器公司于2012年8月6日归还了借款本金250万元,婷微电子公司于2012年6月29日、10月31日、11月30日先后支付了贷款利息31 115.30元、53 693.71元、21 312.59元。截至2013年4月24日,创菱电器公司尚欠借款本金250万元、利息141 509.01元。另查明,温州银行为实现本案债权而发生律师费用95 200元。

由于创菱电器公司从温州银行借款后,不能按期归还部分贷款,故温州银行诉请判令被告创菱电器公司归还原告借款本金250万元,支付利息、罚息和律师费用;岑某、三好塑模公司、婷微电子公司对上述债务承担连带保证责任。

被告三好塑模公司辩称:原告诉请的律师费不应支持。

---

① 参见浙江省宁波市中级人民法院(2014)浙甬商终字第369号民事判决书。

被告婷微电子公司辩称：其与温州银行签订的最高额保证合同，并未被列入借款合同所约定的担保合同范围，故其不应承担连带保证责任。

【争议焦点】

在有数份最高额担保合同的情形下，具体贷款合同中选择性列明部分最高额担保合同，如债务发生在最高额担保合同约定的决算期内，且债权人未明示放弃担保权利，未列明的最高额担保合同的担保人是否应当在最高债权限额内承担担保责任？

【裁判理由及结果】

本案争议的关键之处在于，与婷微电子公司签订的温银9022010年高保字01003号最高额保证合同未被选择列入温银9022011企贷字00542号借款合同所约定的担保合同范围，婷微电子公司是否应当对温银9022011企贷字00542号借款合同项下的债务承担保证责任。对此，法院经审理认为，婷微电子公司应当承担保证责任。理由如下：第一，民事权利的放弃必须采取明示的意思表示才能发生法律效力，默示的意思表示只有在法律有明确规定及当事人有特别约定的情况下才能发生法律效力，不宜在无明确约定或者法律无特别规定的情况下，推定当事人对权利进行放弃。具体到本案，温州银行与创菱电器公司签订的温银9022011企贷字00542号借款合同虽未将与婷微电子公司签订的最高额保证合同列入，但原告未以明示方式放弃婷微电子公司提供的最高额保证，故婷微电子公司仍是该诉争借款合同的最高额保证人。第二，本案诉争借款合同签订时间及贷款发放时间均在婷微电子公司签订的编号温银9022010年高保字01003号最高额保证合同约定的决算期内（2010年9月10日至2011年10月18日），温州银行向婷微电子公司主张权利并未超过合同约定的保证期间，故婷微电子公司应依约在其承诺的最高债权限额内为创菱电器公司对温州银行的欠债承担连带保证责任。第三，最高额担保合同是债权人和担保人之间约定担保法律关系和相关权利和义务关系的直接合同依据，不能以主合同的内容取代从合同的内容。具体到本案，温州银行与婷微电子公司签订了最高额保证合同，双方的担保权利和义务应以该合同为准，不受温州银行与创菱电器公司之间签订的温州银行非自然人借款合同约束或变更。第四，婷微电子公司曾于2012年6月、10月、11月三次归还过本案借款利息，上述行为也是婷微电子公司对本案借款履行保证责任的行为表征。综上，婷微电子公司应对创菱电器公司的上述债务承担连带清偿责任，其承担保证责任后，有权向创菱电器公司追偿。

浙江省宁波市江东区人民法院于2013年12月12日作出（2013）甬东商初字第1261号民事判决：

（1）创菱电器公司于本判决生效之日起十日内归还温州银行借款本金 250 万元,支付利息 141 509.01 元,并支付自 2013 年 4 月 25 日起至本判决确定的履行之日止按借款合同约定计算的利息、罚息;

（2）创菱电器公司于本判决生效之日起十日内赔偿温州银行为实现债权而发生的律师费用 95 200 元;

（3）岑某、三好塑模公司、婷微电子公司对上述第（1）、（2）项款项承担连带清偿责任,其承担保证责任后,有权向创菱电器公司追偿。

宣判后,婷微电子公司以其未被列入借款合同,不应承担保证责任为由,提起上诉。浙江省宁波市中级人民法院于 2014 年 5 月 14 日作出（2014）浙甬商终字第 369 号民事判决,驳回上诉,维持原判。

【判例解析】

本案涉及对于保证以及最高额保证的理解。

所谓保证,是指第三人和债权人约定,当债务人不履行其债务时,该第三人按照约定履行债务或者承担责任的担保方式。保证具有附从性、独立性、补充性。在合同实践中,保证的设立通过订立保证合同进行。在保证合同所有条款中,最需要注意的是"保证方式"条款。《担保法》第 16 条规定的保证的方式有一般保证和连带责任保证两种,它们分别让保证人承担不同范围的保证责任。

一般保证是指保证人与债权人约定,当债务人不能履行债务时,由保证人承担保证责任的保证。一般保证最重要的特点就是保证人享有先诉抗辩权。所谓先诉抗辩权,是指一般保证的保证人在主合同纠纷未经审判或者仲裁,并就债务人财产依法强制执行仍不能履行债务前,对债权人可以拒绝承担保证责任。可见,先诉抗辩权的存在使一般保证中的保证人所承担的责任成为一种纯粹的补充责任。同时,债权人仅于诉讼外向债务人提出履行债务的请求后即要求保证人承担保证责任,保证人亦有权拒绝其主张。债权人必须通过法律途径向债务人主张债权并经法院强制执行,这是要求保证人承担保证责任的前提。先诉抗辩权是保证人的一项权利,保证人既可以选择行使,也可以将其放弃。但是需要注意的是,在出现以下情况时,不管保证人的主观意志如何,保证人均不得行使先诉抗辩权:①债务人住所变更,致使债权人要求其履行债务发生重大困难的;②人民法院受理债务人破产案件,中止执行程序的;③保证人以书面形式放弃拒绝承担保证责任权利的。

连带责任保证是指保证人与债权人约定,保证人与债务人对债务承担连带责任的一种保证。连带责任保证的债务人,在主合同规定的债务履行期届满没有履行债务的,债权人可以要求债务人履行债务,也可以要求保证人在其保证范围内承担保证责任。也就是说,只要债务人到期不履行债务,债权人既可以要求债务人履行债务,也可以直接要求保证人承担连带保证责任,即在连带保证责任中,保证人不享有先诉抗辩权,其承担保证责任不再以债权人先诉求债务人履行债务为前提。这是连带责任保证与一般保证最为重大的区别。可见,保证人在连带责任保证中承担的责任更重一些。

在本案中,当事人明确将保证责任约定为连带责任保证,对此并无异议。但本案所涉及的保证为最高额保证。所谓最高额保证,是在最高债权额限度内对一定期间连续发生的不特定同种类债权提供的保证。我国《担保法》第14条规定:"保证人与债权人可以就单个主合同分别订立保证合同,也可以协议在最高债权额限度内就一定期间连续发生的借款合同或某项商品交易合同订立一个保证合同。"该条可以认为是我国《担保法》上关于最高额保证的原则概括。2000年出台的《最高人民法院关于适用〈中华人民共和国担保法〉若干问题的解释》对其进一步予以了明确。① 在本案中,当事人签订了数份最高额保证合同,虽然婷微电子公司所签订的最高额保证合同并未被列入借款合同所约定的担保合同范围,但由于债权人温州银行未以明示方式放弃该公司提供的最高额保证,故婷微电子公司依然需要对本案借款履行保证责任。

此外,需要注意的是,本案还涉及保证期间的问题。所谓保证期间,是指保证人承担保证责任的期间,它是债权人得以根据保证合同向保证人主张保证责任的有效期限。《担保法》第26条规定:连带责任保证的保证人与债权人未约定保证期间的,债权人有权自主债务履行期届满之日起六个月内要求保证人承担保证责任。在合同约定的保证期间和前款规定的保证期间,债权人未要求保证人承担保证责任的,保证人免除保证责任。在本案中,诉争借款合同签订时间及贷款发放时间均在婷微电子公司签订的最高额保证合同约定的决算期内,温州银行向婷微电子公司主张权利也未超过合同约定的保证期间,故婷微公司应依约在其承诺的最高债权限额内为创菱电器公司对温州银行的债务承担连带保证责任。

【思考题】

1. 试述保证担保的范围。
2. 试述一般保证与连带保证的区别。
3. 试述保证期间和诉讼时效的关系。

---

① 该解释第23条规定:最高额保证合同的不特定债权确定后,保证人应当对在最高债权额限度内就一定期间连续发生的债权余额承担保证责任。

第二十七章　违约责任

王某诉抚顺乐活房地产开发有限公司商品房销售合同纠纷案[①]

【案件事实】

原、被告于 2011 年 12 月 25 日签订商品房买卖合同，原告购买被告开发的、坐落于抚顺经济开发区杨帆路 568 庄园的一套房屋，并于 2012 年 2 月 12 日支付全部购房款 359 212 元。被告应于 2012 年 10 月 31 日向原告交付房屋。合同第 9 条约定，出卖人如未按合同规定的期限将该商品房交付买受人使用，逾期超过 30 日后，买受人有权解除合同。买受人解除合同的，出卖人应当自买受人解除合同通知到达之日起 30 天内退还全部已付款，并按买受人累计已付款的 0.5% 向买受人支付违约金。因被告未如期向原告交付房屋，原告于 2012 年 12 月 1 日依合同约定向被告提出解除商品房买卖合同并退还全部购房款、支付违约金的书面通知，于 2012 年 12 月 7 日向被告交付了购房合同、单户证原件、发票两联，并于 2013 年 1 月 6 日收到被告退还的全部购房款 359 212 元。关于本案争议商品房因开发商原因延迟交付，购房者在合同约定的违约金过低情况下，能否主张适当提高违约金计算标准，原审法院认为：因合同中对于违约金有明确的约定，且约定的违约金不存在明显过低的情形，故原审法院根据合同约定的违约金计算标准确定违约金数额，对于购房者要求调整违约金的请求不予支持。[②]

【争议焦点】

约定的违约金是否能够调整？

【裁判理由及结果】

购房者与开发商签订的商品房买卖合同已约定违约金计算标准情况下，如因开发商原因导致迟延交房时，购房者能否要求按实际情况适当提高违约金计算标准？《合同法》第 114 条第 2 款规定：约定的违约金低于造成的损失的，当事人可以请求人民法院或者仲裁机构予以增加；约定的违约金过分高于造成的损失的，当事

[①] 参见辽宁省抚顺市中级人民法院(2014)抚中民一终字第 00379 民事判决书。

[②] 参见最高人民法院 2015 年 12 月 4 日发布的合同纠纷典型案例之十六。

人可以请求人民法院或者仲裁机构予以适当减少。本案中,虽双方签订的合同中已明确约定违约金的给付标准,但因合同未能继续履行是因为乐活公司造成,在王某交纳全部购房款的情况下,未能如期取得房屋,给其造成一定经济损失,因双方约定的违约金标准明显低于此款的中国人民银行同期同类贷款利息,但王某主张按低于贷款利息的存款利息计算违约金数额系其自愿行为,故王某主张提高违约金给付标准的上诉请求于法有据,二审法院对此予以调整。判决如下:上诉人抚顺乐活房地产开发有限公司于判决生效之日起十日内给付上诉人王某违约金9219.77元及利息(利率按中国人民银行同期活期存款利率标准计算,自2013年1月7日起至给付之日止);负有金钱履行义务的当事人逾期履行,并按《民事诉讼法》的相关规定,加倍支付迟延履行期间的债务利息。①

【判例解析】

违约金是指当事人通过协商事先约定,一方不履行或不适当履行合同时应向对方支付的一定数额的货币。违约金是各国合同法普遍采纳的一种违约责任形式。根据功能,违约金分为赔偿性违约金和惩罚性违约金。赔偿性违约金是指以预先估计的违约可能发生的损失数额进行约定,当一方违约后另一方可直接获得该预先约定的金额,以弥补其所遭受的损害。惩罚性违约金是指根据约定或法律规定由违约人支付一定货币,以作为对违约行为的惩戒。这种分类反映出合同立法的价值取向。根据渊源,违约金又可分为法定违约金与约定违约金。法定违约金是指由法律明文规定了适用情形、比例或者金额的违约金;约定违约金是指合同双方当事人在签订合同时自行约定适用情形、比例或者金额的违约金。这是从合同实践角度对违约金进行的分析。如果合同中没有规定违约金的条款,法律也未规定违约金比例或者数额,但只要由于违约造成了对方的损失,违约方就应向对方支付赔偿金。该赔偿金的数额,应当按照对方遭受的实际损失确定。当事人可以约定一方违约时应当根据违约情况向对方支付一定数额的违约金,也可以约定因违约产生的损失赔偿额的计算方法。

我国《合同法》所规定的违约金可以根据实际损失情况进行调整。《合同法解释二》第29条规定:"当事人主张约定的违约金过高请求予以适当减少的,人民法院应当以实际损失为基础,兼顾合同的履行情况、当事人的过错程度以及预期利益等综合因素,根据公平原则和诚实信用原则予以衡量,并作出裁决。当事人约定的违约金超过造成损失的百分之三十的,一般可以认定为合同法第一百一十四条第二款规定的'过分高于造成的损失'。"《最高人民法院关于审理买卖合同纠纷案件

---

① 参见最高人民法院2015年12月4日发布的合同纠纷典型案例之十六。

适用法律问题的解释》第24条规定："买卖合同对付款期限作出的变更,不影响当事人关于逾期付款违约金的约定,但该违约金的起算点应当随之变更。买卖合同约定逾期付款违约金,买受人以出卖人接受价款时未主张逾期付款违约金为由拒绝支付该违约金的,人民法院不予支持。买卖合同约定逾期付款违约金,但对账单、还款协议等未涉及逾期付款责任,出卖人根据对账单、还款协议等主张欠款时请求买受人依约支付逾期付款违约金的,人民法院应予支持,但对账单、还款协议等明确载有本金及逾期付款利息数额或者已经变更买卖合同中关于本金、利息等约定内容的除外。买卖合同没有约定逾期付款违约金或者该违约金的计算方法,出卖人以买受人违约为由主张赔偿逾期付款损失的,人民法院可以中国人民银行同期同类人民币贷款基准利率为基础,参照逾期罚息利率标准计算。"法院依据法律规定对违约金数额进行干预和调整,目的在于实现合同自由与合同正义之间的平衡。可见,本案违约金数额调整符合法律规定。

在商品房买卖合同中,由于购房者与开发商所签订的购房合同系开发商事先拟定好的格式条款合同,在确定违约责任方面,购房者基本上处于弱势地位,无改变合同条款的权利,致使开发商尽可能减少自己的违约责任。在合同履行过程中,开发商因其自身原因致使合同未能如期履行时,造成购房者较大经济损失,而开发商会承担较小数额的违约责任,导致购房者在受损失和获得赔偿方面无法达到平衡。在此情况下,不能简单地机械适用双方签订合同中所约定的违约条款,而应综合考虑《合同法》第114条第2款规定及《民法总则》有关公平原则的相关规定,才能更好地维护当事人的合法权益。

【思考题】

1. 试述违约金与定金、强制履行、损害赔偿等违约责任承担方式的关系。
2. 合同解除后违约金请求权是否存在?
3. 试述违约责任的归责原则。

第二十八章　具体合同

专题一　买卖合同

徐州市路保交通设施制造有限公司与徐州市华建房地产开发有限公司、第三人尤某庆房屋买卖合同纠纷案①

【案件事实】

2000 年 5 月 8 日,徐州市路保交通设施制造有限公司(以下简称路保公司)与徐州市华建房地产开发有限公司(以下简称华建公司)签订《商品房购销合同》约定:华建公司以每平方米 2000 元、总金额 1473.69 万元的价格,将位于江苏省徐州市津浦西路 160 号综合楼(以下简称综合楼)出售给路保公司。路保公司于 2000 年 5 月 31 日前支付华建公司购房款 804 万元,华建公司于 2000 年 8 月 31 日前,将具有竣工验收合格证的该商品房交付给路保公司使用。签约当日,华建公司将综合楼负一层至三层 3222.04 平方米、综合楼 4~8 层 4146.41 平方米出售给尤某生,尤某生取得了房屋产权证。

2000 年 10 月 9 日,路保公司为办理按揭贷款,由尤某生、尤某庆等 8 人与华建公司签订综合楼 1~3 层商品房买卖合同。2000 年 10 月 31 日,路保公司法定代表人尤某生书面向华建公司承诺"我公司为办理按揭贷款,需签 8 份商品房销售合同,并出具 8 份预付款收据复印件(款不付)。请贵公司配合办理,由此所涉及的一切费用及造成的有关责任损失等后果,均由我公司承担"。2001 年 1 月 22 日,尤某生、尤某庆等 8 人在中国建设银行永安支行办理个人贷款 600 万元整,所有个人住房贷款通知书中借款人签名均由尤某生代签。2000 年 11 月 18 日,尤某生、尤某庆等 11 人又与华建公司签订综合楼 4~8 层商品房买卖合同。中国农业银行泉山支行为 11 人共贷款 10 756 778.68 元。

2001 年 1 月 22 日,路保公司与华建公司签订《商品房销售合同补充协议

---

① 参见最高人民法院(2005)民一终字第 65 号民事裁定书。

(一)》(以下简称《补充协议(一)》)约定:华建公司负责提供有关手续,在建设银行办理综合楼1~3层按揭贷款;建设银行办理按揭后剩余房产由路保公司在农业银行或者其他银行办理按揭贷款,手续由华建公司提供。双方还约定华建公司应在2001年3月1日前将综合楼交由路保公司接收、看管。

2001年3月21日,路保公司与华建公司签订《0024999号商品房销售合同补充协议(二)》(以下简称《补充协议(二)》)约定:路保公司在中国农业银行泉山支行按揭贷款,"首先归还农行云西299万元,同时抽回华建公司抵押贷款用的土地证";双方还约定了路保公司办理按揭贷款后欠华建公司500万元购房款的偿还期限。

2001年4月19日,尤某生、司某(二人系夫妻关系)与华建公司签订协议约定:因尤某生、司某无力承担综合楼4~8层的购房款,华建公司同意尤某生、司某退回综合楼4~8层,所办权属证交产权部门予以注销。同日,尤某生、司某向江苏省徐州市房产局产权处提交具结书表述:因无力承担综合楼的购房款,经双方协商,退回房屋,所办权属证请予以具结。

2001年4月18日,路保公司与华建公司办理了综合楼移交手续。

2002年9月,华建公司向江苏省徐州市云龙区人民法院提起诉讼,要求路保公司偿还到期购房款330万元。江苏省徐州市云龙区人民法院以(2002)云民初字第1664号民事判决判令路保公司偿付华建公司购房款2 705 407元,江苏省徐州市中级人民法院以(2003)徐民一终字第1006号民事判决维持了该一审判决。此外,尤某生、尤某庆等8人购买综合楼1~3层在中国建设银行永安支行办理抵押贷款600万元;尤某生、尤某庆等11人购买综合楼4~8层在中国农业银行泉山支行办理贷款10 756 778.68元,该两批贷款均办理了具有强制执行效力的债权文书公证书。现两家银行均申请法院强制执行,华建公司亦申请法院执行,执行程序均正在进行中。

路保公司向法院起诉称,路保公司与华建公司签订《商品房购销合同》并办理了综合楼移交手续。路保公司已依约支付购房款10 331 493元。路保公司接收综合楼后,花费800万元对综合楼进行了全面装修。综合楼规划建设面积为3756平方米,而江苏省徐州市房管局核定的商品房预售面积仅为2700平方米。2001年,华建公司又将综合楼分割出卖给尤某庆等11人,办理了房地产抵押贷款,导致路保公司一直无法取得综合楼的房屋所有权。另外,经调查发现,华建公司所售综合楼的土地使用权性质为国有划拨土地,不符合商品房销售的条件。据此请求:①解除双方于2000年5月8日签订的《商品房购销合同》及2001年1月22日、2001年3月21日签订的《补充协议(一)》和《补充协议(二)》;②由华建公司返还路保公司已付购房款 10 331 493 元及其利息;③由华建公司赔偿路保公司装修及其他损失 1000 万元;④华建公司承担路保公司已付购房款一倍的赔偿责任;⑤华建公司承担本案的诉讼费用。以上各项费用共计 30 662 986 元。

华建公司答辩称,华建公司只将综合楼销售给了路保公司,并未另售给他人,且合同已经履行,路保公司已占有、使用综合楼。所谓华建公司将综合楼 1 ~ 3 层销售给尤某生等 8 人、4 ~ 8 层销售给尤某庆等 11 人的商品房买卖合同,是华建公司应路保公司要求为其办理贷款之用而签订的。因此,路保公司的诉讼请求无事实及法律依据,请求法院依法予以驳回。

第三人尤某庆称,2000 年 10 月 9 日,尤某庆从华建公司购得综合楼一层 3 号、二层 3 号及三层 3 号套房,建筑面积共为 261.11 平方米。后又向华建公司购得同一楼房的四层 1 号和四层 6 号两处房屋,建筑面积分别为 244.32 平方米、112.5 平方米。现路保公司诉华建公司商品房买卖合同纠纷案的讼争标的,正是尤某庆所购之房屋,该案的审理与尤某庆有密切联系,请求法院在审理该案时保护尤某庆作为第三人的合法权益。

【争议焦点】

1. 双方签订的合同是否有效?

2. 路保公司是否具有法定的解约事由及华建公司是否应对路保公司进行赔偿?

3. 尤某庆作为第三人,其权利是否应予保护?

【裁判理由及结果】

江苏省高级人民法院经审理认为:

首先,关于双方签订的《商品房购销合同》的效力、路保公司解除合同的请求应否支持及华建公司对路保公司的损失应否赔偿的问题。法院认为,华建公司在出售综合楼时,虽然只有 2700 平方米的商品房预售许可证,但在起诉前,已于 2003 年 6 月 30 日经江苏省徐州市房产管理局批准,补办了其余面积的商品房预售许可证手续,故应认定华建公司具备综合楼的预售资格。路保公司主张综合楼所占土地系划拨土地,不能用于商品房的开发、销售,但相关房地产管理部门的批复意见是该综合楼属危改项目,系历史遗留问题,同意补办商品房预售许可证,且双方《商品房购销合同》签订于 2000 年 5 月 8 日,可适用《最高人民法院关于审理商品房买卖合同纠纷案件适用法律若干问题的解释》的有关规定,根据该解释第 2 条规定的精神,华建公司于起诉前已经补办了商品房预售许可证,应认定合同有效。路保公司以此为由主张解除合同,不符合法律规定,不予支持。另外,尤某生、尤某庆等

11 人与华建公司签订购房合同是为路保公司向银行办理按揭贷款所用,乃虚假的购房合同,尤某生、尤某庆等 11 人与华建公司之间并未形成真实的房屋买卖合同关系,故路保公司以因华建公司与尤某生等 11 人之间签订购房合同,致使其办理综合楼房产证时遇到障碍、合同目的不能实现为由要求解除合同,理由亦不能成立,不予支持。对路保公司要求赔偿损失的主张也予以驳回。

其次,关于尤某庆的权利应否保护的问题。法院认为,商品房买卖合同是指房地产开发企业,将尚未建成或者已竣工的房屋向社会销售并移转房屋所有权于买受人,买受人支付价款的合同。尤某庆与华建公司虽然签订了房屋买卖合同,但尤某庆并未支付房屋的对价,华建公司也未将房屋转移给尤某庆,尤某庆虽然形式上取得房屋产权证,但该房屋一直由路保公司占有和使用。双方签订合同的目的并非购买房屋,而是为获取银行贷款。该虚假购房合同不是当事人真实意思表示,尤某庆依据该虚假购房合同主张保护其权利,不予支持。① 综上,路保公司与华建公司签订的《商品房购销合同》有效,路保公司要求解除合同、赔偿损失的请求,缺乏事实和法律依据,不予支持。尤某庆依据与华建公司签订的虚假购房合同要求在本案处理中保护其权益,缺乏事实及法律依据,不予支持。判决:驳回路保公司的诉讼请求;驳回第三人尤某庆的诉讼请求。路保公司和尤某庆不服一审判决,提起上诉。

最高人民法院认为,当事人对已经发生法律效力的判决不服,或者法院发现生效判决确有错误,只有依法通过启动审判监督程序,撤销原判,才能对案件重新审理。否则,当事人和法院都应受该生效判决的拘束,当事人不得在以后的诉讼中主张与该判决相反的内容,法院也不得在以后的诉讼中作出与该判决冲突的认定和处理。

根据查明的事实可知,在一审法院受理本案之前,华建公司已于 2002 年 9 月向江苏省徐州市云龙区人民法院提起民事诉讼,基于双方所签《商品房购销合同》要求路保公司偿还到期购房款。江苏省徐州市云龙区人民法院以(2002)云民初字第 1664 号民事判决判令路保公司偿付华建公司购房款 2 705 407 元,江苏省徐州市中级人民法院以(2003)徐民一终字第 1006 号民事判决维持了该一审判决。上述一审、二审判决中,均认定双方所签《商品房购销合同》有效,并在认定合同有效的基础上判令继续履行合同。换言之,对合同效力问题及如何处理后续问题,在路保公司提起本案诉讼之前,已经为人民法院依法作出的生效判决所解决,该生效判

---

① 有关虚假民事法律行为的效力,《民法总则》予以了明确的规定。其第 146 条第 1 款规定:行为人与相对人的虚假的意见表示实施的民事法律行为无效。

决对当事人和法院具有约束力。鉴于此,路保公司在本案中,无论是主张合同解除、抑或主张合同无效,均与(2003)徐民一终字第1006号民事判决相矛盾,一审法院对路保公司及尤安庆所提诉讼请求进行实体审理不当,应予纠正。故裁定撤销一审法院的民事判决;驳回徐州市路保交通设施制造有限公司的起诉。

【判例解析】

买卖合同是出卖人转移标的物的所有权于买受人,买受人支付价款的合同。买卖合同是双务合同、有偿合同、诺成合同。依照不同标准,可以将买卖合同区分为不同的种类。以法律规定为依据,分为一般买卖合同和特种买卖合同;以订立方式为依据,可分为竞争买卖合同与非竞争买卖合同;以履行时间为依据,可以分为即时买卖合同和非即时买卖合同;以标的物性质为依据,可分为种类物买卖合同和特定物买卖合同;以履行时间次数为标准,可以分为一时买卖合同和连续买卖合同;等等。买卖合同是实现财产流转的最基本法律形式,它对应着经济社会生活中不断发生的货币与实物的交换与流动,意义十分重大,因而《合同法》对其进行了详细规定。买卖合同的内容一般应包括当事人的名称或者姓名和住所、标的、数量、质量、价款或者报酬、履行期限、地点和方式、违约责任、解决争议的方法、包装方式、检验标准和方法、结算方式、合同使用的文字及其效力等条款。出卖人应当履行向买受人交付标的物或者交付提取标的物的单证,并转移标的物所有权的义务。买受人有确切证据证明第三人可能就标的物主张权利的,可以中止支付相应的价款,但出卖人提供适当担保的除外。出卖人应当按照约定的质量要求交付标的物,出卖人提供有关标的物质量说明的,交付的标的物应当符合该说明的质量要求。出卖人应当按照约定或者交易习惯向买受人交付提取标的物单证以外的有关单证和资料。买受人则要受领标的物,及时检验出卖人交付的标的物、暂时保管及应急处置拒绝受领的标的物和支付价款。支付价款是买受人的主要义务,买受人应按照合同约定的数额、地点、时间、方式支付价款。买卖合同分为分期付款买卖、样品买卖、试用买卖、拍卖、房屋买卖等种类。

本案涉及房屋买卖合同,其是指出卖人将房屋交付并转移所有权于买受人,买受人支付价款的合同。房屋买卖合同的法律特征既有买卖合同的一般特征,也有其自身固有的特征。这主要表现为:①出卖人将所出卖的房屋所有权转移给买受人,买受人支付相应的价款;②房屋买卖合同是诺成、双务、有偿合同;③房屋买卖合同的标的物为不动产,其所有权转移必须办理登记手续;④房屋买卖合同属于法律规定的要式法律行为。商品房销售时,房地产开发企业和买受人应当订立书面商品房买卖合同,商品房销售价格由当事人协商议定,国家另有规定的除外。商品房买卖合同应当明确以下主要内容:当事人名称或者姓名和住所;商品房基本状况;商品房的销售方式;商品房价款的确定方式及总价款、付款方式、付款时间;交付使用条件及日期;装饰、设备标准承诺;供水、供电、供热、燃气、通信、道路、绿化等配套基础设施和公共设施的交付承诺和有关权益、责任;公共配套建筑的产权归属;面积差异的处理方式;办理产权登记有关事宜;解决争议的方法;违约责任;双方约定的其他事项。

为降低房屋买卖合同风险,买受人应在签订买卖合同时审查出卖人的身份证明、资格证明、房权证明并确保这些信息真实、全面、完整,还要查看将建标的物或现存标的物的实际情况,同时还需确定付款数额、方式和期限以及遇到情势变更时的具体处理方式。在履行合同阶段,均应依约定和相关法律规定诚信履行,出现任何细微变化及时通知对方共同协商,本着善意将合同履行到底。由于房产市场复杂,所涉及的很多具体领域不断发展变化,所以就为合同陷阱和合同纠纷的出现提供了方便条件,而有效避免合同陷阱和合同纠纷是更好实现合同价值的必然要求,也是促进房屋买卖市场日益规范和完善的必需举措。本案法律适用并不复杂,关键在于正确认定了法律事实。司法实践中,有时法律适用并不难,往往是事实问题显得扑朔迷离,只要正确认定法律事实,厘定其中所包括的各种具体法律关系,处理起案件来也就得心应手了。

【思考题】

1. 试述买卖合同的种类。
2. 试述买卖合同中当事人的权利和义务。
3. 试述买卖标的物的风险负担规则。

专题二 储蓄合同

周某诉江东农行储蓄合同纠纷案 [①]

【案件事实】

2003 年 12 月 10 日,原告周某在被告中国农业银行湖南衡阳市江东支行(以下简称江东农行)下属的乐群里分理处开户,申领了中国农业银行发行的金穗借记

---

① 案例载《最高人民法院公报》2006 年第 2 期。

卡。中国农业银行制定的《金穗借记卡章程》第 5 条规定:"持卡人凭金穗借记卡的密码可在中国农业银行指定的特约商户购物消费;在中国农业银行指定的营业机构存取现金、办理转账。"第 6 条规定:"持卡人凭金穗借记卡和密码可在自动柜员机上取现,每日累计金额不超过 5000 元,次数不超过 5 次。"第 9 条规定:"金穗借记卡被盗或遗失,持卡人可凭个人密码办理电话挂失。持卡人办理电话挂失后,应及时补办书面挂失手续。"第 11 条规定:"持卡人必须妥善保存和正确使用金穗借记卡,领到金穗借记卡时应立即修改密码,凡密码相符的交易均视为合法交易。持卡人应将金穗借记卡与密码分开保管,因卡片遗失或密码失密造成的资金损失,由持卡人自行承担。"

2003 年 12 月 19 日上午,原告周某的金穗借记卡账户内到款 54 600 元,存款余额为 56 867.52 元。13:00 左右,周某到被告江东农行下属的火车站分理处,持卡在柜台要求取款。江东农行的营业员建议周某到自动取款机上取款,周某称"我不会",营业员告知其"屏幕上有提示,你跟着做就可以了",周某遂到自动取款机前。

该自动取款机位于火车站分理处营业大厅内,距离柜台不过两米;取款机上方贴有"您的密码如同钱包,注意保密,以防被窃"的警示纸条,周围无任何安全防范措施。原告周某在自动取款机上操作后不久,再次持卡到柜台要求取款。营业员告知其该卡为外地卡,周某才发现自己的卡被调包,要求挂失,因其不能提供存折号码和卡号,营业员没有为其办理挂失,周某遂于 19 日 13:20 离开火车站分理处。13:47:18,周某赶到开户行乐群里分理处口头挂失时,其账户内已被盗取 53 006 元。原告认为,正是由于被告的营业员拒绝为原告提供柜台取款,拒绝帮助指导原告刷卡,拒绝按密码为原告办理挂失止付,才使原告的存款被盗取。故诉至法院请求判令被告赔偿原告的经济损失 53 006 元,精神损失 1 万元。

被告辩称:原告到被告处取款时,没有说明自己要取多少款。因业务较忙,营业员建议原告到自动取款机上办理,并向其告知:自动取款机屏幕上有提示,跟着提示操作即可。此后发现原告的借记卡被调包后,营业员当即要求原告办理挂失手续,但原告拒绝,以致该借记卡内存款被盗取。这张借记卡内被盗取的存款是公款,周某不是这笔款的所有权人。由周某作为原告提起诉讼,主体资格不适格,应当驳回其起诉。再者,借记卡是在原告持有过程中遗失的,密码也是原告不慎泄露的,根据《金穗借记卡章程》的规定,损失应由持卡人自己承担。

【争议焦点】

1. 借记卡内款项的性质,以及该款性质是否关系本案当事人民事责任?

2. 如何理解商业银行保证支付、取款自由、为储户保密诸义务?

【裁判理由及结果】

衡阳市珠晖区人民法院认为:原告周某与被告江东农行之间存在储蓄合同关系。本案证据证明,周某金穗借记卡账户内的存款,是其为客户向单位提供担保、出具欠条后,由客户汇到其账户上,周某负责将该款交付单位,并非私存公款。该款在周某账户内被盗取,应当由周某向其单位承担相应的赔偿责任,周某有权以原告资格提起储蓄合同违约之诉。根据合同相对性原则,周某因该款与其单位及客户之间发生的结算关系,与江东农行无关,也不在本案审理范围。江东农行以公款私存辩称周某不是本案适格主体,理由不能成立。

原告周某是以储户身份提起储蓄合同违约之诉,合同另一方当事人是具有商业银行身份的被告江东农行。《中华人民共和国商业银行法》(以下简称《商业银行法》)(2015 年 8 月 29 日已修正)第 33 条规定:"商业银行应当保证存款本金和利息的支付,不得拖延、拒绝支付存款本金和利息。"该条规定了商业银行的保证支付义务。保证支付不仅是指银行不得拖延、拒绝支付,还包括银行应当以适当的方式履行支付义务。商业银行应当无条件履行保证支付义务。当原告周某持卡第一次在被告江东农行下属的火车站分理处柜台前要求取款时,无论其是否说出取款数额,江东农行的营业员都不得以任何理由拒绝提供适当服务。特别是周某已经向营业员告知其不会使用自动取款机后,营业员仍只是简单告知"屏幕上有提示,你跟着提示办理就行了",再未主动提供任何服务,没有履行保证支付的法定义务。

为存款人保密,保障存款人的合法权益不受任何单位和个人的侵犯,是商业银行的法定义务。银行的保密义务不仅是指银行对储户已经提供的个人信息保密,也包括要为到银行办理交易的储户提供必要的安全、保密的环境。被告江东农行下属的火车站分理处,将自动取款机置于人员众多且流动性大的营业大厅内,只在取款机上方张贴一张警示纸条,周围无任何安全防范措施,不能保证旁人无法接近正在使用自动取款机的储户、无法偷窥储户在自动取款机上的密码,客观上使储户无法在保密状态下安全使用自动取款机。

《合同法》第 107 条规定:"当事人一方不履行合同义务或者履行合同义务不符合约定的,应当承担继续履行、采取补救措施或者赔偿损失等违约责任。"综上所述,被告江东农行没有履行保证支付、为存款人保密、保障存款人的合法权益不受任何单位和个人侵犯的法定义务,在得知原告周某的借记卡被人调包后,又没有按周某的要求和《金穗借记卡章程》的规定办理凭个人密码挂失的业务。江东农行这一系列违约行为,是造成周某巨额存款被盗取的主要原因,该行对此应负主要赔偿责任。在交易活动中,周某不慎遗失银行卡和密码,对巨额存款被盗取亦应承担相应责任。另外,由于本案是储蓄合同违约纠纷,对周某要求赔偿精神损失的诉讼请求不予支持。

据此,衡阳市珠晖区人民法院判决:限被告江东农行赔偿原告周某损失4万元,驳回原告周某的其他诉讼请求。

江东农行不服一审判决,向湖南省衡阳市中级人民法院提出上诉,请求二审依法改判。

二审争议焦点是:①被盗款项的性质,以及该款性质是否关系本案当事人民事责任的问题;②关于江东农行的行为是否属于正确行使建议权的问题;③关于造成迟延挂失的原因;④关于一审是否适用法律不当的问题。

衡阳市中级人民法院认为:

上诉人江东农行在二审提交的新证据,只能证明公安机关认为该金融机构的自身安全设施符合安全标准,不能证明该金融机构在履行储蓄合同过程中没有违约行为。

关于被盗款项的性质,二审法院同意一审法院的认定。

关于江东农行的行为是否属于正确行使建议权的问题。《商业银行法》第29条第1款规定:"商业银行办理个人储蓄存款业务,应当遵循存款自愿、取款自由、存款有息、为存款人保密的原则。"取款自由是储户的一项权利,商业银行有义务保证储户实现这一权利。取款自由,不仅包括取款时间、取款数额上的自由,在有柜台和自动取款机等多种取款方式的情况下,还应当包括选择取款方式的自由。当原告周某持卡第一次在被告江东农行下属的火车站分理处柜台前要求取款时,江东农行的营业员不得以任何理由拒绝服务。当然,在柜台业务繁忙的情况下,从缩短储户等待时间考虑,营业员有权建议储户到自动取款机上取款。但是,银行营业员对于使用储蓄卡在自动取款机取款存在时间和数额限制是知晓的,因此,在向储户行使这一建议权之前,有义务了解该储户的取款数额,特别是在周某已经声明不会使用自动取款机的情况下,营业员还有义务向其讲解或者演示自动取款机的使用方法。如果因业务繁忙顾不上履行这些义务,营业员则不能坚持让储户到其不熟悉的自动取款机上取款。营业员既不履行讲解或演示义务,又坚持让储户到自动取款机上取款,则不是正当行使建议权,而是限制储户的取款自由,不履行保证支付的义务。

关于造成迟延挂失的原因。《最高人民法院关于民事诉讼证据的若干规定》第73条第1款规定:"双方当事人对同一事实分别举出相反的证据,但都没有足够的依据否定对方证据的,人民法院应当结合案件情况,判断一方提供证据的证明力是否明显大于另一方提供证据的证明力,并对证明力较大的证据予以确认。"证人万某证实,被上诉人周某发现借记卡被他人调包后,立即向上诉人江东农行的营业员提出挂失,营业员要求周某持与借记卡配套的存折去原开户行进行挂失,这是造成迟延挂失的原因。而江东农行以证人彭某的证言予以反驳。彭某的证言称,其已及时提醒周某在该分理处办理挂失手续,周某予以拒绝,因此迟延挂失。证人万某是周某雇用的摩托车司机,证人彭某则是江东农行的营业员,与江东农行存在利害关系。结合周某于19日13:20离开火车站分理处,13:47即赶到乐群里分理处口头挂失的事实,分析两位证人的证言,在借记卡被盗,卡内存款随时有丢失风险的情况下,如果彭某的证言属实,周某何必舍近求远地办理挂失手续? 故不能采信这条与常理相悖的证言。而对于证人万某关于迟延挂失的原因是"营业员要求周某持与借记卡配套的存折去原开户行进行挂失"的证言,应当予以确认。在周某能提供身份证和个人密码的情况下,江东农行营业员没有按照中国农业银行《金穗借记卡章程》第9条规定及时给其办理电话挂失,是造成周某卡内存款被盗取的主要原因。

　　关于一审是否适用法律不当的问题。《商业银行法》第6条规定:"商业银行应当保障存款人的合法权益不受任何单位和个人的侵犯。"这是商业银行应尽的法定义务。在这个前提下去理解《金穗借记卡章程》第11条的规定,应当是指只有在持卡人知道如何正确使用与妥善保存金穗借记卡和密码,并且银行也为持卡人正确使用与妥善保存金穗借记卡和密码提供了应有条件的情况下,完全由于持卡人自己的过失使卡片遗失或密码失密造成的资金损失,由持卡人自行承担。在本案中,被上诉人周某向上诉人江东农行的营业员声明其不会使用借记卡在自动取款机上取款,已经失去了正确使用的前提。江东农行提供的自动取款机,周围无防护措施,无法保证使用人在使用中密码不被偷窥、借记卡不被调包。因此,本案的卡片遗失与密码失密,并非完全是持卡人自己的过失造成。周某与江东农行之间存在储蓄合同关系,该合同系双方真实意思表示,且内容合法,属有效合同,双方均应当严格按照合同约定履行各自的合同义务。当然,卡片遗失、密码失密后卡内资金被盗取,系犯罪分子所为,但是本案中,银行没有依照储蓄合同履行保证支付、保障储户取款自由以及保密义务,构成违约。周某以储户身份提起储蓄合同违约之诉,江东农行应当承担相应违约责任。

　　上诉人江东农行未能履行保证支付义务,提供的自动取款机服务方式存在安全保护瑕疵以及未能及时办理挂失手续,是造成储户周某储蓄卡被调包、密码遗失、存款丢失的主要原因,而被上诉人周某不慎遗失银行卡和密码,对损失的造成亦有一定的过错。上诉人上诉理由均不成立。原审判决认定事实清楚,适用法律正确,应予维持。故判决驳回上诉,维持原判。

【判例解析】

　　该案案情并不复杂,所适用的法律主要是《合同法》和《商业银行法》,但对当事人和社会来说,却具有典型意义。其中关键是对《商业银行法》第 29 条第 1 款规定"商业银行办理个人储蓄存款业务,应当遵循存款自愿、取款自由、存款有息、为存款人保密的原则"的理解。而对其进行合理解释的关键,又在于如何看待储蓄合同。这里涉及三个问题:储蓄合同是有名合同还是无名合同? 储蓄合同条款究竟有哪些? 在解释合同条款的时候应该遵循什么原则?

依照合同分类理论,以法律是否明文规定了一定合同的名称,可以将合同分为有名合同与无名合同。有名合同,是指由法律赋予其特定名称及具体规则的合同。如我国《合同法》所规定的 15 类合同,就属于有名合同。除《合同法》规定之外,一些单行法律也规定了一些合同关系,如《担保法》中规定的保证合同、抵押合同和质押合同,《中华人民共和国保险法》中规定的保险合同,《城市房地产管理法》规定的土地使用权出让和转让合同等。对于有名合同的内容,法律通常设有一些规定,但这些规定大多为任意性规范,当事人可以通过约定来改变法律的规定。法律关于有名合同内容的规定,主要是要规范合同的内容,并非要代替当事人订立合同。无名合同,是指法律上尚未确定一定的名称与规则的合同。根据合同自由原则,合同当事人可以自由决定合同的内容,因此,即使当事人订立的合同不属于有名合同的范围,只要不违背法律的禁止性规定和社会公共利益,也仍然是有效的。当事人可以自由订立无名合同。有名合同与无名合同的区分意义主要在于两者适用的法律规则不同。对于有名合同应当直接适用《合同法》的规定;对于无名合同,则首先应当考虑适用《合同法》的一般规则。另外,因为无名合同的内容可能涉及有名合同的某些规则,因此,也可以比照类似的有名合同的规则,参照合同的经济目的及当事人的意思等对无名合同进行处理。

《储蓄管理条例》第 3 条第 1 款规定:"本条例所称储蓄是指个人将属于其所有的人民币或者外币存入储蓄机构,储蓄机构开具存折或者存单作为凭证,个人凭存折或者存单可以支取存款本金和利息,储蓄机构依照规定支付存款本金和利息的活动。"可见,储蓄合同是指存款人将人民币或外币存入储蓄机构,储蓄机构根据存款人的请求支付本金和利息的合同,虽然《合同法》没有规定储蓄合同,但储蓄作为一种历史悠久的金融业务却被以法规形式予以了规定,因此属于有名合同。储蓄合同包含三类条款:一类是以行业法律规定为基础长期所形成的交易惯例,这在合同法理论上可称为默示条款;另一类是具体订立储蓄合同时由储蓄主体单方拟定不容协商的格式条款,这构成了储蓄合同条款内容的绝大部分;还有一类,是可以由当事人协商的条款,例如,对储蓄金额的选择和确定,它又是储蓄合同的主干内容。《商业银行法》第 5 条规定:"商业银行与客户的业务往来,应当遵循平等、自愿、公平和诚实信用的原则。"第 6 条规定:"商业银行应当保障存款人的合法权益不受任何单位和个人的侵犯。"第 29 条第 1 款规定:"商业银行办理个人储蓄存款业务,应当遵循存款自愿、取款自由、存款有息、为存款人保密的原则。"这些法律条款显然应属于储蓄合同的内容。但是由于这种规定还是比较笼统,所以在涉及具体案例的处理时就需要对其进行细化解释,才能确定究竟属于何种性质的法律事实。《合同法》第 125 条规定:"当事人对合同条款的理解有争议的,应当按照合同所使用的词句、合同的有关条款、合同的目的、交易习惯以及诚实信用原则,确定该条款的真实意思。合同文本采用两种以上文字订立并约定具有同等效力的,对各文本使用的词句推定具有相同含义。各文本使用的词句不一致的,应当根据合同的目的予以解释。"在这些解释原则中,以诚实解释为核心,因为诚信原则是合同法领域的"帝王规则",它是实现安全、平等、公平、效率交易的最基本保障。

【思考题】

1. 如何全面理解储蓄合同内容?
2. 网银的法律风险有哪些? 如何防范?

专题三 建设工程合同

株洲云田花木有限公司诉株洲市荷塘区人民政府建设工程施工合同纠纷案①

【案件事实】

2005 年,原告株洲云田花木有限公司(以下简称云田花木公司)与被告株洲市荷塘区人民政府(以下简称荷塘区政府)签订《天鹅湖公园投资建设与采购合同》,内容主要为:①被告荷塘区政府决定采取"BT"方式建设天鹅湖公园,按政府采购的程序,确定原告云田花木公司为项目 BT 投资建设人建设本项目,工程竣工验收合格后移交给被告;被告对工程实施质量控制、投资控制、进度控制管理,按合同约定分期支付项目采购款项。②项目总工期 6 个月,自 2005 年 9 月 30 日起至 2006 年 3 月 30 日止,延误 1 天罚原告 1000 元,提前 1 天奖原告 1000 元。如因征迁工作延误开工,项目建设工期相应推迟。如因其他客观原因需延期,原告应书面提出申

---

① 参见株洲市中级人民法院(2009)株中法民一初字第 21 号民事判决书。

请,交由监理方和甲方审定后,方可顺延。③工程质保金40万元,工程验收合格后15个工作日内退还。④工程计算以双方认可的工程竣工图为依据,工程完工后,原告编制工程结算弓,经被告预审后,再由株洲市财政局评审中心或市审计局审核认定,作为本项目的总投资。⑤原告在竣工验收之日起一个月内将完整的结算资料提交给被告预审,由被告预审并报请株洲市财政局评审中心或市审计局最终审定,最终审定在原告提交结算资料给被告时算起3个月内完成。若在上述时间内未完成结算审计,则视同认可原告的结算金额,被告应按原告的结算金额分期支付原告的投资资金。⑥工程竣工验收合格后,被告自竣工验收之日起3年内分期分批支付工程款,并约定了每年应支付的金额及违约责任的承担。⑦如该工程获省优良工程,予以20万元的奖励。

合同签订后,原告依约建设天鹅湖公园,于2005年陆续开工建设,2006年8月27日竣工验收为优良工程。2007年9月12日,被告依合同整体接收了原告所建工程。2007年11月18日,原告向被告报送工程结算资料(报送工程金额为7314.96万元),被告预审后报株洲市财政投资评审中心评审,2009年1月20日,株洲市财政投资评审中心的评审报告审定原告工程金额为4661.99万元,审减金额2652.97万元,原告签字盖章认可该评审结果。被告分13次付款共计1830万元,其中40万元为退还原告质保金,实际支付原告工程款1790万元,其中2008年2月18日前付款1650万元,2008年2月18日至2008年5月1日未付款,2008年5月1日至2009年5月1日付款140万元。原告诉至法院,请求:①判令被告偿付原告工程投资回购欠款5529.96万元;②被告按约支付给原告工程优良奖金20万元;③被告按约承担延迟给付的银行利息1240.69783万元;④撤销市财政投资评审中心《天鹅湖二期改造工程结算评审报告》。

被告荷塘区政府辩称:①被告的确欠原告工程款,但数额应以财政投资评审中心审计的4661.99万元为准,质证后被告与原告经过对账,已付1830万元,实欠2831.99万元,原告要求以结算报告为准不能得到支持,因为约定的3个月期限没有明确答复,双方一直对单价进行商议和约定,审计时间不是签订合同时能够预见的,并且财政投资评审中心的审计结果原告已经认可,故应以此为准;②原告要求的利息过高,并且应按实际竣工时间予以顺延,请求法院予以减少;③实际竣工迟于约定的300天,原告应承担的违约金请求在本案工程款中予以抵销。

【争议焦点】

1. 工程款总额如何计算,即按原告送审的金额7314.96万元还是按市财政评审中心审计的金额4661.99万元计算?

2. 逾期支付工程款的利息起止时间以及利息如何计算?

【裁判理由及结果】

法院认为,本案系建设工程施工合同纠纷。原告云田花木公司与被告荷塘区政府签订的《天鹅湖公园投资建设与采购合同》,系双方当事人真实意思表示,未违背法律法规有关规定,合法有效,双方应当遵照履行。

1. 关于本案工程款总额的计算

经审查,原、被告虽在双方签订的合同 3.4.1 条中约定"原告在竣工验收之日起一个月内将完整的结算资料提交给被告预审,由被告预审并报请市财政局评审中心或市审计局最终审定,最终审定在原告提交结算资料给被告时算起 3 个月内完成。若在上述时间内未完成结算审计,则视同认可原告的结算金额,则被告应按原告的结算金额分期支付原告的投资资金",但同时在合同 3.3 条中约定"工程计算以原、被告双方认可的工程竣工图为依据,工程完工后,原告编制工程结算书,经被告预审后,再由株洲市财政局评审中心或市审计局审核认定,作为本项目的总投资";且原告对株洲市财政投资评审中心审定原告工程金额为 4661.99 万元的评审报告签字盖章认可,原告庭审中未提供证据证实系受欺诈而签字盖章认可,因此该签字盖章认可系原告真实意思表示,据此,原告提出"按原告送审的金额7314.96万元支付工程款、撤销市财政投资评审中心《天鹅湖二期改造工程结算评审报告》"的诉讼请求,本院不予支持;被告辩称"按市财政投资评审中心的评审报告支付原告工程款 4661.99 万元"的辩称理由,本院予以采纳。因此,本案工程款总额认定为 4661.99 万元。

2. 关于本案逾期付款利息的计算

本案逾期付款利息的计算。被告已支付原告工程款 1790 万元,尚差原告工程款 2871.99 万元,均已逾期,被告应予支付,且应按合同约定支付逾期付款利息。逾期利息计算如下:①第一笔款逾期付款利息的计算。合同约定 2007 年 5 月 1 日前,被告分批支付原告 50% 的工程款,但 2007 年 5 月 1 日前工程款总额没有确定,50% 的工程款额度也无法确定。原告在 2007 年 11 月 18 日向被告报送工程结算资料时首次提出工程款总额 7314.96 万元,被告依合同约定应最迟在 3 个月内审定,因此,本院推定 2008 年 2 月 18 日为原、被告双方能够确定工程款总额的日期,被告应在该天依约定支付 23 309 950 元,被告在此之前仅支付 16 500 000 元,尚需支付 6 809 950 元,该笔款计算逾期利息 140 619 元(从 2008 年 2 月 19 日起计算至 2008 年 4 月 30 日)。②第二笔款逾期付款(含第一笔未付齐款项)利息的计算。合同约定被告在 2008 年 5 月 1 日前支付 13 985 970 元,被告在此期间未依约支付,加上第一笔拖欠的工程款 6 809 950 元,被告至 2008 年 5 月 1 日共拖欠原告工程款 20 795 920 元,该款计算逾期利息 1 966 460 元(从 2008 年 5 月 1 日计算至

2009 年 4 月 30 日)。③第三笔款逾期付款(含前两笔未付齐款项)利息的计算。合同约定被告在 2009 年 5 月 1 日前支付工程款 9 323 980 元,被告在此期间仅支付 1 400 000 元,尚需支付 7 923 980 元,加上前面两笔拖欠的工程款 20 795 920 元,被告至 2009 年 5 月 1 日共拖欠原告工程款 28 719 900 元,该款计算逾期利息 1 259 607元(从 2009 年 5 月 1 日计算至 2009 年 11 月 10 日)。综上,被告逾期付款,依合同约定按同期银行贷款年利率加 3% 的标准总计应支付原告利息 3 366 686元(计算至 2009 年 11 月 10 日)。

此外,原告提出"被告按约支付给原告工程优良奖金 20 万元"的诉讼请求符合合同约定,未违背法律法规有关规定,本院予以支持。被告应支付原告工程优良奖 20 万元。综上,依照《合同法》第 44 条、第 60 条、第 269 条及《最高人民法院关于审理建设工程施工合同纠纷案件适用法律问题的解释》第 17 条之规定,判决如下:

(1)被告株洲市荷塘区人民政府于本判决生效后一个月内支付原告株洲云田花木有限公司工程款 28 719 900 元及逾期付款利息 3 366 686 元(暂算至 2009 年 11 月 10 日,该日之后按同期银行贷款年利率加 3% 的标准支付利息)。

(2)被告株洲市荷塘区人民政府于本判决生效后十日内支付原告株洲云田花木有限公司工程优良奖 200 000 元。

(3)驳回原告株洲云田花木有限公司的其他诉讼请求。

【判例解析】

本案实际上是一个 BT 合同纠纷。BT 合同在我国合同法中没有直接规定,而其在实践中又确实存在。BT 是英文 Build(建设)和 Transfer(移交)缩写形式,意即"建设—移交",是政府利用非政府资金来进行基础非经营性设施建设项目的一种融资模式。BT 合同是政府回购人与投资人之间就政府某项基础设施工程的投融资、建设管理及施工等事宜而签订的合同。《中华人民共和国政府采购法》(2014 年 8 月 31 日已修订)第 2 条第 2 款规定:"本法所称政府采购,是指各级国家机关、事业单位和团体组织,使用财政性资金采购依法制定的集中采购目录以内的或者采购限额标准以上的货物、工程和服务的行为。"中华人民共和国建设部建市〔2003〕30 号《关于培育发展工程总承包和工程项目管理企业的指导意见》第 4 章第 7 条规定,鼓励有投融资能力的工程总承包企业,对具备条件的工程项目,根据业主的要求按照建设—转让(BT)、建设—经营—转让(BOT)、建设—拥有—经营(BOO)、建设—拥有—经营—转让(BOOT)等方式组织实施。该案对于法律关系的存在没有异议,发生争议是工程款数额及其利息问题。工程项目建设合同价款确定方式一般有三种,即固定价格、可调价格、成本加酬金价格。在具体支付价款的时候,也有三种选择,或者是先给付全部价款,或者是预付部分价款边施工边追加,或者是施工完毕后再支付全部价款,第二种方式运用较多。由于对建筑材料或施工服务的具体价格认知可能会存在不一致,因此,容易引发最后结算争议问题。解决问题的法律方法,在于订立完备的合同、履行合同过程中及时沟通和以善意为基础解决合同争议。

【思考题】

1. 试述 BT 合同概念与特征。
2. 试述 BT 合同的法律适用。
3. 试述 BT 合同的风险管理。

第二十九章　不当得利与无因管理之债

专题一　不当得利之债

陈某某诉赵某、赵某某不当得利纠纷案[①]

【案件事实】

　　原告陈某诉称,被告赵某与赵某某系父子关系,二人共同投资设立了上海宏仁灯具有限公司。原告的丈夫王某在该公司工作。赵某某为留住王某在公司工作,承诺为王某家庭购房奖励 100 万元的购房补贴。并约定先由原告和王某将 100 万元转至赵某某名下,赵某某再将该款与奖励的 100 万元一并为原告和王某购买房屋。原告遂于 2008 年 6 月 4 日将 100 万元转账至赵某的银行账户。但后来在购买房屋时,赵某某未兑现购房补贴的承诺。原告遂要求赵某某返还 100 万元,但赵某拒绝返还。原告认为二被告取得该款无正当理由,遂以不当得利为由请求其返还,并按银行同期利率的 4 倍赔偿从 2008 年 6 月 4 日至判决生效之日的利息。

　　被告辩称:其从未承诺过 100 万元购房补贴的奖励。原告的丈夫王某欠被告赵某某 100 万元,故于 2008 年 6 月 4 日将 100 万元转账至赵某某指定的赵某的银行账户,用以还款。至于该笔债务的产生,系 2007 年 8 月 30 日,赵某某听从王某的推荐,以个人名义开具给上海某拍卖公司一张 90 万元本票用于购买该公司拍卖的房产,结果根本不存在被拍卖的房产,钱款也无法要回。赵某某遂要求王某追讨上述款项。在此过程中,王某又向赵某某借款 10 万元用于催讨。该借款加上之前的 90 万元,一共是 100 万元。原告打入被告账户上的 100 万元,就是偿还上述款项,不存在不当得利的情况。故不同意原告的诉请。

　　另:赵某某曾以上述拍卖公司为被告,向法院起诉要求后者返还购房保证金 90 万元,后撤诉。

---

　　① 参见上海市徐汇区(2010)徐民一(民)初字第 6572 号民事判决书。上海市第一中级人民法院(2011)沪一中民一(民)终字第 921 号民事判决书。

【争议焦点】

付款方向收款方指定账户转入款项后,付款方存在损失,收款方获得利益,能否认定收款方存在不当得利?

【裁判理由及结果】

一审法院认为,对于向某拍卖公司购买房产的事情,王某仅是介绍双方认识,对该笔钱款是否具有追讨责任无法确定。即使王某有责任追讨,在原告已经将 100 万元打入被告账户后,赵某某仍于 2009 年 7 月向法院起诉主张拍卖公司返还 90 万元,显然不合情理。而且被告对于原告的另 10 万元欠款未能提供相应有效的证据证明,法院难以采信。故认定被告取得原告支付的 100 万元无合法依据,判决被告返还 100 万元并按银行同期贷款利率赔偿自 2010 年 8 月 17 日至判决生效之日的利息。

二审法院认为,不当得利返还请求权的构成要件之一即获利无法律上的原因。其中,"无法律上的原因"证明责任的分配是处理案件的关键。我国民法关于不当得利的规定属于请求权形成规范,故"无法律上的原因"证明责任首先应由不当得利返还请求权人承担,亦即请求权人首先应举证证明其所为之给付缺乏给付原因。就本案而言,只有在(陈某)举证证明其向赵某某支付 100 万元款项没有合法原因的前提下,赵某某才承担证明其获得相应利益具有正当性的举证义务。首先,陈某原审诉状中称其是在为不耽误自己家庭的购房计划,同时希望赵某某原本承诺的 100 万元为其家庭购房的奖励早日兑现,听信赵某某的建议先把自己账户中的 100 万元划入赵某某指定的账户,然后连同赵某某承诺的购房奖励款 100 万元一起为其家庭购房。上述表述有违一般常态,也就是说,即便陈某想尽快取得赵某某承诺的 100 万元购房奖励款,也没有必要先将自己的 100 万元划入赵某某指定的账户。其次,陈某于 2008 年 6 月 4 日将 100 万元划入赵某某指定的账户,其丈夫王某于 2009 年 8 月支付用于购买案外人的房屋款 155 万元,然现有证据显示陈某直至 2010 年 6 月 1 日才向法院起诉要求返还涉案的 100 万元款项;除此之外,并无证据表明王某在其购房过程中曾向赵某某主张其诉称的转入款及奖励款,显然有违常理。最后,原审审理期间证人陆某、张某等人的证词,相关内容显示陈某的丈夫王某欠赵某某钱款的情况。综合以上理由和本案实际情况,在陈某以不当得利为诉讼请求权的基础提起诉讼,又不能就其主张的事实及赵某某、赵某取得 100 万元没有法律上的原因提供充分的证据材料加以证明的情况下,原审法院支持(陈某)要求返还 100 万元的诉讼请求不当,本院予以纠正。

【判例解析】

该案涉及对不当得利的理解。

《民法总则》第122条规定:"因他人没有法律根据,取得不当利益,受损失的人有权请求其返还不当利益。"据此,所谓不当得利,系指没有合法根据获得利益而使他人受损的事实。构成不当得利需要具备以下要件:一是一方获益;二是他方受损;三是受益与受损之间具有因果关系;四是获益没有合法根据。在本案中,前三个要件已经满足,关键是最后一个要件应当如何认定。

根据《最高人民法院关于民事诉讼证据的若干规定》第2条规定:"当事人对自己提出的诉讼请求所依据的事实或者反驳对方诉讼请求所依据的事实有责任提供证据加以证明。没有证据或者证据不足以证明当事人的事实主张的,由负有举证责任的当事人承担不利后果。"据此,在不当得利返还纠纷中,主张返还不当得利的一方应当对不当得利的构成承担举证责任,举证不能的,应承担败诉的后果。在本案中,正如二审法院在判决书中所认为的那样,原告无法证明被告获得该笔款项没有合法根据,相反,被告的解释具有一定的合理性。故二审法院的判决是正确的。

【思考题】

1. 如何理解不当得利的效力?
2. 不当得利请求权与侵权损害赔偿请求权的区别是什么?

专题二　无因管理之债

淮安市金禾铸造有限公司诉淮安市金马传动机械制造有限公司等无因管理纠纷案①

【案件事实】

原告淮安市金禾铸造有限公司(以下简称A公司)在2008年10月17日参与拍卖竞得淮安市禾力机械制造有限公司所有的一套厂房的所有权,进入该厂房后发现厂房内有被法院查封的机器设备,遂向淮阴区人民法院发函询问如何处理,法院经查无此查封记录。A公司经多方查询未能与该机器设备的所有权人取得联系,该机器设备即一直存放在该厂房。后查明,该机器设备为被告淮安市金马传动

---

① 参见江苏省淮安市淮阴区(2010)淮商初字第0053号民事判决书。

机械制造有限公司(以下简称 B 公司)所有,B 公司将其抵押给了被告淮安国泰投资担保有限公司(以下简称 C 公司)。2009 年 12 月 24 日,C 公司申请法院到 A 公司处对该机器设备进行扣押、评估、拍卖。A 公司认为其对该机器设备进行了仓储保管,要求 C 公司支付一年的保管费,双方发生纠纷。A 公司遂诉至法院,请求 B 公司支付该机器设备的保管费,C 公司承担连带责任。原告主张被占厂房面积为734 平方米,参照同地段厂房租赁合同的标准每月每平方米 7 元,计算占用 12 个月的保管费用为 61 656 元。

【争议焦点】

1. A 公司是否构成无因管理?

2. B 公司和 C 公司,何者需要对 A 公司承担保管费用?

【裁判理由及结果】

法院认为,原告诉在其取得所有权的 A 房屋内发现了本案争议的机器设备,在没有法律规定以及合同约定的义务的情形下,对该设备进行了保管,其主观目的是为了避免他人的财产利益减少或遭受损害,此种行为应当认定为无因管理。受益人应当偿付原告为保管所直接支出的费用以及因此受到的损失。现原告厂房被占用一年导致无法使用的损失应为原告的实际损失。法院根据机器占用面积,参照同地段租金等情况,酌定原告的实际损失为 50 000 元。该机器设备的所有权人为B 公司,B 公司将设备抵押给 C 公司,因抵押并不转移抵押物的占有,抵押物的保管责任仍在 B 公司。A 公司保管机器设备避免了抵押物价值的减少,该行为的受益人应为所有权人。故 B 公司应支付原告无因管理的费用。

【判例解析】

所谓无因管理,系指无法定或约定的义务,为避免他人利益损失进行管理或者服务的行为。其构成要件包括:其一,管理他人事务。即对他人的事务予以了管理,包括对他人的财物进行保存、保管、改良、修缮、处分等,也包括为他人提供劳务帮助等;其二,为他人利益管理事务。即管理人主观上要有为他人利益管理的意思。如果管理人纯粹为自己的利益管理他人事务,则不构成无因管理;其三,无法定或约定的义务;即管理他人事务既非法律规定的义务,也非当事人约定的义务。一旦构成无因管理,即在管理人与被管理人之间形成债的关系:管理人有适当管理的义务,同时也有权利要求被管理人支付因管理而产生的必要的费用。

本案的争议主要在两个方面:

一是原告的消极管理行为是否构成无因管理中的"管理"。对此,有的学者认为,无因管理中的"管理"仅指积极管理行为,而消极管理行为因没有良好的管理善意,故不应纳入无因管理的概念之中。而有的学者则认为,从无因管理制度的立法本意来看,其并未将消极管理行为排除在无因管理行为之外。只要管理行为利于被管理人,且不违反被管理人应知或可推知的意思,消极管理行为也不妨碍无因管理行为的认定。我们同意后一种观点。在本案中,A 公司在既没有法定义务也没有约定义务的情形下,没有将该设备擅自处置或置之不理,而是一直让联系不到所有权人的机器设备放在其厂房,客观上对该机器设备起到了看护和保管的作用,在主观上也存在为避免他人利益受损而为其管理的意思,其后果也的确有利于该机器设备的所有权人。故 A 公司的行为虽然有消极的成分,但符合无因管理的要件,应认定为无因管理。

二是对于 B 公司和 C 公司而言,谁是受益人或被管理人,即谁应当对 A 公司支付必要的管理费用或赔偿其遭受的损失。原告认为二者均为被管理人,应承担连带责任。而法院则认为只有 B 公司为被管理人。我们同意法院的判决。在无因管理的行为使多人受益时,谁为被管理人,应视管理人的意思而定。在本案中,A 公司保管该机器设备,首先应肯定其有为设备的所有权人进行管理的意思,故该设备的所有权人应为被管理人。至于抵押权人,由于 A 公司并不知晓其上有抵押权的存在,更谈不上其有为抵押权人的利益而管理的意思。虽然 A 公司保管机器设备避免了抵押物价值的减少,但由于抵押物价值的减少对抵押权人的利益并不产生实质性的影响而对于抵押人的影响则较大,故抵押人即抵押物的所有权人应为受益人即被管理人。①

三是 A 公司是否支出了必要费用或遭受了实际损失。从表面上来看,A 公司只是容许该机器设备存放在自己的厂房中,其并未支出实际费用,也未遭受损失。但应当看到的是,该机器设备存放于厂房中,导致 A 公司无法正常使用该厂房,这种消极损失也是一种实际损失,应当纳入被管理人应予以偿还的费用之内。

【思考题】

1. 试述无因管理的构成要件。
2. 试述无因管理的效力。

---

① 根据《物权法》第 193 条的规定,抵押财产价值减少的,抵押权人有权要求恢复抵押财产的价值,或者提供与减少的价值相应的担保。抵押人不恢复抵押财产的价值也不提供担保的,抵押权人有权要求债务人提前清偿债务。

第五篇
侵权责任法

第三十章 过错侵权责任的认定

杨某某诉襄阳市樊城区竹条中心小学、贵某甲、贵某乙、嵇某某教育机构责任纠纷案①

【案件事实】

原告杨某某与被告贵某甲均为被告襄阳市樊城区竹条中心小学(以下简称竹条小学)五(三)班学生,杨某某系住读生,贵某甲系走读生。2014年12月15日中午,学生在教室内午休,值班老师张某负责五(三)班和五(四)班午休纪律。14时左右,张某到五(四)班查看情况,这时杨某某用手举书,贵某甲用橡皮筋弹射中性笔芯扎书,弹射过程中,笔芯扎到杨某某左眼。经学生报告,张某又向学校领导汇报后,将杨某某送到附近的熊营村卫生室治疗,并通知双方家长。该卫生室医生检查后认为无大碍,次日在该村卫生室继续治疗。因杨某某感到伤痛严重,看不见东西,该卫生室医生建议去正规医院治疗。同年12月17日,杨某某入住解放军第四七七医院,同年12月29日出院,住院12天,支出住院医疗费8454.77元,该费用由贵某乙(贵某甲父亲)支付。出院诊断:左眼角膜穿通伤,左眼外伤性白内障,左眼眼内炎。出院医嘱:定期门诊复查,3月后择期行二期左眼人工晶体植入术,注意眼部休息和营养。杨某某住院期间,竹条小学派人护理了10天。2015年4月2日,杨某某再次入住解放军第四七七医院治疗,同年4月7日出院,住院5天,支出住院医疗费6423.82元,该费用由竹条小学支付。出院诊断:左眼外伤性晶状体缺失,左眼角膜裂伤术后。出院医嘱:注意眼部休息和营养。杨某某前后共住院17天,治疗共花费医疗费14 878.59元。2015年7月12日,杨某某经襄阳职业技术学院附属医院法医司法鉴定所鉴定,其左眼角膜穿通伤,左眼外伤性白内障,构成十级伤残。杨某某支出鉴定费800元。原告遂诉至法院,请求判令竹条小学、贵某甲及其父母贵某乙、嵇某某连带赔偿原告89 064元。

被告竹条小学辩称,本学校与原告之间系教育管理关系,不是委托监护关系,无监护职责。本学校对原告尽到教育管理义务,无过错,不应承担责任。

---

① 参见襄阳市樊城区人民法院(2015)鄂樊城民二初字第00460号民事判决书。

被告贵某甲、贵某乙、嵇某某辩称，不认可贵某甲用皮筋打伤杨某某的事实。原告请求四被告承担连带责任无法律依据，应当依按份责任进行赔偿。另外，原告请求的赔偿数额过高。

【争议焦点】

1. 竹条小学是否尽到了管理职责？应否承担赔偿责任？
2. 若承担，竹条小学应承担何种赔偿责任？

【裁判理由及结果】

法院认为，公民的身体健康权受法律保护。贵某甲用橡皮筋弹射中性笔芯致伤杨某某，应当对杨某某的损害承担赔偿责任。杨某某明知某甲成用橡皮筋弹射中性笔芯有一定的危险性，仍然举书让贵某甲弹射，本身也有一定的过错，应减轻贵某甲的赔偿责任。事发时杨某某、贵某甲均刚满 10 周岁，系限制民事行为能力人，贵某甲造成他人损害的，应由其监护人贵某乙、嵇某某承担侵权责任。贵某甲用橡皮筋弹射中性笔芯时竹条小学未及时发现并制止，未尽到相应管理职责；杨某某眼部受伤后，竹条小学对其伤情估计不足，未及时送其到正规医院救治，延误了杨某某的治疗，存在一定的过错。故竹条小学也应承担一定的责任。

综上所述，依照我国法律的有关规定，判决如下：

（1）被告竹条中心小学赔偿原告杨某某各项损失共计人民币 8598.94 元。

（2）被告竹条中心小学赔偿原告杨某某精神损害抚慰金 1200 元。

（3）被告贵某乙、嵇某某赔偿原告杨某某各项损失 11 307.56 元。

（4）被告贵某乙、嵇某某赔偿原告杨某某精神损害抚慰金 1500 元。

（5）驳回原告杨某某的其他诉讼请求。

【判例解析】

本案涉及幼儿园、学校等教育机构的责任问题。根据《侵权责任法》第 40 条的规定：无民事行为能力人或者限制民事行为能力人在幼儿园、学校或者其他教育机构学习、生活期间，受到幼儿园、学校或者其他教育机构以外的人员人身损害的，由侵权人承担侵权责任；幼儿园、学校或者其他教育机构未尽到管理职责的，承担相应的补充责任。由此可见，在第三人致害的情况下，教育机构只有在有过错的情况下才承担与其过错程度相适应的补充赔偿责任。

按照侵权责任法的原理，过错包括故意和过失，是指行为人在行为时对于损害后果发生的主观心理态度。其中，过失包括疏忽大意和过于自信，在司法实务中，为了认定上的便利，往往将过失客观化为某些具体行为标准，只要行为人没有达到相应的行为标准，就认定为存在过失。在实践中，教育机构未尽到教育、管理职责的常见情形有：

（1）学校的校舍、场地、其他公共设施，以及学校提供给学生使用的学具、教育教学和生活设施、设备不符合国家规定的标准，或者有明显不安全因素的。

（2）学校教师与其他工作人员体罚或者变相体罚学生，或者在履行职责过程中违反工作要求、操作规程、职业道德或者其他有关规定的。

（3）学校的安全保卫、消防、设施设备等安全管理制度有明显疏漏，存在重大安全隐患，而未及时采取措施的。

（4）学校知道教师或者工作人员有不适合担任教育教学或者管理工作的疾病或者道德品质败坏，学校未采取相应措施的。

（5）学校向学生提供的药品、食品、饮用水等不符合国家或者行业的有关标准、要求的。

（6）学校违反有关规定，组织或者安排未成年学生从事不宜未成年人参加的劳动、体育运动或者其他活动的。

（7）学生有特异体质或者特定疾病，不宜参加某种教育教学活动，学校知道或者应当知道，但未予以必要的注意的。

（8）学生在校期间突发疾病或者受到伤害，学校发现，但未根据实际情况及时采取相应措施，导致不良后果加重的。

（9）学校教师或者其他工作人员在负有组织、管理未成年学生的职责期间，发现学生行为具有危险性，但未进行必要的管理、告诫或者制止的。

（10）对未成年学生擅自离校等与学生人身安全直接相关的行为，学校发现或者知道，但未及时告知未成年学生的监护人，导致未成年学生因脱离监护人的保护而发生伤害的。

在本案中，竹条小学的过错主要体现在：①对于贵某甲用橡皮筋弹射中性笔芯的危险行为，竹条小学未及时发现并制止；②杨某某眼部受伤后，竹条小学对其伤情估计不足，未及时送其到正规医院救治，延误了杨某某的治疗。故竹条小学应承担一定的赔偿责任。

【思考题】

1. 什么是过失的客观化？
2. 过失客观化的意义何在？

第三十一章 数人侵权

专题一 共同侵权行为

孟某某、李某某诉被告周某某、玉某某、黄某某等生命权纠纷案①

【案件事实】

2013年2月20日,被告周某某、玉某某、黄某某预先购买水果刀,三人一起到南宁市城市规划设计院门前抢劫,发现正独自驾驶电动车的原告孟某某、李某某的独生子李某甲,黄某某将已准备好的两把水果刀递给周某某和玉某某,后驾车逼停李某甲,周某某和玉某某持刀下车抢劫李某甲,因李某甲拒绝下车交出手机,周某某持刀捅李某甲的大腿、手臂,劫取李某甲的手机。接着,周某某继续持刀捅李某甲的脖子,最终造成李某甲当场死亡。经法医鉴定,李某甲系右颈部刺创致右侧颈内静脉断裂所导致的急性大出血死亡,属他杀。该抢劫案经南宁市中级人民法院审理,于2014年5月16日作出(2013)南市少刑初字第6号刑事判决,判处被告周某某无期徒刑,玉某某有期徒刑十五年,黄某某有期徒刑八年,被告周某某、玉某某不服一审判决,上诉至广西高级人民法院,广西高级人民法院于2014年12月13日作出"驳回上诉,维持原判"的(2014)桂少刑终字第3号刑事裁定,该案判决已生效。

此外,法院查明,案件发生时,被告周某某、玉某某已满16周岁未满17周岁,被告黄某某已满14周岁未满15周岁。另查明,被告周某某、玉某某、黄某某在本案诉讼时已满18周岁,均没有自己的财产,没有经济能力。

原告认为,李某甲是原告的独生子,由原告孟某某独自抚养长大,是原告孟某某唯一的希望和精神支柱。被告周某某、玉某某、黄某某无视他人生命,无视法律权威,对李某甲抢劫并残忍将其杀害,给原告造成极大的心理伤害,使原告精神崩

---

① 参见南宁市良庆区人民法院(2015)良少民初字第12号民事判决书。

溃。被告周某某、玉某某、黄某某应当承担民事赔偿责任。因被告周某某、玉某某、黄某某作案时未满十八周岁,先从他们的财产支付,不足部分由他们的监护人赔偿。2015 年 4 月 28 日,原告孟某某、李某某诉至法院,要求被告周某某、玉某某、黄某某及其法定代理人赔偿损失 587 418 元。庭审中,原告变更诉讼请求,要求各项赔偿项目适用 2015 年广西交通事故人身损害赔偿项目计算标准。即死亡赔偿金 493 380 元、丧葬费 23 424 元、精神抚慰金 100 000 元,总损失由 587 418 元变更为 616 804 元。

被告周某某辩称:我认为应该适用 2008 年的赔偿法,按规定最多赔 10 万元。我有能力承担赔偿责任,我的家人与本案无关,但目前坐牢没有履行能力。

被告玉某某及其监护人辩称:对丧葬费无异议,死亡赔偿金和精神抚慰金不应当支持。理由如下:①本案因抢劫犯罪行为另行提起民事诉讼,犯罪行为人在刑事诉讼中已受到了严厉的刑事处罚,又要在漫长的刑满后继续付出巨额赔偿,这对犯罪行为人不公平,也不符合我国刑事法律精神。对受害者家属的赔偿,应当按照刑事附带民事诉讼规定的赔偿范围的规定,限定在物质损失范围内确定应当赔偿的数额,对属于精神损失范围内的死亡赔偿金和精神抚慰金不予支持。因为法释〔2000〕47 号《最高人民法院关于刑事附带民事诉讼范围问题的规定》(2015 年 1 月 19 日已失效)和法释〔2002〕17 号《最高人民法院关于人民法院是否受理刑事案件被害人提起精神损害赔偿民事诉讼问题的批复》(2015 年 1 月 19 日已失效)明确规定死亡赔偿金和精神抚慰金不在赔偿范围内。②本案不是普通的民事案件,被告不应当承担连带赔偿责任,应当按照犯罪行为人各自在案件中所起的作用按份确定各自应当赔偿的数额。

被告黄某某辩称:人不是我杀的,我不应该赔偿那么多。案件发生在 2013 年,应当适用 2013 年的赔偿标准。

【争议焦点】

1. 各被告是否承担赔偿责任? 应承担何种赔偿责任?
2. 原告的各项诉讼请求是否依法有据?

【裁判理由及结果】

法院认为,关于民事赔偿责任承担的问题。被告周某某、玉某某、黄某某无视他人生命,使用暴力方法劫取他人财物后将被害人李某甲捅死,除了承担刑事责任外,还应当承担相应的民事赔偿责任。限制行为能力人造成他人损害的,由监护人承担侵权责任。侵权行为发生时行为人不满 18 周岁,在诉讼时已满 18 周岁并有经济能力的,应当承担侵权责任;行为人没有经济能力的,应当由原监护人承担侵权责任。被告周某某、玉某某、黄某某作案时均未满十八周岁,在本案诉讼时已满18周岁,且均没有自己的财产,没有经济能力。因此,应当由他们的原监护人即他们的父母承担民事赔偿责任。被告周某某提出其已成年,由其承担赔偿责任,不应当由他父母承担赔偿责任的理由无法律依据,法院不予采纳。

《侵权责任法》第4条第1款规定:侵权人因同一行为应当承担行政责任或者刑事责任的,不影响依法承担侵权责任。本案是民事诉讼而不是刑事附带民事诉讼,应当适用《侵权责任法》的有关规定,被告玉某某辩解其已承担刑事责任,本案的损失应当按照刑事附带民事诉讼的规定赔偿丧葬费的理由不充分,法院不予采纳。

本案是共同侵权行为,被告周某某、玉某某、黄某某作案前共同购买水果刀为作案工具,在共同犯罪中先由黄某某驾驶助力车搭乘周某某、玉某某逼近被害人李某甲,再由周某某、玉某某持刀下车对李某甲进行抢劫,抢劫过程中周某某将被害人捅死,这一系列共同犯罪行为造成李某甲死亡的结果,因此,三被告应当承担连带赔偿责任,不宜划分责任份额,被告玉某某辩解按份承担责任的理由不成立,法院不予采纳。

综上所述,依照我国法律的有关规定,判决如下:

被告周某某、玉某某、黄某某的原监护人于本判决生效之日起10日内共同支付原告孟某某、李某某赔偿款546 804元,各被告之间负连带赔偿责任。

【判例解析】

本案是典型的共同侵权行为,根据《侵权责任法》第4条的规定,侵权人因同一行为应当承担行政责任或者刑事责任的,不影响依法承担侵权责任。第8条规定:二人以上共同实施侵权行为,造成他人损害的,应当承担连带责任。所谓共同侵权行为是指两人以上共同故意或者共同过失侵害他人权益,依法应承担连带责任的行为。共同侵权行为不仅要求各行为具有关联性,更要求各行为人主观上具有共同的过错,这种共同的过错可以是共同的故意,也可以是共同的过失,还可以是故意和过失的混合。共同过错是共同侵权人承担连带责任的基础。

在本案中,三被告在实施抢劫犯罪行为时具有共同的故意。被告周某某、玉某某、黄某某作案前共同购买作案工具,在实施犯罪过程中,先由黄某某驾驶助力车搭乘周某某、玉某某逼近被害人李某甲,再由周某某、玉某某持刀下车对李某甲进行抢劫,抢劫过程中周某某将被害人捅死,这一系列共同犯罪行为造成李某甲死亡的结果,因此,三被告应当承担连带赔偿责任。因三被告实施共同犯罪行为时不满18岁,也没有独立的财产,故其监护人应当承担连带赔偿责任。

【思考题】

　　1. 共同侵权行为的构成要件有哪些?

　　2. 共同侵权行为与共同危险行为有何区别?

专题二　共同危险行为

苏某某诉黄某甲、黄某乙、罗某、黄某丙财产损害赔偿纠纷案 ①

【案件事实】

　　原告苏某某诉称:2016 年 4 月 9 日,四被告黄某甲、黄某乙、罗某、黄某丙在城厢镇那桑村"弄平坡"(地名)扫墓时燃放鞭炮引起火灾,烧毁原告的经济林杉木、八角树等,造成经济损失 31 620 元。故请求法院判决:由四被告连带赔偿原告杉木、八角、桉树、茶油树等经济林木的损失 31 620 元。

　　原告苏某某为支持其起诉向法院提交如下证据:

　　(1)关于那桑村"4.9"火案的调查情况汇报、现场勘验笔录、现场方位图、现场照片、火灾林木损失统计表、勾图调查情况,证明 2016 年 4 月 9 日 12 点左右,四被告在"弄平坡"(地名)拜山祭祖燃烧轰天雷引起火灾烧毁原告林木的事实。

　　(2)农户林木损失统计表,证明"4.9"火灾烧毁原告在"弄平坡"(地名)的林木株数及折计价格和林木受损农户参与清点确认事实。

　　(3)农显发的询问笔录,证明被告罗某在"弄平坡"(地名)拜山祭祖燃放轰天雷约半个小时后,被告黄某甲在同一个地方也燃放轰天雷,引起火灾的事实。

　　(4)黄某甲的询问笔录,证明被告黄某甲、黄某乙两兄弟在"弄平坡"(地名)拜山祭祖燃放轰天雷时引起火灾的事实,当天在同个地方燃放轰天雷的还有罗某。

　　(5)梁某某、黄某丁、罗某、农某、黄某戊、黄某乙、苏某甲的询问笔录,证明:①2016 年 4 月 9 日苏某甲在"弄平坡"(地名)林木被烧毁后,同受害农户到现场清点受损情况;②被告黄某甲、黄某乙两兄弟在"弄平坡"(地名)拜山祭祖燃放轰天雷时引起火灾的事实,当天在同个地方燃放轰天雷的还有被告罗某和黄某丙。

---

　　①　参见广西壮族自治区那坡县人民法院(2016)桂 1026 民初 663 号民事判决书。

（6）林权证,证实被火烧的林木系原告所有的财产。

被告黄某甲、黄某乙辩称:①原告要求被告赔偿损失没有事实依据。首先,我们曾到现场进行考察和勘验,大部分被烧的树木都没有死,因此,原告将树木损失扩大化了,而且所作的损失数额鉴定也是原告单方面作出的,我们不予认可。其次,被告黄某乙燃放鞭炮时,事故已经发生,而且公安机关的工作人员到场后也没能认定事故的起因和事故的责任人。②原告要求我们承担赔偿责任是没有法律依据的,因为被告黄某甲在事发当天没有燃放鞭炮,将黄某甲也列为被告是不正确的。

被告罗某辩称,事发当天我是 11 点多放炮,但是火灾是 12 点多发生,所以事故的发生与我没有关系,而且我在公安局作的笔录里面已经说清楚了。

被告黄某丙辩称:①事故发生时,我离开现场已经两到三个小时,因此,事故的发生与我没有关系,我不同意赔偿原告的损失。②开庭之前原告已经对本人申请撤诉,因此,我没有对开庭做好充分的准备,现在不知道该如何答辩。

经庭审质证,被告对原告提供的证据虽然有异议,但没有提供充分的证据予以反驳。法院认为,对原告提供的证据与本案有关联性的,应予以采信。

经过举证、质证,法院查明的事实为:2016 年 4 月 9 日上午,被告黄某丙、罗某、黄某甲、黄某乙及其家人先后到那坡县城厢镇那桑村"弄平坡"(地名)祭祖扫墓,期间被告黄某丙扫完墓后燃放鞭炮,间隔一个小时后,被告罗某也扫完墓又燃放鞭炮(轰天雷),接着,被告黄某乙、黄某甲也同样拜山完毕燃放轰天雷鞭炮,在被告黄某乙的四捆轰天雷没有燃完时,其墓地附近发现火苗从而引起火灾。

火灾发生后,4 月 15 日和 16 日,那坡县森林公安局会同那坡县城厢镇林业站技术人员到现场实地勘察,并与当地村民委员会以及受灾农户对被烧的林种进行清点后,作出火灾情况汇报和受损统计表,认定此次火灾过火面积为 11.5 亩,受损涉及的农户有那桑村那桑街 7 户、念甲村者祥屯 7 户,被烧毁的树种有杉木、桉树、油茶树、八角树和杂木。那桑街被烧毁树龄为 4 年至 11 年不等的杉木 2188 株、6 年至 8 年不等的杂木 79 株;者祥屯被烧毁树龄为 11 年的八角树 77 株、20 年的油茶树 52 株、8 年的杉木 1399 株、3 年的桉树 60 株。其中原告被火灾烧毁的树种为杉木(树龄 8 年)477 株、八角树(树龄 11 年)30 株。

2016 年 5 月 1 日,那坡县森林公安局作出关于那桑街"4.9"火案的调查情况汇报,调查结果为:那桑街"4.9"火案是被告罗某、黄某丙、黄某乙等三农户及其家人扫墓祭祖燃放轰天雷引起,但无第三方证人证实起火原因和起火点,无法认定失火主要责任人。因对原告的经济损失问题,双方当事人协商未果,原告于 2016 年 8

月 12 日向法院提起诉讼,要求判令四被告连带赔偿财产损失 31 620 元。

庭审后,原告申请对其被烧树木的经济损失进行评估。法院委托广西中天银资产评估有限责任公司进行评估,评估结论为原告被烧的 477 株杉木实际损失为 12 330 元,30 株八角树实际损失为 3326 元,共计 15 656 元。各方当事人对鉴定结论的质证意见为:第一,原告对鉴定结论没有异议,但要求四被告承担鉴定费。第二,被告黄某乙、黄某甲对鉴定报告的真实性及关联性都有异议。他们认为,首先评估人员进行现场勘察当天,被告要求实地点清株树,但是评估人员没有点,结果导致鉴定意见中实际烧毁株数与起诉状的株数不一致,因此,该鉴定报告不能作为本案定案依据;其次,将黄某甲列为被告是错误的,因为黄某甲没有燃放鞭炮;再次,本案不是共同侵权,不应该由黄某乙承担连带责任,应该查明具体燃放者,由燃放者承担责任;最后,本案应该属于意外事故,村民应该购买有山林保险,建议沄庭驳回原告的诉讼请求,由保险机构承担损失,以解决今后火烧山的问题。第三,被告罗某认为本案的损失与自己无关,就算进行鉴定,鉴定结果也与自己没有关系。第四,被告黄某丙认为,自己与本案的损失没有关系,不认可鉴定结果。

另查明,4 月 9 日火灾发生前,同在"弄平坡"(地名)扫墓的其他村民除了黄某丙、罗某、黄某乙燃放鞭炮外,没有其他村民燃放鞭炮。被告黄某甲虽然参加扫墓,但其既未购买鞭炮,也没有燃放鞭炮的行为。

【争议焦点】

1. 四被告在火灾现场是否燃放了鞭炮? 能否查清是哪位被告的燃放行为引发了火灾?

2. 如果无法查明具体的责任人,应如何承担赔偿责任?

【裁判理由及结果】

第一,关于四被告是否构成共同危险行为的问题。法院认为,共同危险行为是指两人以上共同实施侵害他人民事权益危险的行为,造成他人人身、财产损害,但不知具体加害人而应当由共同行为人承担连带责任的情形。根据本案证据和案情,虽然无法确认被告黄某乙、黄某丙、罗某中是哪家燃放鞭炮引起了火灾,但可以确认被告黄某乙、黄某丙、罗某这三家均实施了燃放鞭炮这一危及他人财产安全的行为,故被告黄某乙、黄某丙、罗某的行为与原告的损失之间均存在一定的因果关系。被告黄某甲虽然参加扫墓,但其既未购买鞭炮,也没有燃放鞭炮的行为,因此,被告黄某甲不用承担任何责任。

第二,关于赔偿责任问题。法院认为,被告黄某乙、黄某丙、罗某均实施了危害他人财产安全的燃放鞭炮行为,因无法确定是哪位被告的行为引起了火灾,根据《侵权责任法》第10条的规定,三被告已经构成了共同危险的侵权行为,应当承担连带责任。连带责任人之间应根据各自责任大小确定相应的赔偿数额,难以确定的平均承担赔偿责任。鉴于被告黄某乙、黄某丙、罗某燃放鞭炮的行为对引起火灾的概率是一样的,难以确定各自的责任大小,因此,三被告对原告的损失应平均承担赔偿责任,即被告黄某乙、黄某丙、罗某各自承担5218.7元。被告黄某甲既未购买鞭炮又未燃放鞭炮,无需承担责任。原告的诉讼请求有事实根据和法律依据,法院予以支持。被告提出其不是侵权人,对鉴定结论不予认可,不应当承担赔偿责任,但因其未能提供任何证据证明,故其辩解意见不能成立,法院不予采纳。

综上所述,依照我国法律的有关规定,判决如下:

(1)被告黄某乙、黄某丙、罗某连带赔偿原告苏某某经济损失15 656元,自本判决生效之日起10日内支付。三被告之间各自平均承担5218.7元。

(2)驳回原告苏某某的其他诉讼请求。

【判例解析】

本案是典型的共同危险行为致他人损害的案件。根据《侵权责任法》第10条的规定,二人以上实施危及他人人身、财产安全的行为,其中一人或者数人的行为造成他人损害,能够确定具体侵权人的,由侵权人承担责任;不能确定具体侵权人的,行为人承担连带责任。由此可见,共同危险行为的构成要件是,两个以上的人均单独实施了危及他人人身或财产安全的行为,行为人主观上没有意思联络。而且能够确定是其中的某个人的危险行为引起了损害后果,但无法查清具体是哪个人的行为引起了损害后果。在这种情况下,实施危险行为的人均要对受害人的损失承担连带责任。

在本案中,被告黄某乙、黄某丙、罗某在相同的地点和相近的时间内均实施了燃放炮竹的行为,公安机关出具的报告显示,因燃放时间和地点高度相近,无法确认具体的责任人。此案完全符合共同危险行为的构成要件。三被告应当对原告的损失承担连带责任。

【思考题】

1. 共同危险行为的构成要件有哪些?

2. 共同危险行为的免责事由是什么?

专题三　无意思联络的数人侵权

俞某某诉黄某、徐某某健康权纠纷案①

【案件事实】

原告俞某某诉称,2014 年 9 月 17 日上午,被告黄某的母亲李某某将空调外机安装在原告家阳台外墙上,原告即上前理论,遭到被告黄某及徐某某殴打致伤。现要求两被告赔偿各类损失合计 14 982.71 元。

被告黄某辩称,原告殴打被告黄某之母李某某并致昏迷,且踢坏空调外机,致被告黄某情绪激动,遂殴打原告。在此起纠纷中,原告存在过错,应负相应责任。

被告徐某某辩称,被告徐某某在为李某某家安装空调时,看到原告将年岁颇高的老人李某某推倒在地,遂认为原告的行为不当,即上前阻止,推了原告几下,并没有殴打原告,其行为属见义勇为,不应承担赔偿责任。

经审理查明,2014 年 9 月 17 日上午,被告黄某的父母欲在其居住的底楼车库内安装空调,因空调外机的悬挂位置问题与二楼原告俞某某的父母发生争执。原告俞某某遂从外赶回争执现场,踢倒了空调外机,推倒了被告黄某之母李某某。此时,正在安装空调的被告徐某某看不惯原告的行为,即上前与原告理论,并实施了对原告的殴打行为。审理中,被告徐某某提及还有陌生他人对原告亦实施了殴打。对此,原告承认确另有一人实施了对其的殴打行为,但该人是谁不清楚。在公安机关对现场邻居张某某的询问笔录中,张某某称:李某某被推倒之后,我看到旁边有两个人上前去打俞某某,其中之一是装空调的徐某某,另一个不知道是谁,当时旁边很多人都看不惯俞某某的行为。被告徐某某和前述身份不明之人对原告实施殴打被围观群众拉停后,报警处理。

公安机关到达现场后,将被告徐某某带回调查,原告俞某某在现场等待救护车辆,在等待过程中,被告黄某赶至现场,询问是谁打了其母,在获知是原告俞某某后,即上前追打原告,后被拉停,亦报警处理。此后,原告就医治疗,被诊断为全身多处软组织损伤、右第二肋不完全骨折。

2014 年 12 月 5 日,海门市公安局分别对原告俞某某、被告黄某、徐某某作出了

---

① 参见江苏省海门市人民法院(2016)苏 0684 民初 640 号民事判决书。

行政处罚决定。其中,原告俞某某将空调踢倒并致空调损坏的行为构成故意毁损财物,将老人李某某推倒在地的行为侵犯了他人的身体权和健康权,构成殴打他人,对俞某某故意损坏财物的行为不予处罚,对故意殴打他人的行为给予行政拘留五日并处罚款 500 元的处罚;被告徐某某殴打原告俞某某的行为,超出见义勇为范围,构成殴打他人,给予罚款 500 元的处罚;被告黄某殴打原告俞某某的行为,构成殴打他人,给予行政拘留 7 日并处罚款 300 元的处罚。

另查明,原告的损害无法区分三侵权人各自的侵害程度。审理中,被告黄某自愿承担被告徐某某对原告的赔偿责任。

【争议焦点】

1. 被告黄某和徐某某是否应当对原告的损失承担连带责任?
2. 原告的损失应当如何确定?

【裁判理由及结果】

法院认为,《侵权责任法》第 12 条规定:二人以上分别实施侵权行为造成同一损害,能够确定责任大小的,各自承担相应的责任;难以确定责任大小的,平均承担赔偿责任。本案中,两被告与不明身份的案外人分别实施对原告的殴打行为,均无意思联络,不构成共同侵权行为,而属于无意思联络的数人分别侵权。在无意思联络的数人侵权中,又分为聚合(等价)因果关系和累积(竞合)因果关系,前者系指数人的侵权行为均可造成损害后果,后者则指数人的侵权行为共同造成损害后果。案涉原告的损害是三侵权人分别实施的侵权行为结合所致,构成累积因果关系,即"多因一果"致人损害。累积因果关系致人损害,能够区分责任大小的,根据责任大小分担赔偿责任,不能区分的,平均承担赔偿责任。

本案中,原告因纠纷动手推倒年迈的老人李某某,过错较大,已引起了被告徐某某等周围群众的愤慨,是纠纷发生的原因。被告徐某某、不明身份的案外人因不满原告的行为,挺身而出,本应鼓励,但其行为超出了必要的限度,存在一定的过错,已构成侵权,是损害发生的原因之一。被告黄某未能通过法律途径解决纠纷,而是采用暴力报复,存在过错,是损害发生的原因之一。综合考虑各方的过错程度和原因力大小,法院认定,对损害的发生,原告应负次要责任,酌定为 30% 责任;被告徐某某、黄某、不明身份的案外人应负主要责任,酌定为 70% 责任,其中,三人的侵权行为致损害发生的原因力大小不明,作相当处理,但被告黄某为报复伤人主观过错更大,酌定为 30% 的赔偿责任,被告徐某某、不明身份的人过错较小,酌定为各 20% 的赔偿责任。据此,原告的损失 14 712.71 元,由被告徐某某赔偿 2942.54元,被告黄某赔偿 4413.81 元;由不明身份的案外人赔偿 2942.54 元,鉴于其身份不明,本案中为其预留赔偿份额,待原告明确其身份后由双方另行协商或诉讼处理;其余损失由原告自行负担。另外,被告黄某自愿承担被告徐某某的赔偿责任,构成债务加入,应对被告徐某某的赔偿义务承担连带责任。

综上所述,依照我国法律的有关规定,判决如下:

(1)被告徐某某赔偿原告俞某某 2942.54 元。

(2)被告黄某对被告徐某某的上述赔偿义务承担连带责任。

(3)被告黄某赔偿原告俞某某 4413.81 元。

(4)驳回原告的其他诉讼请求。

【判例解析】

本案的争议焦点是被告徐某某和黄某的行为属于共同侵权行为,还是无意思联络的数人分别侵权。根据《侵权责任法》第 12 条的规定:二人以上分别实施侵权行为造成同一损害,能够确定责任大小的,各自承担相应的责任;难以确定责任大小的,平均承担赔偿责任。可见,共同侵权行为与无意思联络数人分别侵权的根本区别是两个以上的行为人是否存在主观上的意思联络。在本案中,原告因纠纷动手推倒年迈的老人李某某,被告徐某某、不明身份的案外人因不满原告的行为,先行殴打原告人,被群众拉开后,在等待救护车的过程中,又遭到被告黄某的报复性殴打。很显然,两被告并没有形成任何意思联络。故本案属于无意思联络的数人分别侵权。原告的损害后果是两被告的侵害行为结合在一起产生的,故两被告应当按照其作用力大小和主观过错程度分担责任。根据《侵权责任法》第 26 条的规定:被侵权人对损害的发生也有过错的,可以减轻侵权人的责任。原告因纠纷动手推倒年迈的老人李某某,具有较大过错,自己也需承担一部分责任,故可以酌情减轻两被告的赔偿责任。

【思考题】

1. 无意思联络的数人分别侵权与共同侵权行为的区别何在?

2. 无意思联络的数人分别侵权应如何承担民事赔偿责任?

第三十二章　免责事由

专题一　过失相抵

穆某某诉喀什市动物园健康权纠纷案[①]

【案件事实】

2014 年 6 月 15 日,穆某某在喀什市动物园游玩时,在狗熊馆看到两名游客给狗熊喂食黄瓜,黄瓜掉在护栏与狗熊笼子中间的隔离区,穆某某即翻越护栏跳进隔离区,捡起黄瓜,把手伸进笼子里喂食狗熊,狗熊吃黄瓜时把原告的手咬伤。动物园的安全巡逻员发现后,将穆某某救出送往武警新疆总队南指医院救治,该院诊断结果为右手掌缺损伤。原告共住院 39 天,被告喀什市动物园支付医疗费及生活费 27 000 元。

2015 年 2 月 4 日,乌鲁木齐市法律援助中心委托新疆衡诚司法鉴定所对穆某某的伤残程度及后续医疗费等进行鉴定,该所作出(2015)125 号司法鉴定意见书,鉴定意见为:被鉴定人穆某某的右手损伤程度评定为八级残疾;后续治疗费约 74 000 元、营养期 120 日、护理期 120 日。穆某某以喀什市动物园以及喀什市市容环境卫生管理局没有履行好安全防范措施,导致穆某某失去右手变成残疾为由,诉至法院,要求两被告赔偿各种损失。

另查明:①喀什市动物园原由喀什市园林公司管理,2014 年 1 月 9 日喀什市建设局根据喀什市委、市政府的要求,撤销喀什市园林公司,园林公司管理的国有资产产权及债权债务全部移交市国资中心,管理由喀什市城建局负责,公园及公共场所的卫生、垃圾清运、卫生设施等移交环卫局管理。②新疆维吾尔自治区 2014 年农村人均纯收入为 8742 元、在岗职工年平均工资为 54 407 元。2013 年在岗职工年平均工资为 49 843 元。此外,穆某某提交新疆衡诚司法鉴定中心司法鉴定补充意见书,证实其后续更换假肢费用为 132 000 元。

[①]　参见新疆维吾尔自治区喀什地区中级人民法院(2016)新 31 民终 408 号民事判决书。

【争议焦点】

1. 动物园是否尽到了安全管理职责？是否应当承担赔偿责任？
2. 原告及其监护人是否存在过错？是否应当自行承担部分责任？

【裁判理由及结果】

基于上述事实，原审法院认为，《侵权责任法》第81条规定：动物园的动物造成他人损害的，动物园应当承担侵权责任，但能够证明尽到管理职责的，不承担责任。本案动物园的狗熊馆防护措施得当，若游人在隔离栏杆以外观赏狗熊，则不可能受到狗熊的伤害。而原告穆某某虽系未成年人，但已年满10周岁，有了一定的判断能力，在动物园观看动物时，应该意识到黑熊是凶猛动物，会伤及人身的安全。且动物园在饲养黑熊的铁丝护栏上，已用警示牌写明"禁止入内、小心咬伤""禁止喂食、请勿翻越护栏"等标语，以提示游人注意，已尽到了告知的义务。原告因好奇心驱使翻越护栏去给黑熊喂食造成伤害，完全是自身原因造成，其应承担主要过错责任。被告喀什市动物园虽然防护措施得当，但其巡视员对原告翻越栏杆去喂食狗熊的行为没有及时发现并制止，也有一定的过错，应承担相应的民事责任。

根据原告和被告的过错程度，由原告自行承担75%的责任，即172 317元，被告喀什市动物园承担25%的责任，即57 439元。扣除被告喀什市动物园垫付的医疗费及生活费27 000元，被告喀什市动物园还应向原告支付30 439元。因喀什市城建局系被告喀什市动物园的管理部门，故对原告要求被告喀什市城建局共同承担赔偿责任的请求，本院予以支持。对原告要求被告喀什市环卫局承担赔偿责任的请求，无法律依据，本院不予支持。原审法院遂判决：

（1）被告喀什市城建局、被告喀什市动物园赔偿原告穆某某医疗费、住院伙食补助费、残疾赔偿金、营养费、护理费、更换假肢费、交通住宿费共计30 439元。此款由被告于本判决生效之日起十日内付清。

（2）驳回原告穆某某的其他诉讼请求。

宣判后，原告穆某某不服一审判决，向二审法院提起上诉称：①因喀什市动物园没有履行好安全防范措施，导致上诉人在动物园游玩过程中被狗熊咬伤手指，对此被上诉人应承担全部赔偿责任；②一审法院剥夺了上诉人使用本民族语言文字进行诉讼的权利。一审法院程序违法，认定事实不清，请求二审法院撤销原判，将本案发回重审或依法改判。被上诉人喀什市动物园、喀什市城建局，一审被告喀什市环卫局服从一审判决。

经审理查明：二审查明的法律事实与一审查明的法律事实相同。

二审法院认为，上诉人穆某某系限制民事行为能力人，其在无监护人陪伴的情况下独自在动物园狗熊馆参观游玩,并翻越护栏跳进隔离区将手伸进笼子里喂食狗熊,造成其右手被狗熊咬伤的损害后果。喀什市动物园作为管理人对其设施是否具有安全隐患负有安全保障义务,以确保参观游玩的游客的人身安全。经查,动物园狗熊馆参观区防护栏的高度及防护栏与狗熊笼舍之间的隔离区,已达到了安全防护的要求,且在馆舍明显位置设置有危险警示标识。对此喀什市动物园已尽到必要的安全保障义务。上诉人穆某某作为限制民事行为能力人,对其行为具有一定的认知能力,其应该意识到靠近狗熊进行喂食的危险性,却仍翻越护栏跳进隔离区将手伸进笼子里喂食狗熊,因其自身原因造成手被狗熊咬伤的损害后果,对此应承担主要过错责任,喀什市动物园对上诉人的危险行为未能及时发现并制止,未充分尽到管理职责,也有一定的过错,应承担相应的民事责任。一审法院依照相关法律规定的标准进行计算,赔偿项目及数额均符合法律规定,且依据过错程度划分的责任承担比例适当,二审法院予以维持。上诉人穆某某上诉提出一审法院审理本案时存在程序违法,剥夺其使用本民族语言文字进行诉讼的权利。经查,一审法院在开庭庭审中全程提供翻译,并向上诉人送达了维文判决书,故对上诉人的该上诉理由,二审法院不予采信。

综上,上诉人的上诉请求证据不足,上诉理由不能成立。一审法院判决程序合法,认定事实清楚,处理正确,应予维持。依照《民事诉讼法》的有关规定,判决如下:驳回上诉,维持原判。

【判例解析】

本案是典型的适用过失相抵规则的案例。过失相抵规则,又称过错相抵规则,是指在加害人依法应承担损害赔偿责任的前提下,如果受害人对于损害事实的发生或扩大也有过错,则可以减轻加害人的赔偿责任。在适用过失相抵规则时,要注意:第一,该规则的前提是加害人依法应承担损害赔偿责任,没有责任就无需相抵,责任是相抵的内容。同时,该责任具有可相抵性,即损害赔偿责任。第二,受害人对损害事实的发生或扩大有过错,该过错可能是故意,可能是过失。该过错致使受害人的行为成为损害事实发生或扩大的原因。过错的形态和大小影响到加害人责任减轻的程度。第三,该规则的结果是减轻加害人的赔偿责任。

《侵权责任法》第81条规定:动物园的动物造成他人损害的,动物园应当承担侵权责任,但能够证明尽到管理职责的,不承担责任。第26条规定:被侵权人对损害的发生也有过错的,可以减轻侵权人的责任。在本案中,被告方在狗熊馆设置了明显的警示标志,建造了合理的安全隔离设施,已经尽到了基本的安全管理责任,但是,考虑到狗熊是极为凶猛的动物,动物园应配备专门的巡视员,对旅客的违规行为进行及时干预和制止。动物园的巡视员没有及时发现并制止原告的违规行为,具有轻微的过失,应当承担一定的次要责任。而原告作为 10 岁的未成年人,自身也有了一定的判断能力,其翻越栏杆跳入隔离带喂食狗熊的行为是严重的违反管理规范的行为,具有重大过失,同时,原告的监护人对于未成年人进入动物园游玩没有尽到陪伴和监督义务,也具有一定的过失。因此,应当按照双方的过错程度分担损失,从而相应减轻加害人的损害赔偿责任。

【思考题】

过失相抵规则的适用条件是什么?

专题二　正当防卫

林某某诉王某某防卫过当损害责任纠纷案①

【案件事实】

2010 年 7 月 3 日凌晨 2 时许,原告林某某在刘某某的按摩店内嫖娼时与刘某某发生冲突,二人争吵并相互殴打。刘某某随后向老吉木乃边防派出所报警,派出所出警后,将醉酒的林某某送回其住所。当日凌晨 3:40 许,林某某携带斧头返回刘某某住宅,此时王某某与刘某某恰好一前一后出门,原告林某某趁被告王某某不备,用斧头将其头部和背部多处砍伤。被告王某某随后与原告展开搏斗,并从原告手中夺过斧头后抢砍原告头部,将原告打倒在地,又用脚踩原告头、面部,致使原告当场昏迷、神志不清。经农十师公安局物证鉴定所法医鉴定,原告林某某的伤情为重伤。2011 年 2 月 23 日,新疆生产建设兵团巴里巴盖垦区检察院以被告王某某涉嫌故意伤害罪向法院提起公诉。

法院经审理认为,被告人王某某在毫无防备的情况下被林某某用斧头砍中头部,后又被持续砍击身体,属于受到正在进行的不法侵害,被告人王某某有权进行正当防卫。但被告人的防卫行为造成被害人林某某重伤,已经明显超过必要限度,造成了重大损害,应当负刑事责任。2011 年 4 月 8 日,法院作出(2011)巴刑初字第 2 号刑事判决,以故意伤害罪判处被告人王某某拘役六个月,缓刑一年。该判决已生效并执行完毕。

---

① 参见新疆生产建设兵团第十师中级人民法院(2014)兵十民终字第 42 号民事判决书。

2013 年 6 月 25 日,原告以近半年时有头痛、言语不清为由到北屯医院住院治疗,诊断结果为:①脑外伤后遗症;②高血压 2 级。同月 29 日,因症状明显好转,应原告要求,医院为其办理出院手续。期间原告花费医疗费 2063.34 元。2013 年 9 月 6 日,根据原告的申请,法院依法委托明正司法鉴定所对原告林某某患有的脑外伤后遗症与被告王某某的伤害行为之间是否具有因果关系、伤残等级、误工期、营养期、护理期进行鉴定。2013 年 10 月 26 日,明正司法鉴定所出具了鉴定意见书,鉴定意见为:原告的损伤属于 8 级伤残;2010 年 7 月 3 日的颅脑损伤是器质性脑外伤人格改变发生的直接原因。

【争议焦点】

1. 原告林某某的脑外伤后遗症与 2010 年 7 月 3 日被告王某某防卫过当行为对原告造成的伤害是否具有因果关系?

2. 被告王某某在本案中应承担何种责任?

【裁判理由及结果】

关于本案第一个争议焦点,法院认为:根据原告的申请,依法委托明正司法鉴定所对原告林某某患有的脑外伤后遗症与被告王某某的伤害行为之间的因果关系、伤残等级、误工期、营养期、护理期进行了鉴定。明正司法鉴定所的鉴定意见为:2010 年 7 月 3 日的颅脑损伤是器质性脑外伤人格改变发生的直接原因。对于这一鉴定意见,被告提出是由于原告及其家人在鉴定过程中作了虚假陈述,诱导司法鉴定机构作出了错误的鉴定结论。但被告未能就其辩解意见提供充分证据证实原告在鉴定过程中作了系虚假的陈述,也不能证明鉴定机构仅听取了原告口述即作出上述鉴定意见。同时根据被告的申请,法院依法向巴里巴盖垦区公安局老吉木乃边防派出所进行了调查,也排除了 2010 年 7 月 3 日至 2013 年 6 月 25 日期间,原告曾经因与他人发生斗殴导致头部受伤的可能性,故法院对明正司法鉴定所出具的鉴定意见予以采信,确认 2010 年 7 月 3 日被告防卫过当行为对原告造成的颅脑损伤是原告器质性脑外伤人格改变发生的直接原因。

关于本案第二个争议焦点,法院认为:根据(2011)巴刑初字第 2 号刑事判决书中确认的事实,2010 年 7 月 3 日凌晨 2 时许,原告因醉酒嫖娼与刘某某发生争执,在已被公安干警送回家中后,又于凌晨 3∶40 携带斧头前往刘某某住所,趁被告王某某出门不备,用斧头将被告头部、背部多处砍伤。被告王某某在其人身受到正在进行的不法侵害、生命安全面临严重威胁的情况下,从原告手中夺过斧头进行反击,其行为属于正当防卫,但其防卫行为造成原告重伤,属于正当防卫明显超过必要限度。根据《侵权责任法》第 30 条"因正当防卫造成损害的,不承担责任。正当防卫超过必要的限度,造成不应有的损害的,正当防卫人应当承担适当的责任"之规定,根据本案实际情况,法院确定被告对原告的损失承担 40% 的赔偿责任,原告林某某在本案中具有严重过错,应自行承担 60% 的损失。

综上所述,依照我国法律的有关规定,判决如下:

被告王某某赔偿原告林某某医疗费、住院伙食补助费、营养费、护理费、误工费、交通费、残疾赔偿金等各项损失 166 793.82 元的 40% 计 66 717.53 元。

【判例解析】

本案属于防卫过当引起的侵权案件。所谓正当防卫是指为了保护本人或者他人的民事权益或者公共利益,对于现实的不法侵害所采取的防卫行为。正当防卫应具备的条件是:第一,必须是不法侵害;第二,不法侵害正在发生;第三,正当防卫只能针对不法侵害人本人实施;第四,防卫的目的必须是为了保护自己或者他人的合法权益或公共利益。第五,防卫不得超出必要的限度,在判断是否超出必要限度的问题下,又有必要说、相适应说等。在具体案件中应当结合不法侵害的时间、地点、手段等综合判断。笔者的观点是,在判断时不宜对防卫者要求过于苛刻,尤其是在受害人面临生命危险的情况下,很难再理性判断自己的防卫行为是否超越限度,经常会有应急的本能反应,这种反应在理性的情况下可能属于过激。但考虑到受害人的处境和心理,只要不属于明显过当,就不宜认定防卫过当。

《侵权责任法》第 30 条规定:"因正当防卫造成损害的,不承担责任。正当防卫超过必要的限度,造成不应有的损害的,正当防卫人应当承担适当的责任。"可见,防卫过当应当承担适当的责任应当是超出防卫限度的那部分损害,即"不应有"的那部分损害,在本案中,原告林某某在醉酒嫖娼后,本已被公安人员送回住所。但他在凌晨 3∶40 许又回来报复,用斧头将被告王某某的头部和背部多处砍伤。足见其主观恶性之深,被告王某某随后与原告展开搏斗,并从原告手中夺过斧头后抢砍原告头部,将原告打倒在地,又用脚踩原告头、面部,致使原告当场昏迷、神志不清。后面的用脚踩原告头面部的行为属于防卫过当,但考虑到被告当时的处境和心理,其承担 20% 的责任较为适当。一审判决作出后,被告提起上诉,二审法院依法改判被告承担 20% 的责任较为合理。

【思考题】

1. 正当防卫应当具备哪些条件?

2. 防卫过当应如何承担民事赔偿责任?

专题三　紧急避险

任某某诉刘某某紧急避险损害责任纠纷案①

【案件事实】

2015 年 5 月 26 日上午 11 时左右,被告刘某某驾驶陕 E23473 重型自卸货车沿黑澄公路由西向东行驶至南蔡村北十字东时,因采取措施避让前方紧急刹车的轿车,致使货车侧滑横停在路面上。此时原告任某某驾驶陕 EG5602 小轿车由东向西行驶,为避免两车相撞,原告任某某采取紧急避险行为,致使原告驾驶的小轿车与公路边围墙外砖台阶相撞,造成原告车辆受损的交通事故。事发后,经合阳县交警部门现场确认,事故原因系被告刘某某所驾驶车辆横停在公路上,原告任某某为避免碰撞所致。2015 年 6 月 1 日合阳县价格认证中心对陕 EG5602 小轿车作出合价车鉴字(2015)114 号车物损失价格鉴定结论,确定车辆损失金额 3515 元,原告为此支出的鉴定费用 300 元,原告为施救受损车辆花去施救费 1200 元。2015 年 6 月 9 日合阳县公安局交通警察大队作出了公交证字(2015)第 072 号道路交通事故证明。原、被告就原告车辆损失赔偿问题,经公安交警部门调解未能达成一致意见。现原告任某某诉至法院要求被告刘某某赔偿因紧急避险造成的损失,包括车辆损失 3515 元,施救费 1200 元,误工损失 1000 元,鉴定费 300 元,并承担本案的诉讼费用。

被告辩称,对原告任某某陈述的事故发生过程及造成车辆损失的事实无异议。事发时原告任某某的车速过快,对造成事故发生也有一定的过错。原告任某某提供的维修费及施救费,费用过高,车辆维修费中的其中一个轮胎不应更换,超出维修范围,施救费用应按国家有关标准收费,超出了施救标准范围。对原告任某某 1000 元的误工损失不予认可。被告愿意承担原告因紧急避险行为造成的合理费用总额的 50%。

【争议焦点】

1. 原告任某某的行为是否超出必要限度? 是否存在一定的过错?
2. 原告请求赔偿的范围和数额是否合理?

---

① 参见陕西省合阳县人民法院(2015)合民初字第 00926 号民事判决书。

【裁判理由及结果】

法院认为,因紧急避险造成损害的,由引起险情发生的人承担民事责任。该案原、被告之间因避险而发生的交通事故符合法律规定的紧急避险行为,被告对原告因紧急避险而造成的车辆等损失,应承担相应的赔偿责任,故对原告要求被告赔偿损失的诉讼请求予以支持。被告承担的赔偿范围应包括车辆修理费3515元,施救费960元,鉴定费300元,共计4775元。对原告要求被告赔偿误工损失1000元的诉讼请求,因未提供相关证据,法院不予支持。对被告辩称的原告对事故的发生也有一定过错,应减轻自己的赔偿责任,以及被告认为原告修理车辆费用过高,因被告未提供有效证据证明原告采取紧急避险措施不当或超过必要限度,也未提供证据证明原告修理车辆费用过高,故对原告的辩驳理由不予采信。故依据《侵权责任法》第31条之规定,判决如下:

(1)被告刘某某在本判决生效后3日内赔偿原告任某某车辆维修费3515元、施救费960元、鉴定费300元,共计4775元。

(2)驳回原告任某某的其他诉讼请求。

【判例解析】

本案属于因紧急避险引发的侵权纠纷。所谓紧急避险是指为了避免本人或者他人的合法权益或者公共利益受到急迫的危险不得已所为的行为。紧急避险必须具备的条件是:第一,须有急迫现实的危险存在;第二,必须本人或者他人的民事权益或者公共利益面临被损害的威胁;第三,避险的行为不得超过危险所造成的损害的程度。因此,判断避险行为是否适当应以紧急避险行为所造成的损害小于危险可能造成的损害为限。如果紧急避险超过了必要的限度,造成了不应有的损失,紧急避险人应承担适当的民事责任。在本案中,原告任某某驾驶小型轿车由东向西行驶,为了紧急避让被告刘某某驾驶的车辆,而撞到了公路边围墙外砖台阶,造成轿车受损。符合紧急避险的要件,如果不采取这样的措施,两车相撞的损失将会更大。不仅会有财产的损害,还有可能造成人身的伤害。从避险造成的损失和避免的损失上比较,避险行为是合理的、适当的。

根据《侵权责任法》第31条的规定:"因紧急避险造成损害的,由引起险情发生的人承担责任。如果危险是由自然原因引起的,紧急避险人不承担责任或者给予适当补偿。紧急避险采取措施不当或者超过必要的限度,造成不应有的损害的,紧急避险人应当承担适当的责任。"原告任某某的损失理应由被告刘某某承担。

【思考题】

1. 紧急避险有哪些构成要件?

2. 因紧急避险行为造成的损失应如何赔偿?

第三十三章 特殊责任主体

专题一 监护人责任

张甲诉张乙、张丙监护人责任纠纷案[①]

【案件事实】

2011 年 7 月 24 日晚 8 时许,被告张乙因精神分裂症发作持刀将原告张甲砍伤。原告张甲被送往西安市第九医院进行治疗,被诊断为:轻型颅脑损伤,脑震荡,多发性皮裂伤。原告自 2011 年 7 月 25 日至 2011 年 8 月 8 日共计住院 14 天,花费住院医疗费 4469.87 元,花费急救费用 205 元,担架急救花费 60 元。2011 年 11 月 15 日,西安市公安局雁塔分局向原告出具鉴定结论通知书,载明被害人伤情、伤残等级为轻伤。对被告张乙的精神病鉴定结论为:①被鉴定人张乙患有偏执型精神分裂症;② 2011 年 7 月 24 日晚 8 时许,被鉴定人作案时正处于精神分裂症的发病期,由于受幻觉、妄想的直接影响,行为时辨认能力丧失,为无责任能力人;③建议监护治疗。西安市公安局雁塔分局决定不追究被告张乙的刑事责任。现原告诉至法院请求判令被告张乙及其妻子张丙赔偿原告的经济损失。

被告张丙辩称,被告张乙自与其结婚至今一直患有精神疾病,且当时打架时被告张丙并不在场,具体情况她并不清楚。其认为被告张乙将人致伤的后果与其无关,不同意赔偿。此外,庭审中,原告称被告至今未向原告进行任何赔偿,且原告并未享受农村合作医疗的相关报销政策。被告张丙称张乙个人名下并无财产且原告亦未提交相关证据证明张乙名下具有财产。

【争议焦点】

1. 被告张乙有无民事责任能力?
2. 原告张甲的损失应当由谁承担赔偿责任?

---

① 参见西安市雁塔区人民法院(2013)雁民初字第 04027 号民事判决书。

【裁判理由及结果】

法院认为,公民的生命健康权受法律保护。被告张乙持刀将原告砍伤,其应承担相应的侵权责任。但根据西安市公安局雁塔分局字(2011)108号鉴定结论通知书,被告张乙在案发时患有偏执型精神分裂症,被评定为无责任能力,根据被告张乙现在的精神状态,其无法自行承担相应的民事赔偿责任。且原、被告均未提交相关证据证明张乙个人具有财产。被告张丙作为张乙的合法配偶,依法对张乙享有监护的义务,故其对于被告张乙的侵权行为应承担相应的法律责任。

综上所述,依照我国法律的有关规定,判决如下:

(1)被告张丙于本判决生效之日起十日内支付原告张甲医疗费4734元、住院伙食补助费420元、营养费280元、护理费840元、交通费100元,以上各项费用共计6374元。

(2)驳回原告张甲其余诉讼请求。

【判例解析】

本案属于典型的监护人责任的案件,根据《侵权责任法》第32条的规定:"无民事行为能力人、限制民事行为能力人造成他人损害的,由监护人承担侵权责任。监护人尽到监护责任的,可以减轻其侵权责任。有财产的无民事行为能力人、限制民事行为能力人造成他人损害的,从本人财产中支付赔偿费用。不足部分,由监护人赔偿。"可见,对于被监护人的侵权行为由监护人承担责任,这属于替代责任。即侵权行为人是被监护人,而责任人则是监护人。而且监护人的这种替代责任属于无过错责任,即使监护人能够证明尽到了监护职责,也只能适当减轻责任,而不能免除责任。对于被监护人来说,因其精神状态存在瑕疵,无法判断其过错,只要其行为侵害了他人的合法民事权益,就应承担民事责任。

关于无行为能力人和限制行为能力人是否具有侵权责任能力的问题,学术界存在不同的观点。我们现行民法没有民事责任能力的规定。需要明确的是,民事责任能力和民事行为能力、刑事责任能力均不同。因为民事责任主要为财产责任,所以,只要具有财产的无行为能力人和限制行为能力人也照样有民事责任能力。但是,诸如赔礼道歉、恢复名誉、消除影响等行为性质的民事责任,则要求具有一定的理解能力。但在年龄上和智力上应当如何界定和划分,需要进一步的深入研究。

在本案中,被告人张乙患有偏执型精神分裂症,属于无行为能力人。且没有证据证明其名下有个人财产。所以,应由其监护人张丙承担民事赔偿责任。责任财产既包括夫妻共有财产,也包括张丙的个人财产,在本案中无需加以区分。

【思考题】

　　1. 监护人责任的性质是什么？适用何种归责原则？

　　2. 被监护人是否具有民事责任能力？为什么？

专题二　职务侵权责任

王某诉宏达公司用人单位责任纠纷案[①]

【案件事实】

　　原告王某所在单位甘肃宏远电力工程有限公司与被告宏达公司分别承包中石油第二建设公司承建的宁夏石化炼油工程建设的部分工程,进行交叉作业。2011年6月16日下午,原告在从事3247单元酸性水体装置拆卸吊装工作中,因被告宏达公司工作人员操作吊车不当,致使吊车主杆脱落砸伤原告。事故发生后,原告被送往宁夏回族自治区人民医院住院治疗,经诊断为第11胸椎爆裂骨折、第1腰椎左侧横突骨折。2011年6月23日行切开、复位、椎弓根螺钉内固定植骨融合手术。原告于2012年2月9日向法院提起诉讼,要求被告宏达公司赔偿原告误工费、护理费、营养费、住院伙食补助费、鉴定费、住宿费、残疾赔偿金、二次手术费、精神损害抚慰金等经济损失共计82 873元。法院于2012年3月29日作出(2012)夏民初字第350号民事判决书,判决被告宏达公司赔偿原告误工费、护理费、住院伙食补助费、鉴定费、交通费、住宿费、残疾赔偿金、精神损害抚慰金等各项损失共计11 429.14元。此外,该判决书还认定原告主张的二次手术费,因未提交医疗机构证明,待实际发生时可另行主张。2013年7月3日,原告前往宁夏回族自治区人民医院进行"胸11椎体骨折内固定取出术"。原告住院22天,支出门诊费87.94元、住院费17 015.91元、病案复印费23.5元。医嘱建议原告休息一个月,加强营养。

　　据此,原告诉至法院,请求依法判令被告赔偿原告各类损失共计39 586.74元。

　　被告宏达公司辩称,对事故发生的基本事实无异议,但认为原告主张的经济损失过高,请求法院依法裁判。

---

　　① 参见宁夏回族自治区银川市西夏区人民法院(2013)夏民初字第1848号民事判决书。

【争议焦点】

原告方的损失应当如何计算?

【裁判理由及结果】

法院认为,用人单位的工作人员在执行工作任务时造成他人损害的,用人单位基于劳动或是人事关系的存在而对其工作人员的行为承担侵权责任。被告宏达公司在承包中石油第二建设公司工程项目施工过程中,因其工作人员操作吊车不当,致使吊车主杆脱落砸伤被告,理应承担赔偿责任。因被告并未向法庭提供证据证明存在减轻其责任的证据,故应该对原告的损失承担全部赔偿责任,亦包括原告因二次手术产生的经济损失。

综上所述,依照我国法律的有关规定,判决如下:

(1)被告宏达公司于本判决书生效后十五日内赔偿原告王某医疗费、住院伙食补助费、营养费、误工费、护理费、交通费,共计 30 629.73 元。

(2)驳回原告王某的其他诉讼请求。

【判例解析】

本案属于典型的职务侵权案件,《侵权责任法》第 34 条规定:"用人单位的工作人员因执行工作任务造成他人损害的,由用人单位承担侵权责任。劳务派遣期间,被派遣的工作人员因执行工作任务造成他人损害的,由接受劳务派遣的用工单位承担侵权责任;劳务派遣单位有过错的,承担相应的补充责任。"从性质上看,用人单位对于其工作人员侵权行为的责任属于替代责任。该责任适用无过错责任,即不管单位是否尽到了管理职责,均要承担赔偿责任。但需要注意的是,用人单位的替代责任必须以工作人员需要承担侵权责任为前提。而判断工作人员的行为是否需要承担侵权责任则要根据侵权行为的类型来定。

在本案中,被告宏达公司在承包中石油第二建设公司工程项目施工过程中,因其工作人员操作吊车不当,致使吊车主杆脱落砸伤原告,理应承担赔偿责任。

【思考题】

1. 用人单位需要对工作人员的何种行为承担赔偿责任?

2. 用人单位的替代责任适用何种归责原则?

专题三 违反安全保障义务的责任

张某某诉宜昌高岚朝天吼漂流有限公司
公共场所管理人责任纠纷案 ①

【案件事实】

2014 年 7 月 8 日，原告张某某及妻子刘某某同乘一只漂流船在被告宜昌高岚朝天吼漂流有限公司（以下简称朝天吼公司）景区漂流，在由平缓水段进入坡陡湍急水段时，原告不慎脱离漂流船、落入危险深水处，刘某某独乘漂流船继续漂流，该水段专职救护人员急速将原告施救上岸后，原告发觉右肩部受伤。原告受伤后，被告工作人员将原告送至兴山县水月寺镇卫生院检查，初步诊断右锁骨骨折；即转宜昌市中医医院住院治疗至 24 日，出院时中医诊断为折骨、气滞血瘀，西医诊断为右锁骨中段粉碎性骨折，出院医嘱为全休 3 月、术后 2 年行内固定物取出手术治疗、加强营养、逐步功能锻炼、定期复查、不适随诊，被告支付医疗费用 19 644.91 元；7 月 24 日，宜昌市中医医院出具证明一份，载明"……2 年后需行内固定物取出术，大致费用 8000 元"；11 月 3 日，原告在宜昌市中医医院门诊检查，支付医疗费用 89.44 元。11 月 4 日，经宜昌三峡司法鉴定中心鉴定，原告右肩关节功能部分丧失的伤残程度为十级、误工时间为 120 日、营养时间为 90 日、护理时间为 60 日，原告支付鉴定费用 2900.00 元。原告向法院起诉，请求判令被告赔偿各类损失合计 224 734.35 元。

被告朝天吼公司辩称，在漂流过程中，被告尽到了安全保障义务，原告未抓好安全扶手而落水并受伤，原告自身有过错，应分担部分责任。原告误工费、护理费、住宿费、营养费、精神损害抚慰金等项诉讼请求不合理。请求法院依法裁判。

第三人兴山人保财险公司申请参加诉讼，称根据保险合同依法代被告承担责任。但原告不慎落水受伤，应当分担部分责任。请求法院依法裁判。

此外，法院还查明，被告朝天吼公司在景区范围内张贴了有关安全规范漂流的图案及文字等形式的告示，曾荣获有关各级单位表彰。被告在第三人兴山人保财险公司投保有风景名胜区责任保险，保险期间自 2014 年 5 月 5 日至 2014 年 10 月 31 日，景区游客每人伤亡责任限额为 40 万元。

---

① 参见湖北省兴山县人民法院 (2015) 鄂兴山民初字第 00121 号民事判决书。

【争议焦点】

1. 被告朝天吼公司是否尽到了安全保障义务？原告是否存在一定的过错？

2. 原告在主张误工费时提交了三份证据，包括全日制劳动合同书、工资条、个人所得税完税证明，但三份证据的工资数额存在很大差别，应如何认定这三份证据的证明力？

【裁判理由及结果】

法院认为，旅游经营者未尽到安全保障义务，造成旅游者人身损害的，应当依法赔偿医疗费、误工费、护理费、住院伙食补助费、伤残赔偿金、鉴定费、精神损害抚慰金等损失；被侵权人对损害的发生也有过错的，可以减轻侵权人的责任。

本案中，被告朝天吼公司作为旅游经营者，在事前告知、事中保护和事后救助过程中，未能有效尽到安全保障义务，致使原告张某某在脱离漂流船落水至被救上岸期间受伤，对因此给原告造成的损害存有过错，被告依法应当承担侵权责任。

在漂流过程中，原告作为身体健康的中年男性公民，未能像同乘漂流船的妻子刘某某一样抓牢漂流船，导致自己脱离漂流船落水受伤，对因此给自己造成的损害也存有一定的过错，依法应当减轻被告的侵权责任；结合事情发生经过的实际情况，法院依法酌情确定减轻被告 10% 的民事侵权责任。

第三人兴山人保财险公司作为被告风景名胜区责任保险的保险人，自愿申请作为第三人参加诉讼，符合有关法律规定，法院予以采纳。

关于原告各项损失数额的确定：①医疗费损失以医疗费票据为依据认定为 19 734.35 元；后期治疗费待实际发生后由权利人依法另行主张，法院在本案中不予处理。②原告主张误工天数 120 天、护理天数 60 天、加强营养天数 90 天、住院伙食补助费天数 16 天，被告及第三人均未提出异议，法院予以支持；原告提交的全日制劳动合同书记载原告工资数额为每月 3060.00 元，根据原告提交的昆山虹桥医院有限公司工资条 2014 年 4 月(28 932.00 元)、5 月(30 422.00 元)、6 月(30 182.00 元)计算原告平均工资为每月 29 845.33 元，原告提交的苏州市地方税务局个人所得税完税证明显示原告 2014 年 4 月至 6 月工资薪金数额为每月 6550.00 元，法院综合比较该三份证据的证明效力，依法确定原告误工费标准为每天 218.00 元；结合宜昌实际依法确定原告护理费计算标准为每天 80.00 元，原告主张其他过高的护理费损失，但未提供证据证明发生该过高损失具有法律必要性，法院不予支持；结合宜昌实际依法确定原告营养费计算标准为每天 15.00 元，原告主张其他过高的营养费损失，没有事实依据，法院不予支持；原告主张住院伙食补助费计算标准为每天 50.00 元，符合有关法律规定，法院予以支持；即，原告误工费损失为

26 160.00元、护理费损失为4800.00元、营养费损失为1350.00元、住院伙食补助费损失为800.00元。③原告主张伤残赔偿金45 812.00元、鉴定费2900.00元,被告及第三人未提出异议,法院予以支持。④交通费依照交通费票据确定为304.50元,原告其他过高的诉讼请求,没有事实依据,法院不予支持。⑤原告主张住宿费5440.00元,没有法律依据,法院不予支持。⑥结合兴山实际依法确定原告精神损害抚慰金损失为2000.00元,原告其他过高的诉讼请求,没有事实依据,法院不予支持。据此,原告因伤遭受损失为医疗费19 734.35元、误工费26 160.00元、护理费4800.00元、营养费1350.00元、住院伙食补助费800.00元、伤残赔偿金45 812.00元、鉴定费2900.00元、交通费304.50元、精神损害抚慰金2000.00元,合计103 860.85元,由被告赔偿93 474.77元,扣减被告已垫付的医疗费19 644.91元,被告尚应赔付原告各项损失73 829.86元。

综上所述,依照我国法律的有关规定,判决如下:

(1)被告朝天吼公司于本判决生效后三日内赔偿原告张某某各项损失73 829.86元。

(2)驳回原告张某某其他各项诉讼请求。

【判例解析】

本案属于违反安全保障义务的责任。根据《侵权责任法》第37条第1款的规定:"宾馆、商场、银行、车站、娱乐场所等公共场所的管理人或者群众性活动的组织者,未尽到安全保障义务,造成他人损害的,应当承担侵权责任。"可见,宾馆、商场、银行、车站、娱乐场所等公共场所的管理人对进入该公共场所的人负有法定的安全保障义务。至于这种安全保障义务的注意程度,学界有不同的看法,有的主张这种安全保障义务属于法定的基础性义务,当事人可以在这个基础上约定更高的注意义务。笔者认为,公共场所管理人的注意义务程度跟公共场所的性质和危险程度具有密切关系。在本案中,被告是经营漂流业务的旅游企业,很显然属于高风险行业,其对旅客的安全负有高度注意的义务,除了提醒和警示义务外,还要配备专业的救生设备和救生人员。因此,在本案中,被告虽然尽到了一定的提醒和警示义务,但其救生人员没能有效地保障施救对象的人身安全,造成了人身损害。理应承担赔偿责任。

至于原告是否也存在一定的过错,笔者赞同法院的观点,原告作为一个健康的中年男人在漂流过程中没有抓紧漂流船,导致人船脱离。的确也存在一定的过失,但考虑到漂流的特殊危险性,对原告的过错不宜夸大。

原告在主张误工费时提交了三份证据,包括全日制劳动合同书、工资条、个人所得税完税证明,但三份证据的工资数额存在很大差别,法院采纳个人所得税完税证明的数据是合理的。因为根据民事证据规则的规定,国家机关公务文书的证明力一般高于普通书证。

【思考题】

1. 公共场所管理人的安全保障义务是否仅及于场所内接受服务的人员？为什么？

2. 公共场所管理人应当负什么样的注意义务？其注意义务的程度应如何确定？

专题四　网络侵权责任

包某某诉段某、"掌上镇原""红地毯"网络侵权责任纠纷案①

【案件事实】

原告包某某诉称,被告段某、"掌上镇原"、红地毯交友中心(以下简称红地毯)在网络上刊发文图,传播虚假文章,披露其及家庭成员的基本信息,侵犯了其人身权利,使其遭受了精神损害。要求三被告在省级媒体上道歉并赔偿精神损失费、医疗费、律师费、交通费、住宿费等费用6万元。

被告段某辩称,其在网上出于求助目的自述并发布了有关原告及家庭成员的信息以及和原告的感情及婚姻历程,是为了保证消息的真实性,且事后通知有关网站作了删除。原告诉称其受到精神损害的理由不足。不同意原告的诉讼请求。

被告"掌上镇原"辩称,其在微信平台上转发有关原告及家庭成员的文图属实,但其及时作了删除,并未给原告造成损失。愿意赔礼道歉,但不愿赔偿损失。

被告"红地毯"辩称,其在微信平台上受段某授权转发有关原告的文图属实,但目的是为了告诫婚龄青年谨慎择偶,且事后及时作了删除,并未给原告造成损失。愿意赔礼道歉,但不愿赔偿损失。

经审理查明,原告包某某与被告段某系夫妻关系。2012年2月14日,被告段某因原告包某某外出长期未归,在镇原吧和天涯论坛上自述并发布了其本人和包某某的有关照片、结婚证、身份证等截图和双方感情历程的文字以及原告和其他家庭成员的姓名等基本信息,题目为《请甘肃正义之声帮助！！被骗婚！惨……》。

---

① 参见甘肃省镇原县人民法院(2015)镇民初字1006号民事判决书。

2015 年 2 月 14 日,"红地毯"在其微信平台发布《甘肃省镇原县屯字镇包城行政村一女子骗婚》的文章,文章载称:原告包某某与被告段某于 2011 年在上海相识并建立恋爱关系,2013 年 3 月 29 日登记结婚,结婚不足一月因琐事发生争执,包某某外出至今下落不明,并带走了 4 万元现金及钻戒等财物,价值 6.6 万元。由于包某某下落不明给段某的精神和经济带来了损失和痛苦,是一起骗婚事件。文章还爆料包某某患有疥疮,属于皮肤传染性性病,并传染给段某。文中还附有包某某的单独照、婚纱照、结婚证照片,段某本人及包某某的姓名、籍贯、身份证号码等基本信息。截至 2015 年 3 月 4 日,该文图点击量达到 69 313 次。2015 年 3 月初,应兰州黄河律师事务所律师的要求,"红地毯"对上述文图作了删除。

2015 年 3 月 2 日被告"掌上镇原"在其平台上发布了《网络曝光镇原县特大骗婚事件、骗婚方竟是镇原女人》一文及图片,文图主要内容与"红地毯"发布的主要内容基本一致,另外在文图后添加了原告包某某父母的概况和身份证号码以及包某某一个弟弟的身份证号码及另一个弟弟和一个姐姐的姓名。2015 年 3 月 2 日晚,"掌上镇原"接到兰州黄河律师事务所律师要求删除消息的电话,遂对上述信息和文章作了删除。

2015 年 3 月 5 日,原告包某某与甘肃省心理卫生协会员工心理健康管理专业委员会及甘肃汇德员工心理服务研究中心签订"心理咨询与康复调理协议",约定由上述机构安排 3 名专家对包某某的精神康复、心理调适进行调理和接受咨询,每周安排面询两次,电话、短信咨询随时安排,每月收费 3200 元。2015 年 3 月 24 日和 2015 年 7 月 29 日,上述机构分别收取包某某心理咨询费 3000 元和咨询调理费 9800 元。2015 年 3 月 24 日和 3 月 27 日,原告包某某分别在甘肃省第二人民医院和甘肃省康复中心医院精神科门诊检查,花去检查费 154.05 元。

另查明,原告包某某与被告段某于 2011 年在上海相识并恋爱,与 2013 年 3 月 29 日在河北省辛集市登记结婚,婚后不久因关系不睦分居至今。"红地毯"的文章转载于"镇原吧","掌上镇原"上的文章转载于"红地毯"和"镇原吧"微信平台,转载时,"掌上镇原"将"红地毯"上的文章题目由《网曝镇原县屯字镇一女子骗婚》改为《网络曝光镇原县特大骗婚事件、骗婚方竟是镇原女人》,并从"镇原吧"上将原告包某某及其他家属成员的基本信息复制粘贴发布在文章最后一页。

又查明,原告及其他亲属没有同意或授权段某、"掌上镇原""红地毯"发布以上消息和截图,"掌上镇原""红地毯"亦未审查以上消息的合法性和真实性。

【争议焦点】

1. 三被告是否侵害了原告及其亲属的民事权益?
2. 原告提出的赔偿要求是否合理?

【裁判理由及结果】

法院认为,公民合法的民事权益受法律保护。网络用户、网络服务提供者利用网络侵害他人民事权益的,应当承担侵权责任。被告段某不能正确对待和处理其本人和原告包某某的婚姻关系,采取非法手段发布和披露原告及其家庭成员的有关信息并加以主观评论,侵害了原告的人身权利,其作为消息的制造者和发布者,应承担主要赔偿责任。

"红地毯"和"掌上镇原"未经原告授权和同意,亦未按照信息传播、发布的规则对涉案消息的合法性、真实性和影响力进行审查、判断和评估,擅自在自己经营的微信平台上修改、整理、传播有关原告及其家庭成员的有关身份、婚姻、家庭住址、身份证号码、健康信息等有关身份的消息,主观上存在过错,客观上侵犯了原告及其家庭成员的隐私权和名誉权,给原告及其家庭成员造成了一定的精神伤害,应承担一定的赔偿责任。原告要求三被告在相关媒体上赔礼道歉和赔偿一定精神损失费、律师费的请求于法有据,予以支持。但其赔偿额应综合考虑被告转载、删除网络消息的过程及其过错程度、注意义务、影响范围、侵害程度、消息来源以及律师费用的性质等因素来加以确定。

涉案消息来源于段某的网上自述,转载于其他微信平台,"掌上镇原""红地毯"虽对原消息进行了修改和添加,但截止到消息发布之日,其他消息平台已有传播,且被告"掌上镇原"和"红地毯"能够主动删除消息,缩小影响,应承担与上述情节相适应的赔偿责任。原告要求三被告赔偿损失 6 万元的请求无法律依据,不予采信,要求在省级媒体上赔礼道歉与原消息发布的渠道和影响不相适应,不予支持。被告段某辩称未给原告造成损害的辩解不能成立,不予采纳。被告"掌上镇原"和"红地毯"辩称其不承担责任的辩解亦不能成立,不予采信。

综上所述,依照我国法律的有关规定,判决如下:

(1)被告段某在"天涯论坛""镇原吧"微信平台上发布向原告包某某赔礼道歉的声明一份,赔偿原告包某某精神损失费 10 000 元。

(2)被告"掌上镇原"在其微信平台上发布向原告包某某赔礼道歉的声明一份,赔偿包某某精神损失费 3000 元。

(3)被告镇原县"红地毯"交友中心在其微信平台上发布向原告包某某赔礼道歉的声明一份,赔偿包某某精神损失费 3000 元。

(4)驳回原告包某某的其他诉讼请求。

【判例解析】

本案是典型的网络侵权责任案件,根据《侵权责任法》第 36 条的规定:"网络用户、网络服务提供者利用网络侵害他人民事权益的,应当承担侵权责任。网络用户利用网络服务实施侵权行为的,被侵权人有权通知网络服务提供者采取删除、屏蔽、断开链接等必要措施。网络服务提供者接到通知后未及时采取必要措施的,对损害的扩大部分与该网络用户承担连带责任。网络服务提供者知道网络用户利用其网络服务侵害他人民事权益,未采取必要措施的,与该网络用户承担连带责任。"可见,网络侵权包括两种情况:一是网络用户和网络服务商单独侵权;二是网络用户和网络服务商共同侵权。

在本案中,被告段某先把原告及其家人的个人信息发布在"镇原吧"和"天涯论坛"上,后"红地毯"和"掌上镇原"两家网络媒体未经原告授权和同意,亦未按照信息传播、发布的规则对涉案消息的合法性、真实性和影响力进行审查,擅自在自己经营的微信平台上转发被告段某发布的信息,三被告在主观上并无意思联络。故三被告均属于单独侵权,应当适用《侵权责任法》第36条第1款的规定,应当分别承担各自的责任。

因为三被告侵犯的是原告及其家人的隐私权和名誉权,损害后果表现为精神损害,根据《最高人民法院关于确定民事侵权精神损害赔偿责任若干问题的解释》第10条的规定,精神损害的赔偿数额根据以下因素确定:①侵权人的过错程度,法律另有规定的除外;②侵害的手段、场合、行为方式等具体情节;③侵权行为所造成的后果;④侵权人的获利情况;⑤侵权人承担责任的经济能力;⑥受诉法院所在地平均生活水平。法院应根据上述因素酌情确定精神损害赔偿的数额。

【思考题】

1. 三方被告侵害了原告及其家人的何种民事权利?

2. 假如原告起诉"镇原吧"和"天涯论坛"所在的网络服务商,应当适用哪些条款?

专题五　学校、幼儿园等教育机构的责任

吴某甲诉吴某乙、吴某丙、李某甲、李某乙、绿岭小学监护人责任纠纷案①

【案件事实】

原告吴某甲、被告吴某乙、李某甲三人系绿岭小学同班同学,均系未成年人。

----

① 参见安徽省南陵县人民法院(2015)南民一初字第01301号民事判决书。

被告吴某乙与被告吴某丙系父子关系,被告李某甲与被告李某乙系父女关系。2014 年 4 月 23 日下午放学后,原告吴某甲在教室内扫地,两被告吴某乙、李某甲将教室门锁上,在吴某甲的要求下,两被告将教室门打开,撞落了在桌上的板凳,将原告吴某甲门牙碰掉一颗,经南陵县医院门诊消炎处理花费 256 元医疗费。经医生诊断:碰掉门牙再植不能成活。2014 年 7 月 18 日经安徽广济司法鉴定所鉴定:吴某甲牙损伤需修复瓷假牙 3 颗(含基牙 2 颗),评定其修复假牙年度定额的后续治疗费用为 300 元/年。另查明:被告绿岭小学在事发后给付 500 元给原告。现原告诉至法院要求绿岭小学、吴某乙及其法定监护人吴某丙,李某甲及其法定监护人李某乙赔偿原告的经济损失。

【争议焦点】

1. 绿岭小学是否有过错? 是否应当承担赔偿责任? 应承担何种赔偿责任?
2. 吴某丙和李某乙应当承担何种责任?

【裁判理由及结果】

法院认为:公民享有生命健康权,侵害公民造成伤害的,应当赔偿损失。原告吴某甲与被告吴某乙、李某甲均系被告绿岭小学的在校小学生。被告绿岭小学对未成年小学生在校期间负有教育管理、保护的责任。原告在打扫教室卫生期间,被告绿岭小学未尽职责范围内的管理、保护义务致原告遭受人身损害,被告学校具有过错,依法应对原告受到的损害后果承担一定的民事责任。被告吴某乙、李某甲对原告吴某甲的伤害也有过错,亦应承担相应的民事责任,鉴于被告吴某乙、李某甲系未成年人,其赔偿责任由其监护人承担,即由本案被告吴某丙、李某乙承担。综合考量原、被告的过错,由被告吴某乙、李某甲各承担 15% 的赔偿责任,绿岭小学承担 40% 的赔偿责任,原告自行承担 30% 的赔偿责任。

综上所述,依照我国法律的有关规定,判决如下:

(1)被告吴某丙、李某乙于本判决生效后十五日内各赔偿原告吴某甲各项损失 2845 元(18 965 ×15%)。

(2)被告绿岭小学于本判决生效后十五日内赔偿原告吴某甲各项损失 7586 元(18 965 ×40%)。

(3)驳回原告吴某甲的其他诉讼请求。

【判例解析】

本案既涉及监护人责任,又涉及学校的赔偿责任。根据《侵权责任法》第 32 条的规定:"无民事行为能力人、限制民事行为能力人造成他人损害的,由监护人承担侵权责任。监护人尽到监护责任的,可以减轻其侵权责任。有财产的无民事行为能力人、限制民事行为能力人造成他人损害的,从本人财产中支付赔偿费用。不足部分,由监护人赔偿。"由此可见,未成年人致人损害,监护人要承担无过错责任,即使监护人能够证明尽到了监护职责,也不能免除其责任。而根据《侵权责任法》第40条的规定:"无民事行为能力人或者限制民事行为能力人在幼儿园、学校或者其他教育机构学习、生活期间,受到幼儿园、学校或者其他教育机构以外的人员人身损害的,由侵权人承担侵权责任;幼儿园、学校或者其他教育机构未尽到管理职责的,承担相应的补充责任。"由此可见,学校的责任为过错责任,也就是说,只有在证明了学校没有尽到管理职责的情况下,学校才承担责任。而且学校承担的是与过错相适应的补充责任,即首先应由未成年人的监护人承担责任,只有在其无力或难以承担全部的责任时,学校才承担部分责任。

在本案中,吴某甲在教室扫地,吴某乙、李某甲将教室门锁上,后在吴某甲的要求下,吴某乙、李某甲将教室门打开。在开门时将桌子上的板凳碰了下来,将原告门牙砸掉一颗。很显然,吴某乙和李某甲具有共同的过失,已经构成了共同侵权。被害人吴某甲没有任何过错,不应自行承担责任。至于学校是否存在管理上的失职行为,笔者认为是存在的,对于教室的关闭、桌椅的摆放,学校负有管理职责,所以,学校应当承担一定的补充责任。笔者认为,对于吴某甲的损失,吴某乙、李某甲的监护人应当连带承担80%的责任,学校承担20%的责任,吴某甲及其监护人无需自负责任。故本案的一审判决存在一定的偏差,有待进一步完善。

【思考题】

1. 监护人责任适用何种归责原则?

2. 学校和幼儿园承担何种责任? 在性质上是否属于监护人责任? 其归责原则是什么?

第三十四章 几种具体的侵权责任

专题一 产品责任

马某某诉李某某、贵州博宏实业有限责任公司
水泥分公司产品责任纠纷案①

【案件事实】

2013 年 11 月 23 日,被告李某某经第三人熊某某联系,从贵州博宏实业有限责任公司水泥分公司(以下简称博宏公司)购进该公司生产的 P. C32.5 水泥 34 吨进行销售。原告马某某向被告李某某购买了 8 吨用于建房。2013 年 11 月 26 日,原告将购买的水泥用来建造房屋的楼梯和顶板,后发现楼梯、房梁有起壳、爆花,顶板出现起壳、爆花、漏水,原告便要求李某某作出说明,李某某通知第三人熊某某与博宏公司联系。2013 年 12 月 8 日,博宏公司派员到原告建房现场进行处理。被告博宏公司坚持其产品属合格产品,不予理赔。2014 年 1 月 24 日,被告李某某委派陈某某将水泥样品送至贵州省建材产品质量监督检验院进行检验,检验结论为:该样品所检项目中 3 天抗折强试、3 天抗压强度、28 天抗压强度不符合《通用硅酸盐水泥》(GB175—2007)P. C32.5 的技术要求,其余项目符合要求。原告以被告博宏公司生产的 P. C32.5 水泥存在产品质量问题造成原告经济损失 152 000 元,要求被告李某某、博宏公司赔偿。

在审理过程中,原告马某某于 2014 年 8 月 28 日向本院提出申请,要求对受损的房梁、楼梯、楼板进行损失评估。2014 年 10 月 24 日,贵州省金正房地产资产评估事务所作出了咨询结论:马某某所属房屋市场参考价值为 44 738 元。

对于原告的诉讼请求,被告李某某辩称:被告卖给原告马某某的水泥是博宏公司生产的产品,已委托他人送检为不合格产品,对原告造成的损失应由水泥的生产者承担赔偿责任。

---

① 参见贵州省大方县人民法院(2014)黔方民初字第 514 号民事判决书。

被告博宏公司辩称,原告马某某使用的 P. C32.5 水泥虽属我公司生产的产品,但该产品经我公司出厂检验,符合质量要求,系合格产品,对原告的损失我公司不承担责任。

第三人熊某某述称:李某某销售的水泥是经我与博宏公司联系后,李某某自己去该公司运来销售的。水泥的质量有问题,应由生产者承担赔偿责任。

【争议焦点】

1. 被告博宏公司生产的该批次水泥是否合格?
2. 原告方的损失数额应当如何认定?

【裁判理由及结果】

法院认为:原告马某某使用被告李某某销售的博宏公司生产的 P. C32.5 复合硅酸盐水泥修建住房,造成住房的楼梯、房梁起壳、爆花,顶板漏水,致使修建的住房不能使用,导致原告的财产遭受损害。根据《中华人民共和国产品质量法》(以下简称《产品质量法》)第 41 条的规定:"因产品存在缺陷造成人身、缺陷产品以外的其他财产(以下简称他人财产)损害的,生产者应承担赔偿责任。生产者能够证明有下列情形之一的,不承担赔偿责任:(一)未将产品投入流通的;(二)产品投入流通时,引起损害的缺陷尚不存在的;(三)将产品投入流通时的科学技术水平尚不能发现缺陷存在的。"根据《最高人民法院关于民事诉讼证据的若干规定》第 4 条第 1 款第 6 项规定:因缺陷产品致人损害的侵权诉讼,由产品的生产者就法律规定的免责事由承担举证责任。本案被告博宏公司应就法律规定的免责事由承担举证责任,因被告没有提供具有免责事由的证据,应承担举证不能的法律后果,赔偿原告马某某的损失 44 738 元。被告博宏公司不能提供证据证明被告李某某及第三人熊某某在水泥销售过程中存在导致产品缺陷的行为,因此,被告李某某及第三人熊某某不承担民事责任。

综上所述,依照我国法律的有关规定,判决如下:

被告贵州博宏实业有限责任公司水泥分公司在判决生效后 10 日内赔偿原告马某某损失人民币 44 738 元。

【判例解析】

本案属于典型的产品责任案件,《侵权责任法》第 41 条规定:因产品存在缺陷造成他人损害的,生产者应当承担侵权责任。第 42 条规定:因销售者的过错使产品存在缺陷,造成他人损害的,销售者应当承担侵权责任。销售者不能指明缺陷产品的生产者也不能指明缺陷产品的供货者的,销售者应当承担侵权责任。第 43 条规定:因产品存在缺陷造成损害的,被侵权人可以向产品的生产者请求赔偿,也可以向产品的销售者请求赔偿。产品缺陷由生产者造成的,销售者赔偿后,有权向生产者追偿。因销售者的过错使产品存在缺陷的,生产者赔偿后,有权向销售者追偿。由此可见,产品责任的构成要件中,最重要的是产品存在缺陷,根据《产品质量法》第 46 条的规定,所谓缺陷,是指产品存在危及人身、他人财产安全的不合理的危险;产品有保障人体健康和人身、财产安全的国家标准、行业标准的,是指不符合该标准。按照通说,产品责任的归责原则是无过错责任,但是,生产者能够证明有下列情形之一的,可以不承担赔偿责任:①未将产品投入流通的;②产品投入流通时,引起损害的缺陷尚不存在的;③将产品投入流通时的科学技术水平尚不能发现缺陷的存在的。根据《最高人民法院关于民事诉讼证据的若干规定》第 4 条第 1 款第 6 项的规定:因缺陷产品致人损害的侵权诉讼,由产品的生产者就法律规定的免责事由承担举证责任。

在本案中,原告购买水泥建房,后发生楼梯、房梁起壳、爆花、顶板漏水等问题,经产品质量鉴定部门鉴定,认定产品不符合国家相关质量标准的要求。同时,产品生产者也无法证明其存在免责事由,故产品的生产者要承担赔偿责任。但是,需要注意的是,因产品质量造成的损失,消费者既可以向生产者索赔,也可以向销售者索赔。这主要是为了方便消费者主张权利。对于原告损失的认定,因结合产品缺陷的影响范围来定,因为水泥质量缺陷会导致房屋的主体结构存在重大隐患,从而导致该房屋不适于居住,因此,将该房屋的评估价值作为认定损失的标准是比较合理的。

【思考题】

1. 如何理解产品存在缺陷?
2. 产品责任适用何种归责原则?

专题二 机动车交通事故责任

董某某诉王某、中国人民财产保险股份有限公司郑州市分公司机动车交通事故责任纠纷案[①]

【案件事实】

原告董某某诉称,2015 年 7 月 19 日,被告王某驾驶豫 A200FK 号小型轿车与

---

① 参见温县人民法院(2015)温民道小字第 00039 号民事判决书。

原告董某某发生交通事故,造成董某某受伤。交警部门认定被告王某负事故的全部责任,原告董某某无事故责任。事故发生后,原告董某某在温县人民医院住院治疗 10 天。经诊断,原告董某某的伤情为冠状动脉粥样硬化性心脏病、软组织损伤等。本次交通事故给原告造成的损失为医疗费 4426.37 元、住院伙食补助费 300 元、营养费 200 元、护理费 3120 元、交通费 550 元,合计 8596.37 元。因被告王某驾驶的车辆在被告人中国人民财产保险股份有限公司郑州市分公司(以下简称保财险郑州公司)投保了交强险,事故发生在保险期间,保险公司应当承担赔偿责任,故请求人民法院依法判令被告人保财险郑州公司在保险范围内赔偿原告损失 8046.37 元;被告王某赔偿原告交通费损失 550 元。

被告王某辩称:①答辩人的车辆在被告人保财险郑州公司投保了交强险,原告的损失包括交通费应由保险公司赔偿;②答辩人已垫付原告 4500 元,应由原告返还给答辩人。

被告人保财险郑州公司辩称:①与本次交通事故有关的合理损失答辩人愿意在保险限额范围内依法赔偿;②本案原告提供的住院记录和出院证、诊断证明、CT 报告单均证明原告所治疗的冠心病、高血压等疾病与本次事故没有直接关系,长期医嘱单中 7 月 25 日之后原告直接转到了心血管科治疗,住院期间服用的药物也并非是治疗本次事故造成的软组织损伤的药物,所以医疗费应予扣除 50%;③原告出院后的护理应为部分护理,答辩人最多认可 50%;④答辩人不承担诉讼费、交通费等间接损失。

法院经审理查明如下事实:

(1)2015 年 7 月 19 日 10:05,被告王某驾驶豫 A200FK 号小型轿车在温县赵堡村镇政府门前与原告董某某发生交通事故,造成董某某受伤。交警部门认定王某负事故的全部责任,董某某无事故责任。

(2)事故发生后,原告董某某在温县人民医院住院治疗 10 天。经诊断,原告董某某的伤情为冠状动脉粥样硬化性心脏病、软组织损伤等。原告董某某的出院医嘱为院外低盐、低脂饮食,有陪护情况下休息 1 个月,不适随诊。为治疗伤情,原告董某某共支付医疗费 4426.37 元。被告王某已垫付原告款 4500 元。

(3)2015 年 9 月 7 日,豫 A200FK 号小型轿车在被告人保财险郑州公司投保了交强险,其中交强险死亡伤残赔偿限额 110 000 元、医疗费用赔偿限额 10 000 元、财产损失赔偿限额 2000 元。保险期间自 2014 年 9 月 8 日 0 时起至 2015 年 9 月 7 日 24 时止。

【争议焦点】

原告住院治疗冠心病和高血压发生的医疗费用是否应当认定为原告的损失?

【裁判理由及结果】

法院认为,行为人因过错侵害他人民事权益,应当承担侵权责任。机动车发生交通事故造成人身伤亡的,由保险公司在交强险范围内予以赔偿。

(1)原告董某某与被告王某驾驶的机动车发生交通事故,造成原告董某某受伤,被告王某理应承担全部的民事赔偿责任。由于被告王某驾驶的机动车在被告人保财险郑州公司投保了交强险,事故发生在保险期间,故原告董某某的损失首先由被告人保财险郑州公司在交强险范围内予以赔偿;不足的部分,由被告王某赔偿。

(2)各被告应赔偿原告损失的范围及数额。

第一,原告董某某损失 6327.55 元,均在交强险理赔范围内,依法由被告人保财险郑州公司在交强险范围内予以赔偿。

第二,因保险公司能够足额赔偿原告的损失,故被告王某不再承担赔偿责任。被告王某垫付的 4500 元,原告董某某应予返还。

综上所述,依照我国法律的有关规定,判决如下:

(1)被告人保财险郑州公司应赔偿原告董某某损失 6327.55 元,于本判决生效后 10 日内履行。

(2)原告董某某应返还被告王某款 4500 元,于本判决生效后 10 日内履行。

(3)驳回原告董某某的其他诉讼请求。

【判例解析】

本案属于典型的机动车交通事故责任纠纷案件,《侵权责任法》第 48 条规定:"机动车发生交通事故造成损害的,依照道路交通安全法的有关规定承担赔偿责任。"《中华人民共和国道路交通安全法》第 76 条规定:"机动车发生交通事故造成人身伤亡、财产损失的,由保险公司在机动车第三者责任强制保险责任限额范围内予以赔偿;不足的部分,按照下列规定承担赔偿责任:(一)机动车之间发生交通事故的,由有过错的一方承担赔偿责任;双方都有过错的,按照各自过错的比例分担责任。(二)机动车与非机动车驾驶人、行人之间发生交通事故,非机动车驾驶人、行人没有过错的,由机动车一方承担赔偿责任;有证据证明非机动车驾驶人、行人有过错的,根据过错程度适当减轻机动车一方的赔偿责任;机动车一方没有过错的,承担不超过百分之十的赔偿责任。交通事故的损失是由非机动车驾驶人、行人故意碰撞机动车造成的,机动车一方不承担赔偿责任。"由此可见,机动车之间的交通事故适用典型的过错责任原则。而机动车与非机动车、行人之间的交通事故适用何种归责原则,业界存在很大的争论,笔者认为,确定这种责任分配时,主要考察非机动车或行人一方是否存在过错,即使双方均无过错,机动车一方也要承担不超过10%的责任。所以,总体上看,属于无过错责任。在司法实务中,道路交通事故参与人的过错认定采客观化的标准,以是否违反道路交通法律、法规来判断,由公安交通管理部门出具道路交通事故认定书。

　　本案属于机动车和行人之间发生的交通事故,交通事故认定书确认机动车负完全责任,原告不负责任。故被告应赔偿原告全部的损失。在原告损失的认定上,其住院治疗冠心病和高血压的费用是否与交通事故具有因果关系,笔者认为,应结合具体情况来定,在本案中,原告是80多岁的老人,身体高度虚弱,本来冠心病和高血压平时靠药物即可控制,但在发生交通事故后,如果不住院治疗,就难以控制病情。可见,该项费用的发生跟交通事故具有一定的联系,应酌情予以赔偿。

【思考题】

　　1. 机动车交通事故责任应适用何种归责原则? 为什么?

　　2. 事故责任人和保险公司在赔偿上是什么关系?

专题三　医疗损害责任

刘某某诉嘉兴市妇幼保健院医疗损害赔偿纠纷案①

【案件事实】

　　原告刘某某(法定代理人刘某、蔡某某)诉称,原告于2007年11月20日在被告嘉兴市妇幼保健院出生,出生时因窒息导致脑瘫,2009年8月27日由嘉兴市医学会鉴定为二级乙等医疗事故。原告于2008年8月29日向嘉兴市南湖区人民法院起诉,同年12月29日嘉兴市南湖区人民法院判决被告对原告承担40%的赔偿责任。原告不服该判决提起上诉,经嘉兴市中级人民法院调解,由被告承担50%的赔偿责任,陪护费、医疗护理依赖等费用待实际发生后再予处理。现原告根据嘉兴市中级人民法院(2010)浙嘉民终字第156号民事调解书,诉请法院判决:被告支付原告2014年4月至2015年6月期间发生的治疗费用及相关住宿、交通等费用共计72 505.20元。

---

　　① 参见浙江省嘉兴市南湖区人民法院(2015)嘉南民初字第1572号民事判决书。

被告嘉兴市妇幼保健院答辩称,对原告主张的费用有异议,仅仅凭简单的票据不足以证明,部分费用也不合理。原告要求被告承担50%的赔偿责任没有依据,根据最初的判决法院是按次要责任作出判决的,对于后续费用被告也并没有承诺承担50%的责任,应当按照鉴定报告来确定被告的赔偿责任。

针对自己的诉讼主张,原告刘某某提供了下列证据:

第一项证据,北京市朝阳区启慈康复中心发票5份、北京市朝阳区启慈康复中心入学服务约定及物理治疗评估报告各1份,证明原告在2014年5月至2015年6月期间在北京市朝阳区启慈康复中心接受康复治疗,其间支出康复治疗费用101 250元。

被告质证认为,对上述证据的真实性无法确认;对康复治疗费用有异议,发票上没有具体内容,只有金额;评估报告中有对中断治疗造成的机能退化进行恢复性治疗,康复也是针对退化的康复,这是扩大的损失。

第二项证据,房屋租赁合同1份、租赁费收费凭证2份,证明原告在北京治疗期间因租房居住,支出费用39 600元的事实。

被告质证认为,对上述证据的真实性无法确认,且该费用的支出不是必须和合理的,原告一家现已长期定居北京,房屋本身是家庭生活居住需要,不仅仅是为了原告治病所需,收据也不是正规的发票,费用过高,请求法院予以减少。

第三项证据,交通费发票6份,证明原告及其父母往返北京治疗支出交通费的事实。

被告质证认为,原告已经定居北京,该部分费用与康复无关。

第四项证据,购物小票及生活辅助费用发票9份,证明原告因购买生活辅助用品(尿不湿)支出1818.40元的事实。

被告质证后认为,对上述证据的真实性、合法性及关联性均有异议。

第五项证据,嘉兴市第二医院出具的诊断证明一份(2010年6月出具,内容为:建议转上级医院进一步诊治)、《关于刘某某送往北京康复的说明》、康复中心的登记证书各一份,证明嘉兴不具备原告脑瘫的康复条件,在中院法官调解下,被告对于原告前往北京康复治疗表示认可。

被告质证后认为,对上述证据的真实性无异议,但不能证明原告现在仍需要康复治疗,诊断证明时间已经很长了,康复中心的有效期也过了。

针对自己的抗辩,被告提供了医疗事故技术鉴定书一份,证明根据《医疗事故技术鉴定书》的结论被告应承担次要责任,并非是同等责任。原告对上述证据真实性无异议,但主张在中级法院进行调解的时候双方已经确认了50%的赔偿比例。

针对原被告提供的证据,法院认证如下:

证据第一项中关于原告目前在北京治疗的康复机构,结合前案审查,对其真实性法院予以认定;其中康复费用发票为该康复治疗中心出具,结合原告的伤残情况,对其真实性及合理性均予以认定;至于物理评估报告表,能够证明原告目前的身体状况;对于第二项证据和第四项证据中,系原告及其护理人员父母的实际房租支出,以及原告因康复治疗所需护理依赖、辅助费用的支出(主要是该期间的尿不湿费用),具有客观性,费用亦在合理范围,法院亦予认定,被告虽主张相关费用的发生并非必须,且与本案无关,但未能提供证据证明,故对于被告的抗辩不予采信;第三项证据中,有关的交通费用与原告的治疗并无直接关联,但考虑到原告长年在外治疗,每日交通费用实际发生,法院酌情支持2000元。第五项证据中,有关转院治疗情况,在双方有关医疗损害纠纷的前案诉讼中既已提供,结合原告的伤残情况及前案审查予以采纳,被告虽提出该份证据不能证明原告目前仍需要康复治疗,但未能提供相关证据,亦未提出相应的鉴定申请,故对于被告的抗辩不予采信。对于被告提供的证据,原告对其真实性无异议,且与本案有关,予以认定。

法院经审理查明:原告刘某某于2007年11月20日在被告嘉兴市妇幼保健院经自然分娩出生,因生产时窒息等原因导致脑性瘫痪。2009年8月27日,经嘉兴市医学会鉴定,原告之损伤构成二级乙等事故,由被告承担次要责任。2008年8月29日原告向法院起诉,要求被告承担医疗损害赔偿,2009年12月29日法院一审判决被告对原告的损失承担40%的赔偿责任,原告不服该判决向嘉兴市中级人民法院提起上诉。

2010年5月21日,经嘉兴市中级人民法院调解,原告与被告达成调解协议:"一、上诉人刘某某因本案已受损失:医疗17 630.93元;残疾生活补助费363 792元;住院伙食补助费300元;住宿费640元;复印费123.50元;交通费2809元;陪护费152 712元(出院后暂计至2009年11月的陪护费43 632元,今后五年的陪护费109 080元,合计152 712元。以后的陪护费、医疗护理依赖等,待实际发生后再予处理);误工费(计算二个月)4320元,合计542 327.43元。嘉兴市妇幼保健院承担该损失的50%即271 163.71元的赔偿责任。二、嘉兴市妇幼保健院支付刘某某精神损害抚慰金32 000元。"

自2010年6月23日始,原告在北京市朝阳区启蕊康复中心进行康复治疗,至2011年6月原告花费的康复费、医疗费、陪护人员住宿费、交通费等费用,已在法院(2011)嘉南民初字第2025号案件中由被告承担50%。2011年7月至2012年6月的一年期间,对于原告的康复治疗费、陪护人员住宿费、生活日用品费、交通费等,法院已在(2012)嘉南民初字第1851号案件中判决由被告承担50%。2012年7月至2013年6月期间,对于原告的康复治疗费、陪护人员住宿费、生活日用品费、交通费等,法院已在(2013)嘉南民初字第 1382 号案件中判决由被告承担 50%。2013 年 7 月至 2014 年 3 月,对于原告的康复治疗费、陪护人员住宿费、生活日用品费、交通费等,法院已在(2014)嘉南民初字第 533 号案件中判决由被告承担 50%。2014 年 4 月至 2015 年 6 月,原告共支出在北京市朝阳区启慈康复中心的康复费用101 250 元(2014 年 5 月至 2015 年 6 月)、房租费 39 600 元(2014.8—2015.7)、尿不湿 1818.40 元、交通费 2000 元,共计 144 668.40 元。

【争议焦点】

1. 被告承担赔偿责任的比例应依照医疗事故技术鉴定书还是嘉兴市中级人民法院的调解书?

2. 原告提出的赔偿数额是否合理?

【裁判理由及结果】

法院认为,本案系原、被告之间就原告因被告的医疗行为造成损害之后续赔偿纠纷。原、被告在第一次诉讼过程中,以嘉兴市医学会对本起医疗事故作出的鉴定结论为基础,经二审由嘉兴市中级人民法院调解,原、被告自愿达成协议,确定由被告对原告已产生的损失承担 50% 的赔偿责任,应当认定是被告对该起医疗事故应承担责任比例的认可。本案中,在 2014 年 4 月至 2015 年 6 月期间原告因治疗脑瘫的相关费用足以确定,故对于原告据此请求被告对该后续康复等费用144 668.40 元承担 50% 的赔偿责任,计 72 334.20 元,法院予以支持。

综上所述,依照我国法律的有关规定,判决如下:

(1)被告嘉兴市妇幼保健院于本判决生效后 7 日内赔偿原告刘某某康复费、房租费、交通费等共计 72 334.20 元。

(2)驳回原告刘某某的其他诉讼请求。

【判例解析】

本案属于典型的医疗损害赔偿责任案件,根据《侵权责任法》第 54 条的规定:"患者在诊疗活动中受到损害,医疗机构及其医务人员有过错的,由医疗机构承担赔偿责任。"由此可见,医疗侵权行为是医疗机构及其医务人员因过错致使患者在诊疗活动中受到损害,由医疗机构承担赔偿责任的行为。医疗损害赔偿责任适用的是过错责任原则,原告必须证明医疗机构及其医疗人员存在过错。由于医疗行为具有高度的专业性,患者要证明医疗机构和医疗人员的过错具有一定的难度。所以,《侵权责任法》第 58 条规定:"患者有损害,因下列情形之一的,推定医疗机构有过错:(一)违反法律、行政法规、规章以及其他有关诊疗规范的规定;(二)隐匿或者拒绝提供与纠纷有关的病历资料;(三)伪造、篡改或者销毁病历资料。"这就将主观过错客观化,更加方便受害人举证。另外,医疗侵权行为与损害后果是否具有因果关系也是异常复杂的,没有专业知识的患者和法官,一般无法对此加以判断,《最高人民法院关于民事诉讼证据的若干规定》第4条第1款第8项规定:"因医疗行为引起的侵权诉讼,由医疗机构就医疗行为与损害后果之间不存在因果关系承担举证责任。"但《侵权责任法》并没有关于因果关系推定的相关规定。在司法实务中,患者和法院实际上要借助于专门医疗鉴定机构的鉴定结论来证明和认定医疗机构及其医疗人员的过错及医疗行为与损害后果的因果关系。

本案属于医疗纠纷中新发生费用的后续诉讼,在过错责任的分配上应以已有的生效裁决为准,原一审判决确定被告承担40%的责任,是根据《医疗事故技术鉴定书》的结论"被告应承担次要责任"作出的,在中院的调解书中被告同意承担50%的责任,该承诺具有法律效力。故应以中院调解书中确定的责任比例为准。

【思考题】

1. 医疗损害赔偿责任适用何种归责原则?
2. 我国现行法律如何解决患者难以证明医疗过错和因果关系的问题?

专题四　环境污染责任

元某诉神华国能集团有限公司
神头第二发电厂环境污染责任纠纷案①

【案件事实】

原告元某的承包地位于世纪大道东侧,在神华国能集团有限公司神头第二发电厂(以下简称神电二厂)北面,地名为东吉梁,原告在此种植葡萄及苘子白等蔬菜。从1997年以来,原告的承包地受到被告生产排放的烟尘污染。2004年12月23日,朔州市农业生态环境监测建设站出具鉴定书,确认原告的葡萄园有大量的粉煤灰及煤灰,葡萄及蔬菜受到不同程度的污染。被告曾对原告2003年、2005年、2006年及2007年的损失予以赔偿。朔州市农业综合执法大队、朔州市农业生态环

---

① 参见山西省朔州市朔城区人民法院(2012)朔民初字第332号民事判决书。

境监测站、朔州市农业技术总站于 2009 年 9 月 16 日出具《关于对安庄村元某葡萄园受污情况的分析报告》，报告称原告 5 亩地的年收入应在 4 万多元。因受到污染导致减产、减收 50% 以上。2010 年 9 月 3 日出具《关于对安庄村元某葡萄园受污情况的情况说明》，称原告 5 亩地的年收入为 45 000 多元，因受到污染导致减产、减收 50% 以上。2011 年 8 月 24 日出具《关于对安庄村元某葡萄园受污情况的情况说明》，称原告 5 亩地的年收入为 45 000 多元，因受到污染导致减产、减收 50% 以上。原告现起诉要求被告赔偿 2004 年、2008 年、2009 年、2010 年、2011 年的葡萄及蔬菜损失 97 000 元。

被告神电二厂辩称：原告所诉污染事实证据不足，原告损害事实没有具体数据，证据不足。关于 2005 年、2006 年、2007 年原告通过其他渠道要求赔偿，被告考虑原告的经济状况，在检察院的主持下，被告给予了原告一定数额的经济补偿，其性质属于补偿而不是赔偿，请求法院驳回原告的诉讼请求。

【争议焦点】

1. 原告的葡萄减产与被告的烟尘污染是否具有因果关系？
2. 原告的损失应当如何确定？

【裁判理由及结果】

法院认为，因环境污染引起的损害赔偿诉讼，应由加害人即被告神电二厂就法律规定的免责事由及其行为与损害结果之间不存在因果关系承担举证责任，被告曾向法院提出重新鉴定申请，因鉴定的标的物失去了最佳鉴定时间致使无法鉴定，故依据现有证据，法院认定被告对原告的污染事实存在。但原告未对 2004 年及 2008 年的受损具体数据提供证明，法院对原告 2004 年及 2008 年的损失赔偿请求不予支持。

综上所述，依照我国法律的有关规定，判决如下：

（1）被告神电二厂在本判决生效后 10 日内赔偿原告元某 2009 年、2010 年、2011 年的葡萄及蔬菜损失共计 65 000 元。

（2）驳回原告元某的其他诉讼请求。

【判例解析】

本案是典型的环境污染侵权案件，根据《侵权责任法》第 65 条的规定：因污染环境造成损害的，污染者应当承担侵权责任。第 66 条规定：因污染环境发生纠纷，污染者应当就法律规定的不承担责任或者减轻责任的情形及其行为与损害之间不存在因果关系承担举证责任。由此可见，环境污染责任采取无过错责任原则，而且在因果关系的证明上实行举证责任倒置，只要加害人无法证明其污染环境行为与损害后果之间不存在因果关系,即推定因果关系存在。这样规定主要是侧重保护受害人的利益,同时,也考虑了环境污染的复杂性和专业性。

在本案中,被告向外排放大量烟尘,且没有证明存在免责事由或者排放的烟尘与原告的葡萄减产没有因果关系,故其应承担损害赔偿责任。至于赔偿的数额和范围,原告应举证证明自己的具体损失数额,因原告出具了 2009 年、2010 年和 2011 年的损失评估报告,但没有出具 2004 年及 2008 年的损失评估报告,故法院只支持了 2009 年、2010 年和 2011 年三年的赔偿要求。

【思考题】

1. 环境污染责任采用何种归责原则?

2. 为什么环境污染责任要实行因果关系举证责任的倒置?

专题五　高度危险责任

张某某诉何某某、王某某、峨眉山市
燃气有限责任公司高度危险责任纠纷案①

【案件事实】

被告何某某、王某某系夫妻关系。2010 年 12 月 20 日,何某某、王某某购买了峨半家园 13 栋 4 单元 201 号房屋,并到峨半家园物业管理公司登记,申请开通天然气。

2011 年 8 月 4 日 9 时 30 分左右,被告峨眉山市燃气有限责任公司(以下简称峨眉燃气公司)根据峨半家园物业管理公司提供的申请开通天然气用户名册进行通气前管道检修工作,在检查至被告何某某、王某某住房时,被告峨眉燃气公司的工作人员发现该房入室总阀后端六方的两端有漏气现象,随即关闭入室总阀和两个支阀,并告知何某某等待公司派人维修后才能通气,但未关闭由被告峨眉燃气公司管理钥匙的天然气集中表箱内的总阀。13:50 左右,被告峨眉燃气公司的工作人员罗某某、胡某到达 201 室对入室总阀进行检修,被告何某某、王某某在场。胡某检修完毕后用喷肥皂水检测法进行检验无泄漏。因被告何某某、王某某所安装的燃器(具)不属被告峨眉燃气公司的安装范围,且当日未安装完毕,尚不具备用

---

① 参见四川省峨眉山市人民法院(2013)峨眉民初字第 1508 号民事判决书。

气条件,罗某某、胡某遂关闭入室总阀并嘱咐被告何某某一定不要动总阀门后于13:57离开201室。14:33左右,被告何某某、王某某离开201室。2011年8月5日,被告何某某因201室的电灯开关出现问题请同事万某某进行检修,10:55,被告何某某和刘某、原告张某某来到201室,被告何某某闻到空气中有异味,随即将客厅窗户打开。11时左右,万某某进入室内,被告何某某递给万某某一支香烟,万某某拿出打火机打燃点烟时发生爆炸。

事故发生后,峨眉山市安委办牵头,成立由峨眉山市安监局、公安局、住建局、监察局、总工会、公安消防大队组成的调查组,并邀请市检察院派员参与监督。2011年8月5日,峨眉山市公安消防大队作出爆炸事故分析报告:现场情况为天然气管道已连接进入201室,厨房内的阳台旁有一个三通阀门开关处于开启状态,厨房炉灶未与天然气管道连接,炉灶底连接天然气管口的塑料帽盖完好;初步结论为天然气管道供气,由于201室天然气阀门处于开启状态,致使天然气泄漏、蔓延扩散至房间和楼梯间,形成爆炸性混合气体,遇火星发生爆炸,该事故先爆炸后燃烧。调查组于2011年8月6日对事发现场拍照显示:入户总阀和后端连接了软管的支阀处于完全开启状态。调查组于2011年8月19日通过现场勘察收集数据,并委托了四川汇智成安全科技咨询有限公司进行模拟还原测试,四川汇智成安全科技咨询有限公司于2011年9月20日得出结论:(天然气)开始泄漏的时间为2011年8月4日17:45。

事发当日,原告张某某被送往中国人民武装警察部队四川省总队医院住院治疗,于2012年11月14日出院,共住院467天。出院诊断为:①特重度火焰烧伤70%(深Ⅱ°50%、深Ⅲ°20%面颈部、双上肢、胸部、腹部、腰背部、双下肢);②低血容量性休克(轻度)。出院医嘱:①继续抗瘢痕治疗,加强患肢功能锻炼;②必要时再行瘢痕整复术;③休息3月,门诊定期(2月)随访。2012年12月25日,原告张某某经乐山科信司法鉴定中心评定为伤残等级三级,完全丧失劳动能力(80%)。原告为此支付鉴定费1300元。2013年4月29日,四川求实司法鉴定所评定原告的后续医疗费约需203 430元。原告支出鉴定费1020元。其间,被告峨眉燃气公司请护工两名护理原告20余天,并支付原告护理费现金2000元。原告遂向法院起诉,请求法院判决:①被告峨眉燃气公司赔偿原告损失共计886 631.39元;②被告何某某、王某某承担连带赔偿责任。

另查明,原告系城镇居民,其被抚养人有2人:儿子薛某某(生于2007年9月19日)、母亲王某某(生于1949年9月16日)。原告之母王某某参加了社会养老保险,目前每月领取养老保险待遇1280元。原告父母生育子女三人,分别为张某甲、张某某、张某乙,均已成年。

被告何某某、王某某辩称:对原告主张的诉讼请求金额无争议,但事故应由被告峨眉燃气公司承担责任,自己不应担责。即使有责任,也只应承担补充赔偿责任,而不是连带赔偿责任。

被告峨眉燃气公司辩称:本案的性质为侵权纠纷,本案中,安监局已排除我公司的安全事故责任,我公司也是受害者。我公司工作人员离开事故现场时间早于天然气泄漏时间,天然气的泄漏与我公司无关;天然气属于特殊商品,交接点为用户住房内的"户内总阀",被告的工作人员确认入户总阀无漏气后交给用户何某某,也告知何某某不能开启入户总阀,故何某某才是泄漏爆炸的天然气的实际"占有者和使用者";何某某是 201 室的合法所有者,其让没有资质的人员安装燃气燃具,且事发时入户室内总阀处于完全开启的状态,何某某在天然气使用管理过程中存在重大过错,负有不可推卸的责任,我公司对事故不应承担责任。另外,我方还垫付了原告的陪护费 2000 元。

【争议焦点】

1. 本案的侵权责任主体应如何确定?
2. 被告之间是否应承担连带赔偿责任?

【裁判理由及结果】

1. 本案的侵权责任主体应如何确定

针对焦点一,法院认为,根据《民法通则》第 123 条"从事高空、高压、易燃、易爆、剧毒、放射性、高速运输工具等对周围环境有高度危险的作业造成他人损害的,应当承担民事责任;如果能够证明损害是由受害人故意造成的,不承担民事责任"的规定,本案中被告峨眉燃气公司作为燃气供应者,为被告何某某、王某某所有的峨半家园 13 栋 4 单元 201 号房提供天然气的通气作业。按照被告峨眉燃气公司的规章制度中关于集中表箱点火流程的规定,进行燃气器具点火调试完毕后才意味着通气作业的完成,但被告峨眉燃气公司在为 201 室进行通气检测时发现室内燃气器具并未安装完毕,其无法完成燃气器具点火调试,因此,通气作业尚未结束,故应认定被告峨眉燃气公司的身份为高度危险作业人。

另根据 2000 年 1 月 21 日建设部令第 73 号《燃气燃烧器具安装维修管理规定》第 21 条"未通气的管道燃气用户安装燃气燃烧器具后,还应当向燃气供应企业申请通气验收,通气验收合格后,方可通气使用"的规定,被告峨眉燃气公司作为燃气供应企业,在通气前对用户安装的燃气燃烧器具进行通气验收,确保燃烧器具符合安全使用的要求是其法定的义务。因此,其只有在对用户的燃气燃烧器具进行通气验收合格后方能向用户供气。本案被告峨眉燃气公司在被告何某某、王某某的燃气燃烧器具尚未安装完毕,且通气软管并未连接燃气燃烧器具的情况下,将集中表箱内的阀门打开,将天然气输送到用户室内。被告峨眉燃气公司作为专业的燃气供应企业,在此情况下未尽到对天然气这一危险物所具有的危险性的高度安全注意义务,使天然气因 201 室的入户阀门被打开而发生泄漏成为必然,被告峨眉燃气公司应承担此次事故的主要责任。

根据本案查明的事实,天然气开始泄漏的时间为 2011 年 8 月 4 日 17:45,而被告峨眉燃气公司的工作人员离开 201 室的时间为 2011 年 8 月 4 日 13:57,虽然被告峨眉燃气公司工作人员在离开 201 室时未关闭集中表箱阀门,但表箱内阀门的开启并不必然导致天然气泄漏,导致天然气泄漏的最终原因是 201 室内的天然气入户阀门亦被打开。结合还原测试报告确定的天然气开始泄漏的时间,可以推定被告峨眉燃气公司的工作人员离开 201 室时是关闭了入户阀门的,且被告何某某在接受调查时也认可被告峨眉燃气公司的工作人员向其夫妇告知了"不要动入户阀门",被告何某某、王某某在被告峨眉燃气公司的工作人员离开后即实际控制了入户阀门,成为了天然气的实际占有者,其在占有期间因管理疏忽的过失导致入户阀门被开启,酿成天然气泄漏爆炸的事故。根据《侵权责任法》第 72 条"占有或者使用易燃、易爆、剧毒、放射性等高度危险物造成他人损害的,占有人或者使用人应当承担侵权责任,但能够证明损害是因受害人故意或者不可抗力造成的,不承担责任"的规定,被告何某某、王某某也应对事故承担相应的责任。

原告对 201 室是否存在天然气泄漏等安全隐患不具有当然的注意义务,对事故发生也不具有主观上的过错,因此,原告对事故的发生不应承担责任。结合二被告的过错程度及事故发生的实际情况,法院确定被告峨眉燃气公司承担 75% 的事故责任,被告何某某、王某某承担 25% 的事故责任。

2. 被告之间是否应承担连带赔偿责任

针对焦点二,法院认为,造成本案原告损失的事故是因被告峨眉燃气公司作为高度危险作业人对天然气这一危险物所具有的危险性未尽安全注意义务的过错与被告何某某、王某某作为危险物的实际占有者对危险物疏于管理的过错结合在一起而发生的,且法院已根据查明的案件事实确定了被告峨眉燃气公司与被告何某某、王某某各自应承担的事故责任。根据《侵权责任法》第 12 条"二人以上分别实施侵权行为造成同一损害,能够确定责任大小的,各自承担相应的责任"的规定,法院认为,三被告在主观上没有制造天然气泄漏的意思联络,但客观上分别实施了违反法律规定的注意义务或管理义务的行为,结合在一起最终造成天然气的泄漏,并在外界原因介入下导致事故发生造成了损害后果的发生,被告各自的侵权行为都不足以造成全部损害,故三被告应按法院确认的各自的事故责任分别承担赔偿责任,因此,对原告主张三被告承担连带赔偿的诉讼请求依法不予支持;对被告峨眉燃气公司辩称其对事故不应承担责任的主张依法不予支持;对被告何某某、王某某辩称其不应担责,即使有责任,也只应承担补充赔偿责任的主张,依法不予支持。

综上所述,依照我国法律的有关规定,判决如下:

(1)被告峨眉燃气公司在本判决生效后 15 日内赔偿原告张某某各项损失共计588 791 元。

(2)被告何某某、王某某在本判决生效后 10 日内赔偿原告张某某各项损失共计 196 264 元。

(3)驳回原告张某某的其他诉讼请求。

【判例解析】

本案是典型的高度危险责任纠纷,根据《民法通则》第 123 条的规定:从事高空、高压、易燃、易爆、剧毒、放射性、高速运输工具等对周围环境有高度危险的作业造成他人损害的,应当承担民事责任;如果能够证明损害是由受害人故意造成的,不承担民事责任。《侵权责任法》第 69 条规定:从事高度危险作业造成他人损害的,应当承担侵权责任。《侵权责任法》第 72 条规定:占有或者使用易燃、易爆、剧毒、放射性等高度危险物造成他人损害的,占有人或者使用人应当承担侵权责任,但能够证明损害是因受害人故意或者不可抗力造成的,不承担责任。被侵权人对损害的发生有重大过失的,可以减轻占有人或者使用人的责任。由此可见,在高度危险作业中,即使作业人在操作管理中极为谨慎,仍难免发生危险事故,为了保护受害人的利益,高危作业人要对受害人的损失承担无过错责任。需要注意的是,无过错责任并非绝对责任,作业人仍存在一些法定的免责和减责事由。

在本案中,被告峨眉燃气公司作为易燃、易爆物品的作业人,在尚未完全具备通气条件的情况下,违规开启集中表箱阀门是导致事故发生的主要原因,应承担主要责任;被告何某某、王某某在被告知不能开启入户阀门的情况下,作为危险物品的占有人,没有尽到应有的管理和注意义务,应当承担次要责任。因为三被告主观上并没有意思联络,不构成共同加害行为,属于分别侵权导致同一后果的行为。根据《侵权责任法》第 12 条的规定:二人以上分别实施侵权行为造成同一损害,能够确定责任大小的,各自承担相应的责任;难以确定责任大小的,平均承担赔偿责任。三被告应当根据其作用力和过错程度承担按份责任。

【思考题】

高度危险作业致人损害采用何种归责原则?为什么?

专题六 饲养动物损害赔偿责任

袁某甲、翟某某诉袁某丙、王某某饲养动物损害责任纠纷案①

【案件事实】

2015年8月17日,原告之子袁某乙由其奶奶带领去张庄村东地自家菜地,中午回家途中路过被告在张庄村东地所建的养殖场门口时,袁某乙想要去被告家的养殖场看小鸭子,被告家的大狗突然从养殖场窜出来,将袁某乙扑倒咬伤。后原告袁某甲和其母亲与被告王某某领着袁某乙去张庄卫生院打了狂犬疫苗,15:00左右袁某乙不会说话并昏迷,原告带袁某乙到张庄卫生院医治,卫生院让去港区医院,在港区医院进行了检查治疗,支付医疗费1245.1元。

2015年8月17日20:00袁某乙转入郑州市第一人民医院,经体格检查,左侧臀部可见一2厘米长新鲜伤口,已结痂,入院诊断:蛛网膜下腔出血;前交通动脉瘤。经诊疗,患者家属商议后要求自动出院,转院治疗。出院时间为2015年8月18日19时,出院诊断:①蛛网膜下腔出血;前交通动脉瘤。②急性咽峡炎,出院医嘱:病情危重建议手术治疗。个人支付医疗费3268.39元。2015年8月18日19时37分转入河南省人民医院,入院诊断:①蛛网膜下腔出血;②前交通动脉瘤。经过手术等治疗,2015年8月24日出院,出院诊断:现患儿仍深度昏迷,血压偏低,低体温,尿量较多,饮食差,双侧瞳孔等大等圆,直径0.6厘米,对光反射消失。患儿病情危重,家属要求出院转至上级医院进一步治疗。出院医嘱:院外继续治疗。个人支付医疗费57 349.62元。袁某乙出院后便死亡,家属将其埋葬。后原、被告因赔偿问题发生纠纷,引起诉讼。故原告诉至法院,要求被告赔偿经济损失350 112元。

被告辩称,原告所诉与事实不符。张庄中心卫生院诊断证明书仅能证明袁某乙被狗咬伤这一事实,原告并不能举证证明袁某乙系被告家饲养的狗咬伤的。事实是袁某乙8月14日16:00多在与其他孩子争夺东西时情绪激动,大哭后昏迷。被告与袁某甲系亲叔侄关系,出于亲情,袁某乙在河南省人民医院住院治疗期间,被告看望袁某乙及其家属,医生告诉原告袁某乙病情时,被告在场听到袁某乙发病

---

① 参见河南省中牟县人民法院(2015)年民初字第3304号民事判决书。

原因是动脉血管瘤,血管外科医学专家称,该病情隐匿,起病突然,一旦发病,死残率极高,因而被称为颅内的"不定时炸弹",精神紧张,情绪激动,头部剧烈摆动等任何引起血压增高的因素均为其诱因。

退一万步讲,即使原告举证证明袁某乙系被告饲养的狗咬伤,也未能举证证明狗咬致死这一事实。故请求法院依法驳回其诉讼请求。

【争议焦点】

1. 原告之子的死亡与被告家的狗咬之间是否具有因果关系?

2. 原告的损失应如何确定?

【裁判理由及结果】

法院认为,饲养的动物造成他人损害的,动物饲养人或者管理人应当承担侵权责任,但能够证明损害是因被侵权人故意或者重大过失造成的,可以不承担或者减轻责任。本案中,被告对在其养殖场饲养的狗没有采取安全管理措施,养殖场的大门也没有安全关闭,导致受害人袁某乙在准备到其养殖场看小鸭子时,狗跑出大门将袁某乙扑倒咬伤,造成袁某乙受到惊吓,情绪激动,引发前交通动脉瘤破裂,蛛网膜下腔出血,经抢救无效,最后死亡的后果。被告饲养的狗扑倒咬伤袁某乙的行为,与袁某乙死亡的后果之间存在一定的因果关系,被告作为饲养人应当承担侵权责任。袁某乙系无民事行为能力的未成年人,其家属没有及时阻止其到被告的养殖场去,也没能有效保护其人身权利,没有完全尽到监护责任,存在一定的过错,且袁某乙自身存在疾病,与其死亡的后果也存在一定的因果关系。结合本案实际情况,法院认定被告应承担50%的侵权责任。

因袁某乙死亡,原告遭受精神损害,可以请求赔偿精神损害抚慰金,精神损害的赔偿数额根据侵权人的过错程度、侵害的手段、场合、行为方式、侵权行为所造成的后果、侵权人的获利情况、侵权人承担责任的经济能力、受诉法院所在地平均生活水平,结合本案实际情况,酌定为3万元。

综上所述,依照我国法律的有关规定,判决如下:

(1)被告袁某丙、王某某于本判决生效之日起5日内赔偿原告袁某甲、翟某某各项损失165 392.06元。

(2)驳回原告袁某甲、翟某某的其他诉讼请求。

【判例解析】

本案属于典型的饲养动物损害责任案件,根据《侵权责任法》第78条的规定:饲养的动物造成他人损害的,动物饲养人或者管理人应当承担侵权责任,但能够证明损害是因被侵权人故意或者重大过失造成的,可以不承担或者减轻责任。由此可见,普通的饲养动物损害责任适用无过错责任原则,但动物饲养人或者管理人可以侵权人故意或者重大过失作为免责或减责条件。但是,违反规定或者饲养烈性危险动物致人损害的,动物饲养人、管理人不能免责,动物园动物致人损害适用过错推定责任原则。

在本案中,被告对其饲养的狗没有采取安全管理措施,养殖场的大门也没有安全关闭,导致狗跑出大门将袁某乙扑倒咬伤,因受害人受到惊吓,情绪激动,引发前交通动脉瘤破裂,蛛网膜下腔出血,最终经抢救无效死亡。被告饲养的狗扑倒咬伤袁某乙与其死亡后果之间存在一定的因果关系,被告作为饲养人应当承担侵权责任。袁某乙系无民事行为能力的未成年人,其家属没有及时阻止其到被告的养殖场去,也没能有效保护其人身权利,没有完全尽到监护责任,存在一定的过错,原告自己也需承担一定的责任。同时,被害人袁某乙自身患有前交通动脉瘤,该疾病与其死亡的后果存在直接的因果关系。其风险也应由原告承担一部分责任。故法院认定被告承担50%的侵权责任是合理的。

【思考题】

1. 在判断狗咬人与被害人死亡之间的因果关系时,如何分析被害人疾病在损害中的作用?

2. 疾病能否作为动物饲养人减责的理由?

专题七 物件损害赔偿责任

1. 李某某诉长春中海物业管理有限公司
物件脱落、坠落损害责任纠纷案 ①

【案件事实】

原告李某某诉称:2015年4月27日,原告将一辆车牌号为吉ANE×××的宝马轿车停放于某小区内停车位,因楼体外墙瓷砖脱落,导致车辆后备箱盖、后风挡玻璃、左后门等部位损坏。原告后将该车辆送至长春汇宝汽车销售服务有限公司进行维修,维修费用共计33 520.00元。原告认为该小区的物业服务公司即长春中海物业管理有限公司(以下简称中海物业公司)没有尽到管理义务、维修义务,造

---

① 参见长春净月高新技术产业开发区人民法院(2015)长净开民初字第326号民事判决书。

成原告的经济损失,为维护原告的合法权益,特起诉至法院。原告请求该公司赔偿车辆损失 33 520.00 元、交通费 500.00 元,共计人民币 34 020.00 元;诉讼费等费用由被告承担。

被告中海物业公司辩称:原告所诉不是事实,被告在 2014 年 10 月份通过长春市物业维修基金管理委员会申报了对中海水岸春城的维修工程,维修管理处已对维修工程进行了公告,但由于部分业主反对,到维修管理处闹访,致维修没有继续进行,我公司已对小区各项事宜尽到了维修管理义务,对原告车辆损失不应该承担责任。

法院经审理查明,原告系长春净月高新技术产业开发区中海水岸春城业主,被告为该小区提供物业服务。2015 年 4 月 27 日,原告将妻子丁某所有的吉 ANE××× 号宝马轿车停放于小区内停车位时,楼体外墙瓷砖脱落,导致车辆后备箱盖、后风挡玻璃、左后门等部位损坏。事故发生后,原告为维修受损车辆共花费维修费用 29 550.00 元。

另查明,2014 年 8 月 25 日,原、被告签订了《停车场车辆服务协议》,约定原告租用中海水岸春城第 A87 号停车位,车位使用期自 2014 年 10 月 31 日至 2015 年 10 月 31 日,每月租金 80.00 元,原告已向被告交纳该年度车位使用费 960.00 元。

另查明,原告与丁某于 2003 年 4 月 19 日登记结婚,系夫妻关系。2012 年 7 月 23 日购买了吉 ANE××× 号宝马轿车,登记在原告妻子丁某名下。

【争议焦点】

1. 被告中海物业公司是否尽到维修和管理的义务? 是否应当承担赔偿责任?

2. 因少数业主反对未能申请到维修基金能否作为物业公司的免责或减责理由?

【裁判理由及结果】

法院认为,建筑物、构筑物或者其他设施及其搁置物、悬挂物发生脱落、坠落造成他人损害,所有人、管理人或者使用人不能证明自己没有过错的,应当承担侵权责任。本案中,致原告车辆受损的脱落瓷砖位于楼体外墙面,属房屋共有部位,被告负有日常管理、维修养护、定期检查义务。但被告未对已超过保修期的建筑物及时检查、维护;而且在楼体外墙面存在脱落可能性的情况下,没有设置任何警示标志,导致外墙瓷砖脱落砸坏原告的车辆,被告存在过错;而原告依据《停车场车辆服务协议》将车辆停放在租用的车位,原告本身并无错误,故被告应对原告的全部损失承担赔偿责任。被告提出其已对小区各项事宜尽到了维修管理义务的抗辩主张,因没有提供相关证据予以证实,对该主张法院不予支持。

关于原告主张的具体赔偿数额,原告在车辆受损后实际支出的维修费用为29 550.00元并提供了正式发票,且被告对该金额并无异议,并由被告物业经理唐军在估价单上签字确认,故法院对原告关于车辆维修费用的诉讼请求予以支持;原告主张交通费500.00元,因原告未能提供证据予以证明该损失的实际发生及金额,故法院对原告的该项请求不予支持。关于被告提出的已申报了小区的维修工程,但由于部分业主反对致维修没有进行,已尽到了维修管理义务的抗辩理由,因没有提供充分确凿的证据;且与本案也无关联性,故该抗辩主张法院不予支持。

综上所述,依照我国法律的有关规定,判决如下:

(1)被告中海物业公司于本判决生效后10日内赔偿原告李某某车辆维修费用29 550.00元。

(2)驳回原告李某某的其他诉讼请求。

【判例解析】

本案是典型的物件脱落、坠落损害责任纠纷案件,《侵权责任法》第85条规定:建筑物、构筑物或者其他设施及其搁置物、悬挂物发生脱落、坠落造成他人损害,所有人、管理人或者使用人不能证明自己没有过错的,应当承担侵权责任。所有人、管理人或者使用人赔偿后,有其他责任人的,有权向其他责任人追偿。由此可见,建筑物脱落、坠落责任采用过错推定原则,即所有人、管理人和使用人需要证明自己没有过错,否则应承担赔偿责任。之所以这样规定,是因为受害人难以证明所有人、管理人和使用人是否存在过错。

在本案中,脱落的瓷砖位于居民楼的外墙皮,属于建筑物的共有部分,根据《物权法》第82条规定:物业服务企业或者其他管理人根据业主的委托管理建筑区划内的建筑物及其附属设施,并接受业主的监督。故物业公司对该部位负有管理和维修义务。在维修基金核拨前应做好警示和防范工作。而本案中的中海物业公司在明知建筑物存在危险的情况下,没有及时维修,也没有采取措施防范危险的发生。理应承担损害赔偿责任,因少数业主反对未能申请到维修基金不能作为物业公司的免责或减责理由。

【思考题】

物件脱落、坠落损害责任采用何种归责原则?为什么?

2. 张某某诉北京瑞蒙环球国际体育文化有限公司、北京双塔钢结构工程有限公司、北京市石景山区园林绿化局建筑物、构筑物倒塌损害责任纠纷案①

【案件事实】

原告张某某诉称,原告居住在北京市石景山区雍景天成小区,仅一墙之隔,就是被告北京瑞蒙环球国际体育文化有限公司(以下简称瑞蒙环球公司)违法经营的18号高尔夫球国际俱乐部。2014年7月16日18点多,高尔夫球场的护网铁架倒塌,将原告所有的×××号雪佛兰科帕奇小型越野客车(以下简称涉案车辆)损坏严重,修复费用超8万元,贬值损失更高。被告瑞蒙环球公司经营的18号高尔夫球俱乐部没有任何审批手续(土地、规范、建设等方面),其经营是严重的违法行为,严重不符合规划要求;球场内的建筑物、构筑物也未经审批,是违法建设。高尔夫球场位于西五环西侧100米范围内,按照北京市的规范要求,五环路两侧100米范围是道路绿化带,只能用于绿化。石景山区园林绿化的主管部门是北京市石景山区园林绿化局(以下简称石景山园林局),其非但未能有效地监管绿地的使用情况,还将规划绿地出租给被告瑞蒙环球公司,违法经营高尔夫球场,是严重的失职行为,有严重的过错。因此,原告认为,对于自己的损失,被告瑞蒙环球公司和石景山区园林局应当承担连带赔偿责任,遂诉至法院,请求判令被告瑞蒙环球公司和北京市石景山区园林绿化局赔偿原告车辆贬值损失13万元。

被告瑞蒙环球公司辩称:①本案中被答辩人错列被告,本案与答辩人及北京市石景山区园林绿化局无关。本案所涉的倒塌塔的施工单位为北京双塔钢结构工程有限公司(以下简称双塔公司),经过2014年12月26日北京市建筑工程研究院建设工程质量司法鉴定中心作出的司法鉴定意见书,已经明确双塔公司的施工质量问题与案涉塔倒塌事故存在直接的因果关系,故本案构筑物倒塌损害赔偿责任应由双塔公司全部承担,而与答辩人及其他任何第三方无关。②本案中被答辩人当前主张的赔偿其车辆贬值损失13万元的诉讼请求,无有效证据支持,不能成立。③本案所涉塔倒塌造成被答辩人的相应损失,答辩人对此无任何过错,相应赔偿责任应由双塔公司承担,因此,被答辩人请求答辩人及石景山园林局承担赔偿损失及本案诉讼费用的请求完全不能成立。答辩人请求法庭驳回被答辩人的全部诉讼请求。

---

① 参见北京市石景山区人民法院(2015)石民初字第1551号民事判决书。

被告双塔公司辩称:①原告主张的诉讼请求为车辆贬损价值13万元,无任何依据。②我方已对北京建研院司法鉴定中心(2014)建鉴字第135号鉴定意见书提出异议,最终的鉴定结果尚未作出,责任尚未明确。③2014年7月16日晚的风力达到10级,损害应是由不可抗力造成的,请法院调查。

被告石景山园林局辩称:①原告张某某诉被告石景山园林局没有法律根据,诉讼对应的主体错误,石景山园林局与张某某的车辆被砸没有任何直接或间接的法律关系,其诉讼不符合《民事诉讼法》第119条的立案条件,请求在程序上直接裁定石景山园林局与本案没有利害关系,驳回张某某对石景山园林局的起诉;②根据《侵权责任法》第86条的规定,建筑物、构筑物或者其他设施倒塌造成他人损害的,由建设单位与施工单位承担连带责任。建设单位、施工单位赔偿后,有其他责任人的,有权向其他责任人追偿。因其他责任人的原因,建筑物、构筑物或其他设施倒塌造成他人损害的,由其他责任人承担侵权责任。本案原告应依据上述法律规定起诉并追究有关单位的构筑物倒塌损害赔偿责任。石景山园林局不是上述法律规定的侵权主体或者责任单位,与涉案倒塌的建筑物、构筑物没有任何权属关系,与本案没有任何关联,请求法院在诉讼程序上先行驳回张某某对石景山园林局的民事赔偿诉讼。

法院经审理查明,2014年7月16日下午,位于北京市石景山区西五环八大处出口南永引水渠南路8号的18号高尔夫球场的挂网塔倒塌,致使涉案车辆受损。瑞蒙环球公司是高尔夫球场的经营者和所有者,也是倒塌的高尔夫球场挂网塔的建设单位,双塔公司是上述挂网塔的承建者,即施工单位。

庭审中,张某某申请涉案车辆的贬值损失进行评估,经北京中嘉盛源资产评估有限公司评估后认为:在评估基准日2014年7月16日(事故发生日),以委估车辆在评估基准日前未发生过事故且能够正常使用为前提,涉案车辆因事故导致的车辆贬值损失评估价值为人民币40 000元整。

瑞蒙环球公司、双塔公司不认可该评估报告。瑞蒙环球公司对评估报告书提出以下书面异议:一是评估报告书已明确无效,对本案不具备任何参考价值,因为评估结果的使用有效期自评估基准日起一年,即超过2015年7月15日使用该评估报告无效,因此,不应作为本案认定相关事实的依据。二是评估结论不具备成立的前提条件,因为评估结论是建立在委估车辆在评估基准日前未发生过事故且能够正常使用为前提条件,张某某未能证明委估车辆符合上述条件。三是评估报告书存在多处严重矛盾,不具备科学性及合理性。四是评估报告书无任何关于评估所依据的数据、所参考的信息的分析体现,不具备科学性及合理性。

经法院向中国太平洋财产保险股份有限公司北京分公司(以下简称太平洋保

险公司)核实,涉案车辆自 2009 年至 2014 年 12 月在太平洋保险公司投保,其间理赔记录如下:① 2012 年 8 月 20 日,发生"行驶中被石击"事故,维修项目为更换前风挡玻璃,理赔结果为赔付 6965 元。② 2012 年 12 月 2 日,发生"行驶中撞隔离带,前保险杠受损"单方事故,维修项目是"更换前保险杠上、下;前保险杠骨架;前杠内衬;前杠下导流板",理赔结果为赔付 7200 元。③ 2013 年 6 月 25 日,发生"追尾三者飞渡车,前保险杠受损"双方事故,理赔结果为赔付三者车 2600 元(其中交强险 2000 元,三者险 600 元),本车牌照扣受损,未见需修复损失,本车车损险无赔付。④ 2014 年 7 月 17 日,发生"停放期间被铁塔压(本案)"事故,理赔结果为 81 200 元。

本院调取上述维修资料后,向中嘉评估公司发出问询函,要求中嘉评估公司针对"评估结论以涉案车辆在评估基准日前未发生过事故且能够正常使用为前提"出具补充鉴定意见。中嘉评估公司补充鉴定认为:"上述事故不影响已出具的报告书中所述涉案车辆贬值损失价值。"

瑞蒙环球公司提交了北京市建筑工程研究院建设工程质量司法鉴定中心出具的北京建研院司鉴中心(2014)建鉴字第 135 号司法鉴定意见书(瑞蒙环球公司与双塔公司另案诉讼中进行的鉴定),其对石景山区西五环八大处出口南永引水渠南路 8 号的 18 号高尔夫球场的挂网塔复建工程的设计、施工质量及倒塌成因的鉴定意见如下:

(1)经对设计核算,西侧挂网塔设计基本符合规范要求;因设计缺少内容,东侧挂网塔无法核算。

(2)东侧挂网塔设计图不完整,不符合相关要求的规定。

(3)挂网塔塔架结构形式符合设计要求。

(4)现场所截取的圆钢力学性能和弯曲性能符合相关标准规范的要求。

(5)钢丝绳夹尺寸不符合相关标准规范的要求。

(6)钢丝绳地锚位置及角度设计不符合设计要求。

(7)钢丝绳夹存在安装质量问题,固定处强度低,不满足设计要求。

(8)由于钢丝绳夹的施工质量问题导致钢丝绳滑脱、结构倒塌。双塔公司称已经对该司法鉴定书提出异议。

另查明,在本案审理过程中,经瑞蒙环球公司申请、法院依法追加高尔夫球场的施工单位双塔公司为共同被告。追加后,原告要求瑞蒙环球公司、双塔公司、石景山园林局共同承担连带赔偿责任。

【争议焦点】

1. 被告石景山园林局是否应当承担赔偿责任?

2. 双塔公司主张的不可抗力能否成立?

3. 赔偿数额应如何确定?

【裁判理由及结果】

法院认为,建筑物、构筑物或者其他设施倒塌造成他人损害的,由建设单位与施工单位承担连带责任。建设单位、施工单位赔偿后,有其他责任人的,有权向其他责任人追偿。

本案中,高尔夫球场挂网塔倒塌,致使涉案车辆受损,原告主张的贬值损失系合理损失,法院予以支持,损失的具体数额由法院依法认定。因倒塌的高尔夫球场挂网塔系瑞蒙环球公司所有和经营,由双塔公司负责施工,因此,二公司应当对涉案车辆贬值损失承担连带赔偿责任。对于瑞蒙环球公司提出的车辆贬值损失只适用于一年以内、5000 千米以下新车的意见,法院认为,该规定只适用于机动车道路交通事故案件,并不适用本案。

关于石景山园林局是否应当承担责任的问题,法院认为,导致本案事故发生的直接原因是高尔夫球场挂网塔倒塌,其责任范围应当限定于挂网塔的管理人(建设单位)和施工单位,即管理人是否尽到安全管理义务,或施工单位的安装是否符合相关标准;而不应纠缠于审批该高尔夫球场的行政机关是否存在审查失职等行为,使得该高尔夫球场得以建设,即不应追究该高尔夫球场是否应当建设的根源问题。即使石景山园林局在该高尔夫球场审批过程上存在失职行为,也不应是民事诉讼审理范围,若是原告某项具体合法权益受到损害,原告可通过向有关监督部门反映或行政诉讼途径解决。原告依此要求石景山园林局承担连带民事赔偿责任,缺乏事实与法律依据,法院不予支持。

双塔公司以事发时正遇 10 级大风,以不可抗力为由主张减轻或免除赔偿责任。关于双塔公司主张的不可抗力能否成立的问题,法院认为,安装挂网塔需要具有安装资质的单位实施,其目的在于保障工程质量,防范自然与人为事件的发生,其中就包含了防范大风等风险因素。此外,不可抗力是指不能预见、不可避免以及不能克服的自然状况,而依据现有的科学技术,大风天气是能够被预测预报的,气象部门会提前发布相应预警提示,相关设施管理单位能够采取适当的防范措施,故法院对此抗辩理由不予采纳。

关于赔偿数额,沄院采信中嘉评估公司出具的评估报告,认定为 40 000 元。关于瑞蒙环球公司对评估报告书的异议,法院分别答复如下:

(1)针对评估报告书超过使用有效期的问题,法院认为本案中需要查明的是评估基准日当天的事故造成的损失,该损失在事故发生当天已经确定,评估报告书超过使用有效期并不影响该损失的确定,故认为瑞蒙环球公司的这一主张不成立。

（2）关于贬损价值是建立在涉案车辆在评估基准日时未发生事故为前提，经过法院问询，中嘉评估公司补充鉴定认为上述事故不影响已出具的报告书中所述涉案车辆贬值损失价值，法院对此补充鉴定意见予以采信。

（3）关于评估报告书存在多处严重矛盾、无评估所依据的数据、所参考的信息的分析体现，不具备科学性及合理性等异议，法院认为资产评估的目的就是为了对专业领域、专业知识和技术等专门性问题进行鉴别和判断。评估本身就是专业性较强和差异性较大的诉讼活动。而对于专业性问题是否具备科学性，法院只能评判评估单位和评估人员是否具有资质、评估程序是否违反了法律规定等。本案中，中嘉评估公司是具有资产评估资质的专业机构，该评估报告亦是由有资质的评估人员作出，本次评估也是依照法定程序作出的，故对于瑞蒙环球公司的此项异议法院不予采信。

综上所述，依据我国法律的有关规定，判决如下：

（1）双塔公司、瑞蒙环球公司于本判决生效后 10 日内共同连带赔偿张某某车辆贬值损失 40 000 元。

（2）驳回张某某的其他诉讼请求。

【判例解析】

本案属于典型的建筑物、构筑物或者其他设施倒塌致人损害的案件。根据《侵权责任法》第 86 条的规定：建筑物、构筑物或者其他设施倒塌造成他人损害的，由建设单位与施工单位承担连带责任。建设单位、施工单位赔偿后，有其他责任人的，有权向其他责任人追偿。因其他责任人的原因，建筑物、构筑物或者其他设施倒塌造成他人损害的，由其他责任人承担侵权责任。由此可见，建筑物、构筑物倒塌损害责任采用无过错责任原则，由建设者与施工者承担连带责任。如果存在其他责任人，包括设计人、监理人等，即如果是因为设计缺陷或者监理工作中的疏忽造成建筑物等倒塌的，建设者和施工者承担责任后，可以向设计人、监理人等追偿。如果建筑物、构筑物或其他设施非因设计、施工等原因倒塌，而是因为其他外力作用倒塌的，则由其他责任人根据其他规定承担责任。

在本案中，因倒塌的高尔夫球场挂网塔的建设者系瑞蒙环球公司，施工者系双塔公司，因此，二公司应当对涉案车辆贬值损失承担连带赔偿责任。

【思考题】

1. 建筑物、构筑物倒塌损害责任适用何种归责原则？

2. 建筑物、构筑物倒塌损害责任的责任主体是谁？应承担何种赔偿责任？

3. 牟某某诉马某甲、周某某等 24 名被告不明抛掷物、坠落物损害责任纠纷案 ①

【案件事实】

原告牟某某于 2013 年 12 月 27 日下午到兰州市七里河区拱北沟 46 号找同学一起上学,在 46 号和 64 号楼楼下(两楼相对)通道,被空中落下的冰块砸中头部,造成开放性重度颅脑损伤、急性硬膜下血肿、创伤性蛛网膜下腔出血、左侧额骨、顶骨、右侧枕骨骨折、颅底骨骨折伴脑脊液鼻漏、头皮挫伤伴皮下血肿、左眼钝挫伤、左侧眶上壁骨折、吸入性肺炎。原告牟某某受伤后被紧急送往甘肃省中医院抢救治疗,后转院至兰州军区总医院,出院后又先后在甘肃省康复中心医院、甘肃省中医院住院治疗,共住院 141 天,原告牟某某自行承担了医疗费 95 803.60 元。原告牟某某至今无法独立行走,生活不能自理。经甘肃省天盛司法鉴定所鉴定,原告所受损伤构成五级伤残、生活大部分需要护理,残疾辅助器具费需 35 200 元至 110 000 元。本案经公安人员调查,未能确定具体加害人。原告遂将该楼居民马某甲等 24 人诉至法院,请求各被告补偿原告共计 315 476.80 元,并由各被告平均承担。

另查明:兰州市七里河区拱北沟 64 号系被告马某甲自建房屋,七里河区拱北沟 46 号系一栋 16 层建筑,该楼的 2 整层以上 3 号、4 号房屋与拱北沟 64 号均有窗户朝向冰块坠落的通道。46 号 1103 室、1402 室房屋实际使用人分别为马某辰、王某甲,其余被告均为每户实际居住使用人。被告马某寅住该楼 12 层,整层打通为一套房屋,该楼 1303 室和 1304 室为唐某某、何某乙(二人系夫妻)一家居住,房屋内连通。该楼 1402 室、1502 室、1602 室均为一大套房屋,均有原告受伤方位朝向的窗户。被告周某某当时经过案发现场。该楼 604 号、904 号、1104 号房屋经公安机关调查,案发时无人居住。

被告何某乙、马某己、康某某、马某戊对证据的真实性无异议。

被告马某己辩称:发生事故的时候我在家睡觉,我家没有冰箱,没有洗衣机,我一个人带孩子,生活很困难,不同意补偿。

被告康某某辩称:事发当天我家房子没有人,我也很同情孩子,但是冰块不是我扔的,我不补偿。

被告何某乙辩称:当时我不在家,也没有能力补偿。

---

① 参见甘肃省兰州市七里河区人民法院(2015)七民初字第 11091 号民事判决书。

被告马某戊辩称：我从外地刚回来，我家还没有开灶，没有产生冰块，我不同意补偿。

以上被告均未向法庭举证，未到庭的各被告也未提交答辩状。

【争议焦点】

1. 如何确定应承担补偿责任的可能加害的建筑物使用人？
2. 补偿数额应如何确定？

【裁判理由及结果】

法院认为，原告牟某某在兰州市七里河区拱北沟 46 号和 64 号楼楼下被冰块砸伤，经公安人员调查无法确定具体的侵害人，因 64 号使用人和 46 号 2 层以上的 3 号、4 号房屋使用人均有可能是加害人，而各被告均未提交充分证据证实自己或家人不是侵权人。根据《侵权责任法》第 87 条的规定："从建筑物中抛掷物品或者从建筑物上坠落的物品造成他人损害，难于确定具体侵权人的，除能够证明自己不是侵权人的外，由可能加害的建筑物使用人给予补偿。"依照该条规定，由可能加害人承担补偿责任的主要目的是为了分担受害人损失，警示建筑物使用人加强安全防范意识。同时警示建筑物使用人加强安全管理，避免因疏忽大意造成危险行为和危险后果发生。因此，本案应当判令不能排除侵权可能的被告对原告的损失予以合理补偿为妥。

本案中真正实施侵权行为的仅有一人，法院判令其他并未实施抛掷物品的被告共同承担补偿责任，虽是依法裁判，但在上述被告内心可能仍感不平。故希望双方当事人能够对《侵权责任法》第 87 条的法律意图准确理解。首先，抛掷物致人损害责任不是过错推定而是行为推定，其基础是让没有实施侵权行为而仅仅具有嫌疑的当事人承担责任。其次，此类受害人相对于众多可能加害人而言，处于弱势地位，如果非要明确具体加害人，其损失才能获得救济，对受害人无疑雪上加霜。因此，由可能成为加害人范围内的当事人对损害进行合理的分担，是一种特殊情形下相对合理的分摊风险的方法。另外，上述法条规定仅为补偿而非赔偿责任，故原告的损失中仍有部分需自行承担，综合全案事实，法院酌情确定原告自行承担 50%的损失。

虽然被告周某某案发时在现场，但没有证据证明其家里处于无人状态。因兰州市七里河区拱北沟 46 号房屋 1103 室、1402 室房屋实际使用人分别为马某辰、王某甲，故被告马某丑、王某某不承担责任，原告可向马某辰、王某甲另行主张。其余被告均应对原告牟某某的损失承担相应的补偿责任，补偿比例为补偿总额的 50%。

综上所述,依照我国法律的有关规定,判决如下:

(1)被告马某甲等 22 人应在本判决生效之日起 10 日内各自补偿原告牟某某因伤所受的损失 315 476.80 元之中的 13 716 元,何某乙、唐某某连带补偿原告牟某某因伤所受的损失 13 716 元。

(2)驳回原告牟某某其他诉讼请求。

【判例解析】

本案属于典型的高空抛物责任案件,根据《侵权责任法》第 87 条的规定:从建筑物中抛掷物品或者从建筑物上坠落的物品造成他人损害,难以确定具体侵权人的,除能够证明自己不是侵权人的外,由可能加害的建筑物使用人给予补偿。由此可见,从建筑物中抛掷物品或者从建筑物上坠落的物品造成他人损害,如果能够确定具体的侵权人,应按照一般侵权行为来处理。无法确定具体侵权人时,则由可能加害的建筑物使用人给予适当补偿。可能加害的建筑物使用人要想免责,就必须举证证明自己不是侵害人,如自己当时不在家,家中也没有别人,或者证明即使实施了抛物行为,也不可能造成结果,比如一楼的使用人。在房屋出租的情况下,应由承租人承担责任。

需要指出的是,高空抛物责任在法律界及社会上的争议均很大,否定说认为,让可能加害的建筑物使用人承担补偿责任,势必冤枉好多无辜的群众,不符合侵权法的归责理念。从这些年司法实践的情况看,司法效果也不是很好。该条是否需要修改或者废除有待进一步研究。需要说明的是,高空抛物责任属于适当补偿责任,而不是全部赔偿责任,故受害人也需要自己承担一部分损失。

【思考题】

你认为高空抛掷物致人损害,在无法确定具体侵权人的情况下,让可能加害的建筑物使用人承担补偿责任合理吗? 为什么?

4. 邓某某诉锦州市某某处地面施工、地下设施损害责任纠纷案①

【案件事实】

被告锦州市某某处负责锦州市凌河区上海路路面维修、维护工作。被告根据城建计划,拟对涉案路段进行道路拓宽,对上海路(人民街—汉口街段)在 2015 年 5 月 28 日至 6 月 22 日之间进行封闭。被告在 2015 年 5 月 27 日对该路段上的下水井进

---

① 参见辽宁省锦州市凌河区人民法院(2016)辽 0703 民初 144 号民事判决书。

行填井作业,在上海路锦州市第十八中学门前东侧20米左右的下水井的东侧留存一堆土且下水井四周地面不平。当日晚21时50分,原告邓某某驾驶电动车由东向西行驶到涉案下水井旁的土堆处摔倒,110及120先后到达现场。下水井处并未设置警示标志及采取安全设施。原告邓某某被送往锦州市第二医院住院治疗,诊断为:右胫骨中段骨折;其他诊断:右外踝骨折、右膝半月板损伤、右膝关节积液。原告住院110天,均为二级护理,由原告妻子李某某护理,护理人系城镇户口。原告花费医疗费40 472.29元。原告邓某某经营凌河区某某家用电器经销处,因此次事故造成无法经营。经辽宁古塔律师事务所委托,锦州辽希司法鉴定中心于2016年1月14日出具法医司法鉴定意见书,鉴定意见为:①邓某某右膝关节、右踝关节损伤评定为十级伤残;②取内固定物需7000元人民币。原告预交鉴定费1400元。原告花费复印费65.6元。原告诉至法院,要求判令被告赔偿原告经济损失合计人民币162 126.29元。

被告锦州市某某处辩称:①对原告摔伤的事实没有异议;②原告在此摔伤应该承担主要责任。5月27日当天被告是在修路之前先填井,当时填完之后已经设立了警示标志,是一种荧光的帽子形状的标志,原告在行驶中应该履行注意义务,由于其过失造成的自己摔伤,应该承担主要责任。

【争议焦点】

1. 被告人在施工处是否设置了明显标志或采取了安全措施?
2. 原告的损失应如何确定?

【裁判理由及结果】

法院认为,在公共场所或者道路上挖坑、修缮安装地下设施等,没有设置明显标志和采取安全措施造成他人损害的,施工人应当承担侵权责任。本案中被告锦州市某某处在对涉案下水井进行填井后,并未在周边设置明显的警示标志及采取相应的安全措施,造成原告邓某某人身损害,应负主要责任;原告邓某某在夜间驾驶过程中应履行基本的谨慎注意义务,对其自身所受损害应负次要责任,结合本案的具体情况,原、被告的责任比例为10%:90%。

关于被告辩称其在涉案下水井盖处设置了带有荧光的帽子形状警示标志一节,因其未提交相关证据予以佐证,故不予支持。

综上所述,依照我国法律的有关规定,判决如下:

(1)被告锦州市某某处于本判决生效后3日内赔偿原告邓某某人身及财产损失151 339.29元的90%即136 205.36元。

(2)被告锦州市某某处于本判决生效后3日内赔偿原告邓某某精神损害抚慰金5000元。

（3）驳回原告邓某某的其他诉讼请求。

【判例解析】

本案是典型的地面施工损害责任案件,根据《侵权责任法》第91条的规定:在公共场所或者道路上挖坑、修缮安装地下设施等,没有设置明显标志和采取安全措施造成他人损害的,施工人应当承担侵权责任。从该条规定的字面意思来看,地面施工的损害责任应采用过错推定责任原则,即如果被告人能够证明其设置了明显的标志或者采取了安全措施的,可以减轻或者免除其赔偿责任。这样既考虑到被害人举证困难的问题,又不至于过分加重被告人的责任。在本案中,被告虽主张其设置了警示标志,但没有举出确凿的证据。应当推定其具有过错,应承担主要的赔偿责任。

【思考题】

1.《侵权责任法》第91条是否适用于建筑工地等特定区域内的地面或地下施工的情形? 为什么?

2. 地面施工损害责任案件应适用何种归责原则? 为什么?

第三十五章　损害赔偿

专题一　侵害财产权的损害赔偿

张某诉大连万德供暖有限公司财产损害赔偿纠纷案①

【案件事实】

原告张某诉称:被告大连万德供暖有限公司(以下简称万德公司)系原告在大连市金州区拥军小区×号楼×、×号商服楼开办幼儿园、电脑、外语培训学校的供暖单位,2005年12月27日晨,原告二楼的暖气突然爆裂,冒出的暖气水从二楼一直漫延到一楼和楼外公路及市政院内。室内水深达腿弯处,因水蒸气甚多、一步之遥竟相互见不到人。有22台586型教学用电脑和12台学生电脑直接被淋水,全部586型电脑主机箱和网络设备等被浸泡,所有电器产品在水蒸气中熏蒸达数小时,经大连市质检所任意抽检17台586型电脑、外语教学用语音室设施等电器设备,电脑主机、2个主机的44座语音设备、录音机、录放像机、盒式磁带快速复录机、报警系统、VCD机、电脑网络集线器、单色显示器等诸多电器产品,几近全部报废、无维修价值。金州法院和大连中院已就本人的装修损失进行了判决,并许可本人就暖气爆裂致电器、其他产品及经营三项损失可另行诉讼,故诉至法院,要求判令被告赔偿营业损失48万元(营业损失计算方式:自2005年12月28日起至2013年1月16日止,位于金州区站前街道丘地号27 - 171 - 6 - ×、27 - 171 - 6 - ××、27 - 171 - 6 - ××、27 - 171 - 6 - ××四套房屋房租收益)、差旅费1.5万元,共计49.5万元。

被告辩称:不同意原告的诉讼请求。对于原告的损失,保险公司已经赔付了5070元,原告已经领取,对于原告主张的电器损失,电器已经维修了,维修费用是4490元,保险公司已经支付,装修费用在以前的案件中已经审理过,且原告已经得到了装修费用。原告后来变更申请,对房屋租金进行的鉴定及请求与本案诉争事

---

① 参见大连市金州区人民法院(2013)金民初字第01882号民事判决书。

实和原告主张的诉讼请求没有关联性,所作出的评估报告书不具备证明力,原告主张幼儿园、学校的营业损失没有事实依据,原告所主张的维权差旅费没有法律依据,请求法庭驳回其所有诉讼请求。

经法院审理查明,原告张某于大连市金州区站前街道拥军小区×号公建一、二层开办幼儿园及电脑学校,房屋所有权证记载房屋丘地号为 27 – 171 – 6 – × × 及 27 – 171 – 6 – × ×,房屋面积共计 360. 21 平方米。

2005 年 12 月 27 日 16 时许,原告开办的幼儿园及电脑学校教学楼二楼的暖气爆裂,造成原告财产被淹。2006 年 1 月 11 日,中国人民财产保险股份有限公司大连市分公司对受损教室进行了现场勘察,并出具勘察表,依据勘察结果,保险公司向原告支付理赔款 5070. 00 元。

2006 年 7 月 17 日,原告张某以大连市金州区金华幼儿园为原告,以万德公司为被告向法院提起财产损害赔偿诉讼,法院以(2006)金民权初字第 497 号案号予以立案,案件审理过程中,法院经大连市司法鉴定中心委托的大连海华资产评估有限公司对原告的财产损失进行评估。评估自 2006 年 12 月 4 日开始,至 2006 年 12 月 11 日结束,评估期间进行了现场勘察。2006 年 12 月 11 日,大连海华资产评估有限公司作出大海资评字(2006)032 号资产评估报告书,评估结论为:①因暖气爆裂造成原告的直接损失项目包括装修部分、电器部分、宣传材料。②原告因暖气爆裂受损装修部分价值人民币 15 753. 02 元。③原告因暖气爆裂受损电器部分价值为人民币 4490 元整。法院对该评估报告予以采信,并于 2007 年 11 月 19 日作出判决:①被告万德公司于本判决生效后 10 日内赔偿原告大连市金州区金华幼儿园财产损害赔偿款 20 243. 02 元;②驳回原告大连市金州区金华幼儿园的其他诉讼请求。

被告万德公司不服该判决,向大连市中级人民法院提起上诉,大连市中级人民法院于 2008 年 3 月 29 日作出(2008)大民一终字第 262 号民事裁定书,裁定撤销原判决,发回一审法院重审。

一审法院于 2008 年 5 月 26 日以(2008)金民权初重字第 4324 号案号立案重审,重审过程中,法院依据原告申请,再次经大连市中级人民法院司法技术处委托大连市产品质量监督检验所和大连市中连资产评估有限公司对大海资评字(2006)032 号资产评估报告书中没有评估的财产损失补充鉴定。2009 年 8 月 18 日,经现场勘验,大连市产品质量监督检验所以 L2009085310120020 号质量鉴定报告,对受损录音机等 14 种电器设备作出质量鉴定。2009 年 10 月 10 日,大连中连资产评估有限公司将司法鉴定委托退回,原因为:我公司于 2009 年 9 月 30 日进行现场勘查,原告被水淹电器财产等无发票等相关权、价值依据。由于案发时间为 2005

年,且大部分电器为 2000 年至 2002 年购置现已淘汰使用,当时价格无法准确查询,因此无法予以准确鉴定。2009 年 12 月 14 日,法院作出(2008)金民权初重字第 4323 号民事判决,判决被告万德公司于本判决生效后 10 日内赔偿原告大连市金州区金华幼儿园财产损害赔偿款 166 160.72 元。

被告万德公司对该判决不服,上诉于大连市中级人民法院,2010 年 4 月 13 日,大连市中级人民法院作出(2010)大民一终字第 774 号民事裁定书,裁定撤销原判,发回一审法院重审。

2010 年 6 月 29 日,一审法院以(2010)金民初重字第 69 号案号立案重审,2010 年 9 月 16 日,法院作出民事裁定,因原告主体不适格,裁定驳回原告大连市金州区金华幼儿园的起诉。该裁定已发生法律效力。

2010 年 12 月 22 日,原告张某以被告万德公司为被告向法院提起财产损害赔偿诉讼,法院以(2011)金民初字第 31 号案号立案,案件审理过程中,法院经大连市中级人民法院司法技术处委托大连永通资产评估有限责任公司对原告经营的大连市金州区金华幼儿园电器、其他物品及经营损失进行评估,2011 年 9 月 5 日,大连永通资产评估有限责任公司向大连市中级人民法院司法技术处退鉴,原因表述为:2011 年 8 月 17 日我方进入现场,并根据委托方提供的物品明细逐一进行现场查看。由于原告被水淹电器无发票等相关产权、价值依据,同时被水淹过的房屋已经有部分进行重新装修,因此,现场无法准确判定损失情况。由于案发时间为 2005 年,且大部分电器为 2000 年左右购置,现已淘汰使用,在估价时点无法准确查询当时价格,因此,无法予以准确鉴定。企业经营损失部分须经财务审计部门对账证及收入发票等资料进行审计核算确认,评估机构无法对该项委托进行准确测算。2011 年 9 月 8 日,大连市中级人民法院司法技术处向法院出具退鉴函,将鉴定退回。

2012 年 8 月 31 日,法院对大海资评字(2006)032 号资产评估报告书予以采信,并据此作出判决:被告万德公司于本判决生效后 10 日内赔偿原告张某经济损失 15 173.02 元。被告万德公司不服该判决,向大连市中级人民法院提起上诉,2013 年 1 月 16 日,大连市中级人民法院以(2013)大民一终字第 69 号民事判决书判决:变更大连市金州区人民法院(2011)金民初字第 31 号民事判决为:上诉人万德公司于本判决生效后 10 日内赔偿被上诉人张某经济损失 10 683.02 元。该判决已发生法律效力。

2013 年 7 月 4 日,原告再次向法院提起本案诉讼,请求判令被告赔偿电器产品损失 32 万元、其他产品损失 4 万元、营业损失 12 万元、精神损害抚慰金 1 万元、差旅费 1.5 万元,共计 50.5 万元。本案审理过程中,法院依据原告申请,向大连市中级人民法院司法技术处委托鉴定,大连市中级人民法院司法技术处委托辽宁众华资产评估有限公司和大连万隆天信会计师事务所有限公司对原告申请的"原告所有受损物品评估"和"原告经营的幼儿园、学校营业损失"进行鉴定评估。2014 年1 月 6 日,辽宁众华资产评估有限公司向大连市中级人民法院司法技术处退鉴,说明函中表述为:由于案发时间为 2005 年,且大部分电器为 2000 年至 2002 年购置,现已淘汰使用,价格无法准确查询,因此,无法予以准确鉴定。2014 年 2 月 23 日,大连万隆天信会计师事务所有限公司向大连市中级人民法院司法技术处退卷,退卷函中表述为:通过对法院提供的两次"幼儿园、学校"资料的审核,认为所提供的资料缺少规定鉴定的账簿、凭证、合同、发票等有效的合法鉴定依据,满足不了对"原告经营的幼儿园、学校经营损失"的司法鉴定要求。

此后,原告变更诉讼请求,要求对"大连市金州区拥军小区 9 号公建 2005 年 12 月 28 日至 2009 年 8 月 18 日期间每月房屋租金"进行评估,以房租收益计算营业损失。2015 年 7 月 6 日,大连大丰房地产土地估价有限公司作出评估报告书。评估结果表述为:"本公司根据估价目的,在认真分析估价委托人提供的资料及估价人员现场查看和市场调查取得的资料的基础上,遵循估价原则,采用比较法,对影响房地产租赁市场价格因素进行了分析,结合估价经验,经过测算,确定估价对象于 2005 年 12 月 28 日至 2009 年 8 月 18 日期间租金评估总值为 335 140 元整。每天的平均租金为 0.7 元/平方米;每月的平均租金为 21 元/平方米;2005 年 12 月 28日至 2006 年 12 月 27 日租金总额为 92 034 元;2006 年 12 月 28 日至 2007 年 12 月27 日租金总额为 92 034 元;2007 年 12 月 28 日至 2008 年 12 月 27 日租金总额为92 034 元;2008 年 12 月 28 日至 2009 年 8 月 18 日租金总额为 59 002 元。"该鉴定意见作出后,被告明确其诉讼请求为:要求被告赔偿营业损失 48 万元(营业损失计算方式:自 2005 年 12 月 28 日起至 2013 年 1 月 16 日止,位于金州区站前街道丘地号 27 - 171 - 6 - ××、27 - 171 - 6 - ××、27 - 171 - 6 - ××、27 - 171 - 6 - ××四套房屋房租收益)、差旅费 1.5 万元,共计 49.5 万元。

法院所确认的上述事实,有原告提供的:大连海华资产评估有限公司大海资评字(2006)032 号资产评估报告书、大连市产品质量监督检验所 L2009085310120020号质量鉴定报告、大连永通资产评估有限责任公司退鉴函;被告提供的:公众责任险赔偿案卷、公众责任险保单、大连市中山区四联电器维修部证明、(2011)金民初字第 31 号民事判决书、(2013)大民一终字第 69 号民事判决书;辽宁众华资产评估有限公司委托鉴定退回的说明函、大连万隆天信会计师事务所有限公司退卷函、大连大丰房地产土地估价有限公司评估报告书、(2006)金民权初字第 497 号民事判决书、(2008)大民一终字第 262 号民事裁定书、(2008)金民权初重字第 4324 号民事判决书、(2010)大民一终字第 774 号民事裁定书、(2010)金民初重字第 69 号民事裁定书、中连资产评估有限公司委托鉴定退回的说明函及当事人当庭陈述笔录在案为凭,上述证据已经庭审质证,可以采信。

【争议焦点】

1. 原告的损失范围应当如何确定?
2. 原告的直接损失应当如何确定?
3. 原告的间接损失应当如何确定?

【裁判理由及结果】

法院认为,公民的合法财产受法律保护,因侵害财产权,造成权利人损害的,权利人可以请求损害赔偿。被告作为原告经营的培训学校的供暖单位,在供暖期间因发生暖气爆裂造成原告房屋及室内财产受到损失,被告应当对原告合理财产损失予以赔偿。

关于原告主张的营业损失,由于受损房屋系原告经营的幼儿园及培训学校办学地点,因暖气爆裂造成室内损失致使该房屋无法正常使用,原告要求被告赔偿相应房屋租金应予支持。对于原告合理损失金额的确定,法院认为,侵害他人财产的,受害人因侵权行为造成的其他损失,侵权人应当予以赔偿,同时受害人也有义务及时采取措施防止损失的扩大;没有及时采取措施致使损失扩大的,无权就扩大的损失要求赔偿。原告教室内暖气爆裂时间发生于 2005 年 12 月 27 日,2006 年 12 月 4 日至 12 月 11 日期间,大连海华资产评估有限公司对受损房屋进行了现场勘验,并于 2006 年 12 月 11 日作出鉴定意见书,该鉴定意见已被大连市中级人民法院生效判决采纳,并据此判决确认了原告房屋装修损失,因此,截至大连海华资产评估有限公司作出鉴定意见之日,原告受损房屋已具备了恢复条件,故法院认为,原告合理损失期间应当自损害发生之日起至大连海华资产评估有限公司作出鉴定意见之日后的合理修复期间结束之日止,此后因原告怠于修复所产生的扩大损失不应保护。对于合理修复时间的确定,结合原告房屋受损情况,对于原告房屋受损后的合理修复时间酌定以六个月为宜。故原告房屋合理损失期间应为 2005 年 12 月 28 日起至 2007 年 6 月 12 日止,依据大连大丰房地产土地估价有限公司评估意见,案涉房屋该期间租金损失应为 133 890.40 元。对于原告提出损失范围应包含其幼儿园及电脑学校所在房屋三楼的主张,因原告于庭审中明确其办学地点为案涉房屋一、二层,案涉房屋发生暖气爆裂地点为二层,依据保险公司及鉴定机构现场勘查,均未体现三层房屋在受损范围内,故三层房屋租金收益不属其营业损失范围,法院予以支持。

关于原告主张的差旅费,经查系原告申诉信访产生费用,不属于因财产权益受到侵害产生的必要支出,不属合理损失范围,亦不应支持。

综上所述,依照我国法律的有关规定,判决如下:

(1)被告万德公司于本判决生效之日起 10 日内赔偿原告张某 133 890.40 元。

(2)驳回原告张某其他诉讼请求。

【判例解析】

本案属于侵害财产权的案例,处理这类案子的关键是合理评估并确认受害人的损失范围和数额。在本案中,原告在一楼和二楼经营的幼儿园和培训学校被水淹没。财产损失的范围包括直接损失和间接损失。其中,直接损失包括房屋装修损失、电器损失和部分资料的损失。间接损失就是原告的经营损失。

上述损失的具体数额需要经评估机构评估测定。本案之所以从 2005 年一直打到 2015 年,历时 10 年之久。根本原因出在评估问题上。其中,关于案涉电器的评估,评估机构多次退回,其主要原因为:原告被水淹电器财产等无发票等相关产权、价值依据。由于案发时间为 2005 年,且大部分电器为 2000—2002 年购置现已淘汰使用,当时价格无法准确查询,因此无法予以准确鉴定。由此可见,在 2005 年案发时,即使原告没有相关的发票资料,法院仍可以参照同类商品的购买价格和案发时的折旧贬值情况加以评估确定。最起码可以组织双方协商确定损失额度。如果不果断采取措施,越往后拖,就越难以评估。

关于原告的经营损失,也是因为原告不能提供详细的账目而无法评估。而最后以房租收益计算营业损失的做法可谓具有操作性和灵活性。如果在 2005 年案发时就采用这种灵活变通的方法,问题不就迎刃而解了吗?

由此可见,法院在处理财产损失赔偿案件时,既要有原则性,又要有灵活性。对于财产的直接损失和间接损失。首先按照评估规则由评估机构评估测定,但是,在缺乏评估材料和依据的情况下,法院应根据损失的具体情况,参考其他标准,灵活确定损失额。及时解决财产纠纷,不能久拖不决,最大限度地维护公平正义。

【思考题】

1. 从财产损失赔偿的原理看,财产损失一般包括哪些方面?

2. 财产的直接损失和间接损失应当如何评估确定?

专题二　侵害人身权的损害赔偿

陈某诉孙某甲、孙某乙、施某某、白果镇第三小学及中国人民财产保险股份有限公司赫章支公司健康权纠纷案①

【案件事实】

2015 年 12 月 30 日 13∶30 许,白果镇第三小学学生陈某、孙某甲、张某等在学校操场跑道上打闹玩耍。陈某见张某打闹玩耍不过孙某甲,就过去帮忙,在陈某和孙某甲单独打闹玩耍的过程中,陈某的右手臂被孙某甲不小心弄伤。事发后当日,陈某被送往赫章中医院做肘关节正侧位治疗,支付医疗费 107 元;之后陈某被送往赫章县人民医院住院治疗,住院时间为 2015 年 12 月 30 日至 2016 年 4 月 12 日,共计 105 天,其伤情被诊断为右肱骨骨折,支付医疗费 13 889.5 元(包含护理费 1835.10 元)。此外,陈某还在贵州医科大学附属医院做电诊断、肌电图、神经传导速度测定、神经电图等治疗,支付医疗费 647.5 元;在贵州水矿控股集团有限责任公司总医院做肌电图和右侧肘关节正侧位治疗,支付医疗费 165.5 元;在贵州科开大药房总店和贵阳云岩禄福康大药店购买药品支付 159 元。原告陈某因右肱骨骨折在上述医疗机构就医共支付医疗费 14 968.5 元,因就医支付交通费 1957 元。就医期间,被告孙某甲、孙某乙(孙某甲之父)、施某某(孙某甲之母)垫付了医疗费 10 000 元,白果镇第三小学垫付了 5000 元(白果镇第三小学称共垫付了 8000 元,但未对此提供证据予以证明,原告认可垫付了 5000 元)。另查明,赫章教育局为赫章中小学校向被告中国人民财产保险股份有限公司赫章支公司投保了校方责任保险,保险期限为 2015 年 9 月 1 日至 2016 年 8 月 31 日,每次事故责任限额为 4 500 000 元,每人责任限额为 300 000 元。原告将孙某甲、孙某甲的法定监护人孙某乙和施某某、白果镇第三小学,及中国人民财产保险股份有限公司赫章支公司诉至法院,请求判令五被告赔偿原告损失共计 60 996 元。

被告孙某甲、孙某乙、施某某辩称:①被告夫妇经常教育孩子与同学玩时要小心谨慎,不与吸烟、喝酒、带刀子及经常上网的同学打闹玩耍,原告陈某与被告孙某甲玩耍,孙某甲并未主动弄伤原告陈某,原告陈某是自己弄伤的,原告受伤后被告孙某乙

---

① 参见贵州省赫章县人民法院(2016)黔 0527 民初 1836 号民事判决书。

向自己的妹妹借了 10 000 元钱垫付医疗费,我们借钱去医院看望和慰问过陈某,已经仁至义尽。② 2015 年 12 月 30 日 13:30 左右,孙某甲在白果三小操场跑道上和本班同学张某玩耍,突然间陈某跑来拽孙某甲的脖子,孙某甲站立不住,陈某自己跌倒受伤,与孙某甲无关,14:30 发试卷时才发现陈某受伤。③原告陈某的父母对教育孩子也有责任,也应承担医疗费、护理费、住院伙食补助费等费用,学校也应该有管理责任,陈某自己所伤,与被告无关,请原告退回被告垫付的 10 000 元医疗费。

被告白果镇第三小学辩称:2015 年 12 月 30 日 13:30 左右,陈某和孙某甲在白果三小操场跑道上打闹玩耍,陈某被孙某甲弄伤,致右手腕关节处骨折,后由陈某的家长送至赫章福田医院治疗,于 2016 年 1 月 1 日做了手术。手术前,白果镇教育管理中心为其垫付了 3000 元医疗费,手术后约两周后陈某感觉受伤部位不适,白果镇教育管理中心于 2016 年 1 月 18 日再次为其垫付 3000 元医疗费供其治疗,白果三小借款 2000 元用于支付陈某的再次检查费用。陈某住院期间,白果镇教育管理中心及白果三小均到医院进行了慰问。对于本次意外事故,学校在主观上尽到了教育管理责任,学校对学生的安全问题高度重视,经常对学生进行安全教育;事故发生在放学后午休时间,学校此时虽有少许的连带责任,但原则上已解除了监护责任,因为学校的根本职责是依法实施国家教育目标,组织教育教学、教书育人,学校不可能保证所有学生在放学后的每时每刻都不发生事故;双方家长对原告陈某的受伤负有一定的责任,家长是第一监护人,学校只能保证学生在校上课期间的安全事宜,放学后对于一个四年级的孩子,父母的监管必须到位,否则学校管不过来。因此,虽是上午放学时间,但因事故是在白果三小校园内发生,所以学校有少许连带责任,且学校为每个学生都买了校方责任险,请法院追究相关单位的责任。

被告中国人民财产保险股份有限公司赫章支公司辩称:事实及责任份额请依法判决,仅仅在学校应当承担责任的份额内承担校方责任险,学校的行为并无不当,请法院酌情判决。

【争议焦点】

1. 五被告是否应当承担赔偿责任? 如果需要承担,应如何承担赔偿责任?
2. 原告的损失应当如何确定?

【裁判理由及结果】

法院认为,侵害健康权,应当承担相应的民事侵权责任。陈某、孙某甲两人在事发时均系限制民事行为能力人,对共同进行的打闹玩耍行为的危险性具有相应的认知能力,因打闹玩耍导致其中一人受伤,两人均有一定的过错,应承担相应的民事责任。

根据《侵权责任法》第 40 条的规定："无民事行为能力人或者限制民事行为能力人在幼儿园、学校或者其他教育机构学习、生活期间，受到幼儿园、学校或者其他教育机构以外的人员人身损害的，由侵权人承担侵权责任；幼儿园、学校或者其他教育机构未尽到管理职责的，承担相应的补充责任。"被告白果镇第三小学对在校学生未尽到相应的安全监管责任，存在一定的过错，应当承担相应的责任。

结合本案的实际情况，原告陈某主动与被告孙某甲打闹玩耍，造成自己右肱骨骨折，应承担 35% 的责任，被告孙某甲应承担 25% 的责任，被告白果镇第三小学未尽到安全监管责任，应承担 40% 的责任。无民事行为能力人、限制民事行为能力人造成他人损害的，由监护人承担侵权责任。因孙某甲系限制民事行为能力人，故应由其监护人孙某乙和施某某承担相应的民事赔偿责任。被告白果镇第三小学在被告中国人民财产保险股份有限公司赫章支公司投保了校方责任险，事故发生时在保险期限内，属于校方责任的部分，应由被告中国人民财产保险股份有限公司赫章支公司承担。

原告主张的各项费用：

（1）医疗费，原告主张 15 189 元，根据原告提供的医疗费票据，总计应为 14 968.5 元，超出部分法院不予支持。

（2）交通费，原告主张 2027 元，根据原告提供的客运车票，结合其治疗的事实，交通费应为 1957 元，超出部分法院不予支持。

（3）住宿费，原告主张 2100 元，但原告提供的住宿费发票为连号发票，发票上未显示开票的时间，不能与原告的就医时间、地点相吻合，不能认定其真实性和关联性，故对原告住宿费的请求，法院不予支持。

（4）护理费，原告主张 8180 元（28 437 ÷ 365 × 105），该 105 天系原告在赫章县人民医院住院治疗的时间，但原告在赫章县人民医院支付的医疗费 13 889.5 元中已经包含护理费 1835.10 元，护理费不应重复计算，故对原告护理费的请求，法院不予支持。

（5）住院伙食补助费，原告主张 10 500 元（100 × 105），原告住院治疗 105 天，每天按 100 元计算，符合法律规定，法院予以支持，该项为 10 500 元。

（6）营养费，原告主张 8400 元（80 × 105 天），根据原告的受伤情况，法院酌定每天支持 30 元，该项应为 3150 元。

（7）后续治疗费，原告主张 20 000 元，该损失未实际发生，原告也未举证证明该后续治疗费确定必然发生，故对原告陈某后续治疗费的主张，法院不予支持。

（8）精神损害抚慰金，原告主张 3000 元，结合原告受伤的原因及受伤情况，法院酌定支持 1000 元。原告陈某的损失总计为 31 575.5 元，应由被告孙某乙和施某某承担 7893.88 元(31575.5 元×25%),因被告孙某甲、孙某乙、施某某已经垫付了医疗费 10 000 元,故被告孙某乙和施某某不再赔偿原告,且原告应退还被告孙某甲、孙某乙和施某某 2106.12 元(10 000 - 7893.88);由被告中国人民财产保险股份有限公司赫章支公司承担 12 630.2 元(31575.5×40%),因被告白果镇第三小学已经垫付了医疗费 5000 元,故被告中国人民财产保险股份有限公司赫章支公司只需赔偿原告陈某 7630.2 元,白果镇第三小学垫付的 5000 元应由被告中国人民财产保险股份有限公司赫章支公司支付给被告白果镇第三小学。

综上所述,依照我国法律的有关规定,判决如下:

(1)由被告中国人民财产保险股份有限公司赫章支公司在本判决生效之日起 10 日内赔偿原告陈某医疗费、交通费、住院伙食补助费、营养费、精神损害抚慰金 7630.2 元;

(2)驳回原告陈某的其他诉讼请求。

【判例解析】

本案属于侵害健康权的案件,根据《侵权责任法》第 16 条的规定:侵害他人造成人身损害的,应当赔偿医疗费、护理费、交通费等为治疗和康复支出的合理费用,以及因误工减少的收入。造成残疾的,还应当赔偿残疾生活辅助器具费和残疾赔偿金。造成死亡的,还应当赔偿丧葬费和死亡赔偿金。

此外,《最高人民法院关于审理人身损害赔偿案件适用法律若干问题的解释》第 19 条至第 35 条对医疗费、后续治疗费、误工费、护理费、交通费、住院伙食补助费、营养费、残疾赔偿金、残疾辅助器具费、丧葬费、被扶养人生活费、死亡赔偿金的具体计算标准作出了详细规定。是目前法院计算核定赔偿额的主要依据。

【思考题】

1. 医疗费、后续治疗费、误工费、护理费、交通费、住院伙食补助费、营养费、残疾赔偿金、残疾辅助器具费、丧葬费、被扶养人生活费、死亡赔偿金的具体计算标准是什么?

2. 在审查判断相关费用的发票及其他凭证时应注意什么问题?

后　记

本书系河北省精品资源共享课——河北经贸大学"民法学"课程教学范式改革的建设成果,本书的出版得到了河北省教育厅、河北经贸大学及河北经贸大学法学院的大力支持,在此致以诚挚的谢意!

本书具体编写分工如下:

田韶华:第一章至第十章;第十八章至第二十二章;第二十九章;

任成印:第十一章至第十七章;第三十章至第三十五章;

赵一强:第二十三章至第二十八章。

由于作者水平有限,不足之处,敬请读者不吝赐教!